AngularJS 인 액션

AngularJS In Action

by Brian Ford and Lukas Ruebbelke

AngularJS 인 액션

초판 1쇄 발행 2015년 12월 22일   **2쇄 발행** 2016년 4월 30일

지은이 루카스 루벨키, 브라이언 포드
옮긴이 장현희
펴낸이 장성두
펴낸곳 제이펍

출판신고 2009년 11월 10일 제406-2009-000087호
주소 경기도 파주시 문발로 141 뮤즈빌딩 403호
전화 070-8201-9010 / **팩스** 02-6280-0405
홈페이지 www.jpub.kr / **원고투고** jeipub@gmail.com
독자문의 readers.jpub@gmail.com / **교재문의** jeipubmarketer@gmail.com

편집부 이민숙, 이 슬, 이주원 / **소통·기획팀** 민지환, 현지환
본문디자인 성은경
용지 신승지류유통 / **인쇄** 해외정판사 / **제본** 광우제책사

ISBN 979-11-85890-39-5 (93000)
값 22,000원

제이펍은 독자 여러분의 아이디어와 원고 투고를 기다리고 있습니다. 책으로 펴내고자 하는 아이디어나 원고가 있으신
분께서는 책의 간단한 개요와 차례, 구성과 저(역)자 약력 등을 메일로 보내주세요.   jeipub@gmail.com

AngularJS 인 액션
AngularJS in Action

루카스 루벨키, 브라이언 포드 지음 / 장현회 옮김

PART I   AngularJS와 친해지기   1

CHAPTER 1   안녕하세요, AngularJS 3

CHAPTER 2   AngularJS 애플리케이션 구성하기 25

추천사

나는 ng-europe 콘퍼런스에서 처음 루카스(Lukas)를 만나자마자 그가 얼마나 멋진 친구인지를 바로 알 수 있었다. 우리는 콘퍼런스가 끝난 후에도 이야기를 계속했고, 그가 주최한 해커톤(Hackathon)에도 참가하는 등 지속적인 관계를 맺어왔다. 우리가 공유하고 함께 끌어왔던 열정은 사람들이 뭔가 멋진 것을 만들 수 있도록 돕는 일이었다. 그리고 그가 이 책을 쓰기로 한 이유 역시 같다. 본인 자신을 위한 것이 아니라 바로 독자 여러분을 위해서!

AngularJS는 매우 이른 시간에 대중적인 프론트엔드 프레임워크로 자리를 잡았다. 또한, 가장 빠르게 변화하고 있는 프레임워크이기도 하다. 이 책을 통해 독자 여러분은 컨트롤러(Controller), 템플릿(Template), 디렉티브(Directive), 서비스(Service), 팩토리(Factory) 그리고 프로바이더(Provider) 등을 공부하면서 AngularJS를 이용해 멋진 애플리케이션을 구현하는 방법을 처음부터 끝까지 살펴볼 수 있다. 이 책은 AngularJS의 기능들을 아주 상세히 들여다보지는 않지만, AngularJS가 어떤 기능들을 제공하며 각 기능을 어떻게 활용할 것인지를 직접 실습해볼 수 있도록 안내한다. 게다가 애플리케이션을 구현하는 방법뿐만 아니라 코드를 테스트하는 방법도 학습하게 된다.

안젤로(Angello)는 매우 흥미로운 애플리케이션이다. 이 애플리케이션은 AngularJS를 위해 만들어진 라이브러리 중 가장 많은 관심을 받는 라이브러리를 이용해 구현하는 Trelllo와 아주 유사한 프로젝트 관리 도구다. 이 책을 통해 안젤로의 여러 기능을 구현한 방법을 살펴보면서 ui-router와 Auth0, Firebase 및 기타 라이브러리들을 사용하는 방법을 학습하게 될 것이다.

이 책의 진정한 가치를 곧 발견하게 될 것이라 확신한다. 즐겁게 읽어주기를 바란다!

마틴 곤토브니카스(Martin Gontovnikas)

_Auth0의 개발 전도사

옮긴이 머리말

이 책의 번역을 맡게 된 시점에 역자는 한창 AngularJS를 기반으로 웹 애플리케이션을 개발하던 중이었다. AngularJS에 경험이 풍부한 동료와 함께 프로젝트를 맡았는데, 역자는 백엔드 시스템 개발에 주력하고 있던 터라 프론트 엔드 영역을 개발할 때는 필요할 때마다 관련 자료나 도움말을 찾아보면서 업무를 진행했었다. 그때 마침 이 책의 번역 의뢰를 받고서는 매일 출퇴근하는 버스 안에서 조금씩 번역을 해 나가면서 AngularJS의 기초를 다질 수 있었고, 덕분에 프로젝트 역시 무난히 진행할 수 있었다.

이 책은 단일 페이지 애플리케이션(SPA, Single Page Application) 개발에 최적화된 AngularJS 프레임워크를 처음 접하는 개발자에게 적합한 서적이다. 중간중간 저자도 언급했지만, AngularJS의 기본 모듈을 대체하여 더 자주 사용되는 서드파티 모듈들에 대해서는 고려하지 않는다. AngularJS 자체에만 집중하고 있어서 전반적으로 고급 기법을 소개하기보다는 기본에 충실한 서적이라고 할 수 있다. 그런데도 완전하게 동작하는 하나의 애플리케이션을 처음부터 끝까지 구현해 보는 접근법은 전통적이지만 확실히 도움된다. 특히, AngularJS의 구성 요소들의 특성상 단편적인 설명이나 간단한 해설만으로는 명확하게 개념을 잡기가 다소 어려울 수도 있기에 이 방법이 더 유용한 것 같다.

역자의 경험을 토대로 고백하자면, AngularJS 프레임워크는 다른 프레임워크에 비해 학습 곡선이 높은 편이다. 하지만 일단 모든 개념을 이해하고 나면 이만큼 강력한 프레임워크가 드문 것도 사실이다. 모쪼록 이 책이 AngularJS를 본격적으로 활용하고자 하는 독자 여러분에게 좋은 길라잡이가 되어주기를 바라 마지않는다.

늘 좋은 책을 만들기 위해 불철주야 노력하시는 장성두 실장님과 제이펍 식구들, 그리고 사랑하는 가족들에게 지면을 빌어 감사의 말씀을 전하며 머리말을 마친다.

옮긴이 **장현희**

머리말

평소 필자의 소망 중 가장 원대했던 꿈은 책을 집필하는 것이었다. 그리고 마침내 그 꿈을 이루게 되었다. 필자는 아직도 워드프레스 블로그에 AngularJS에 대한 첫 번째 포스트를 '발행' 했을 때의 부담감을 생생히 기억하고 있다. 그것은 마치 미사일을 발사하는 버튼을 누르는 것과도 같은 느낌이었고, 이후 이 포스트로 인해 어떤 일이 벌어질 줄은 전혀 몰랐다. 다만, 이 미사일들을 발사했다는 사실이 가장 난해하면서도 예기치 못한 방법으로 내 삶을 바꿔놓으리라는 것만을 어렴풋이 느꼈을 뿐이다.

완벽한 개발자가 되는 것보다 누군가에게 더 많은 도움을 주기로 한 순간은 필자의 인생에서 가장 중요한 전환점이었다. 별 볼 일 없는 블로그 포스트를 작성하기 시작한 후로 다양한 사람의 피드백을 살펴볼 기회를 얻으면서 필자는 점차 탄탄한 블로그 포스트 쓰는 법을 터득해갔다. 그러면서 AngularJS 코어팀과도 친분을 맺게 되는 계기가 되기도 했다. 당시의 AngularJS는 아직 상대적으로 대중화되지 못했었기 때문에 그들의 레이더에 필자가 포착될 수 있었을 것이다. 한마디로 운이 좋았다.

이 책의 집필 의뢰 메일을 받은 그 날 오후는 아마 절대 잊지 못할 것이다. 필자를 보는 사람이 아무도 없다는 것을 확인하고는 온종일 이 작은 행복을 누리며 춤을 취댔다. 고등학교 시절의 은사님이 지금 필자의 모습을 보았더라면 좋았을 텐데!

그 순간 이후로 필자가 대형 애플리케이션을 개발하고 AngularJS 코드에 기여하면서 깨우친 모든 것을 독자 여러분과 공유할 수 있다는 사실은 엄청난 특권이라고 생각했다. 필자의 인생에 있어 가장 멋진 여정이었으며, 이 책이 출간되기까지 도움을 주신 모든 분에게 감사의 인사를 전한다.

루카스 루벨키(Lukas Ruebbelke)

감사의 말

AngularJS 커뮤니티의 전폭적인 지원이 없었다면 이 책은 출간되지 못했을 것이다. 브래드 그린(Brad Green), 이고르 미나르(Igor Minar), 미스코 헤베리(Misko Hevery), 브라이언 포드(Brian Ford) 그리고 마티어스 니에메라(Matias Niemela)가 보여준 우정과, 뭔가 멋들어진 것을 만드는 것처럼 보이는 훌륭한 예제에 도움을 준 것에 대해 감사한다. 그리고 많은 피드백을 남겨준 제프 웰프레이(Jeff Whelpley), 브랜든 틸레이(Brandon Tilley), 오마르 곤잘레즈(Omar Gonzalez), 마틴 곤토브니카스(Martin Gontovnikas), 조 임스(Joe Eames) 외 많은 분께 감사한다. 이 모든 분의 도움 덕에 안젤로와 이 책을 만들어낼 수 있었다. 그리고 끝내주는 드래그 앤 드롭 예제에 도움을 준 조프 굿맨(Geoff Goodman)에게도 고마움을 표하고 싶다. 그리고 이 책을 끝까지 마칠 수 있도록 많은 도움을 아끼지 않은 조나단 가비(Jonathan Garvey)에게는 정말 큰 신세를 졌다. 여러분이 지금 이 책을 볼 수 있게 된 것도 모두 조나단의 도움과 열정 덕분이다. 추천사를 써준 마틴과 이 프로젝트의 시작에 기여해준 브라이언에게는 특별히 고마움을 전한다.

이 책의 편집자인 신시아 캐인(Cynthia Kane)에게도 감사한다. 그녀는 무한한 인내심으로 내가 더 나은 필자가 될 수 있도록 도와주었으며, 때로는 내가 그다지 좋아하지 않는(예를 들면, 글쓰기 같은) 일을 계속할 수 있도록 옆에서 자극을 주기도 했다. 또한, 이 책을 위해 함께 일해준 매닝(Manning) 출판사의 모든 관계자 여러분에게도 감사한다.

매닝의 미리 보기 프로그램(MEAP, Manning Early Access Program) 독자 및 이 책을 리뷰해준 아메드 카타브(Ahmed Khatta), 브라이언 쿡시(Brian Cooksey), 채드 데이비스(Chad Davis), 대니얼 브레토이(Daniel Bretoi), 페르난도 몬테이로 코바야시(Fernando Monteiro Kobayashi), 그레고리 쥬로우스키(Gregor Zurowski), 지라니 샤익(Jeelani Shaik), 제프 콘달(Jeff Condal), 제프 큐닝험(Jeff Cunningham), 리차드 스캇-로빈슨(Rechard Scott-Robinson), 로버트 카스토(Robert Casto), 로베르토 로야스(Roberto Rojas) 그리고 윌리엄 E. 윌러(William E. Wheller)를 비롯해 많은 독자가 이 책의 초벌 원고를 읽어보고 수많은 오탈자 교정과 피드백을 제공해주었다. 모두에게 감사하며, 특히 기술자문을 맡아 이 책의 코드를 모두 검사하고 책이 출간되기 직전의 짧은 시간에도 이 책의 초벌 원고를 읽고 검토해준 리차드 스캇-로빈슨에게 특히 감사의 인사를 전한다.

이 책의 목표는 독자들이 실무에서 활용할 수 있는 실용적인 기법을 익히게 하며, 의미 있는 애플리케이션을 개발하기 위해 필요한 도움을 첫 단계에서부터 주는 동시에 가장 실용적인 조언을 제공하는 것에 있다. 이 책에서 제공하는 예제 애플리케이션인 안젤로(Angello)는 Firebase 및 Node.js를 기반으로 한 백엔드 코드가 포함되어 있으며, Auth0를 이용한 소셜 로그인과 같은 몇 가지 추가 기능을 제공한다. 물론, 모든 기능은 완벽하게 동작한다.

우리는 이 책을 통해 어떤 범위의 주제를 다룰 것인지, 그리고 더 중요한 것은 어떤 주제를 다루지 않을 것인지를 결정하기 위해 진지하게 고민했다. 물론, 토끼굴을 파헤치듯이 AngularJS의 내부 구조를 샅샅이 소개하기가 조금 더 쉬웠겠지만, 그렇게 얻어진 지식만으로는 실제 애플리케이션을 구현하기는 어렵다. 아마도 이 책을 통해 AngularJS의 모든 것을 다루지 않는다는 것을 인정하는 필자는 우리가 처음이 아닐까 싶다. AngularJS의 모든 것을 다루려고 했다면 이 책은 지금보다 세 배쯤 더 두꺼워졌을 것이다.

우리는 이 책을 읽는 독자들에 대해 몇 가지를 가정하고 그 내용은 이 책에서 다루지 않는다. 독자들이 HTML, CSS 그리고 자바스크립트에 대한 기본적인 지식을 갖춘 것으로 간주한다. 그래서 AngularJS를 통해 달성하고자 하는 일과 밀접하게 관련이 있지 않는 한, CSS나 HTML에 대해서 언급하지 않을 것이다.

로드맵

우리는 이 책을 크게 두 섹션으로 구분한다. 첫 번째 섹션은 AngularJS에 대해 친절하게 소개하는 부분이며, 그 이후에는 안젤로의 구현을 시작하면서 AngularJS의 여러 부분에 대한 조언들을 제공하는 부분으로 이루어져 있다.

I부, 'AngularJS와 친해지기'에서는 AngularJS를 개략적으로 살펴보면서 각각의 개념이 어떻게 동작하는지, 그리고 이들을 어떻게 한데 뭉쳐 사용할 수 있는지를 살펴본다(제1장). 그리고 이

런 개념들을 재정립하기 위해 직접 AngularJS 애플리케이션을 개발해본다. 제2장에서 개발할 예제 애플리케이션은 우리가 최종적으로 구현할 애플리케이션을 축소한 것이다.

II부, 'AngularJS 제대로 활용하기'에서는 서버 측 커뮤니케이션, 디렉티브, 애니메이션, 라우팅 및 폼과 유효성 검사 등 고급 주제들을 다룬다. II부를 구성하는 각 장마다 개별적인 주제들의 근간이 되는 개념을 살펴보고, 실제 애플리케이션에서 이런 개념들을 어떻게 활용하는지를 살펴보게 된다. 그리고 각 장을 마무리할 때는 테스트와 실제 사례들을 논의할 것이다. 제3장에서는 사용자가 실제로 보게 될 화면을 구성하기 위해 뷰와 컨트롤러를 결합하는 방법을 살펴보고, 사용자의 동작을 가로채서 이벤트들을 처리하는 방법을 알아본다. 제4장에서는 서비스를 통해 컨트롤러를 확장하는 기법을 소개한 후에 $http 서비스를 이용해 원격 서버와 통신하는 방법을 알아본다. 제5장에서는 보다 복잡한 기능을 구현하기 위해 레이아웃을 디렉티브로 컴포넌트화하는 방법을 설명한다. 그리고 제6장에서는 애니메이션을 활용함으로써 레이아웃을 보다 미려하게 만드는 방법도 살펴본다. 제7장에서는 AngularJS에서 라우팅을 활용해 애플리케이션의 상태를 연결하는 방법과 resolve 컴포넌트를 이용해 필요한 데이터를 미리 로드하는 방법, 그리고 $routeParams 서비스를 통해 라우트 간 변수를 전달하는 방법을 알아보게 된다. 그리고 제8장에서는 사용자가 입력하는 데이터를 보호하기 위한 폼 유효성 검사를 통해 사용자 경험을 끌어올리는 방법을 마지막으로 살펴보게 된다.

그리고 부록에서는 카르마(Karma) 프레임워크와 Node.js 서버, Firebase 서버를 설정하고 예제 애플리케이션을 실행하는 방법에 대해 알아본다.

소스 코드에 적용된 규칙과 예제 다운로드

이 책에 사용된 예제 소스 코드는 주변의 글꼴과는 다른 고정폭 글꼴을 사용해 표시한다. 일부 예제에서는 핵심 개념을 설명하기 위해 코드에 주석을 덧붙이는 경우도 있으며, 코드에 대한 부가 설명을 위해 본문 중에 숫자를 표시하는 경우도 있다. 코드는 지면의 활용도를 높이기 위해 줄바꿈과 들여쓰기를 이용해 정렬해두었다.

이 책의 예제 코드는 Github(https://github.com/angularjs-in-action)에서 찾아볼 수 있다. 예제 애플리케이션의 전체 코드는 https://github.com/angularjs-in-action/angello 저장소에 보관 중이다. 또한, 이 예제의 축소 버전의 코드는 https://github.com/angularjs-in-action/angello-lite 저장소에 찾을 수 있다.

애플리케이션의 설치 및 실행에 대한 상세한 절차는 리드미(readme) 파일에 작성해두었다. 저장소는 계속해서 수정 및 버그 패치가 이루어질 예정이니 자주 방문해서 확인하기 바란다.

그리고 출판사의 웹사이트(http://www.manning.com/AngularJsSinAction)에서도 소스 코드를 다운로드할 수 있도록 제공하고 있다.

> **참고** 이 책을 쓰는 현재 Angular 버전 2의 알파 버전이 릴리즈되었지만, 아직 제대로된 애플리케이션의 구현에 사용할 수 있는 수준은 아니라고 판단한다. 관련해서 최대한빠른 시일 내에 Angular 2 버전을 기반으로 안젤로를 업그레이드할 계획이다.

소프트웨어 요구사항

예제 애플리케이션을 실행하기 위해서는 Node.js를 설치해야 한다. Node.js의 설치 방법은 https://nodejs.org의 문서를 참고하기 바란다. 또한, 테스트 코드의 실행을 위해 카르마 프레임워크의 설치 역시 필요하다. 관련 내용은 http://karma-runner.github.io/0.12/index.html 페이지를 참고하기 바란다. 웹 애플리케이션을 브라우저에 표시하기 위해 가벼운 웹 서버인 serve모듈을 npm을 통해 설치하기를 권장한다. 관련 패키지는 https://www.npmjs.com/package/serve에서 다운로드할 수 있다.

참고 자료

- 가장 기본적인 참고 자료는 https://github.com/angularjs-in-action 저장소나.
- 실제로 동작하는 안젤로 애플리케이션은 http://www.angelloinaction.com에서 살펴볼수 있다.
- 그 외 여러 자료를 제공하는 '아직 배고픈 개발자(One Hungry Mind, http://onehungrymind.com)' 블로그 또한 참고해볼 만하다. 안젤로와 관련된 독자들의 피드백을 바탕으로 추가적인 내용들을 계속해서 포스팅할 예정이다.

저자와의 온라인 교류

이 책을 구매하면 매닝 출판사가 운영하는 사설 웹 포럼에 자유롭게 접근할 수 있다. 이 포럼에서는 책에 대한 의견을 공유할 수도 있고, 기술적인 질문을 올릴 수도 있으며, 저자및 다른 사용자들로부터 도움을 얻을 수도 있다. 포럼을 이용하려면 www.manning.com/

AngularJSinAction 링크를 방문해보기 바란다. 저자와의 온라인 교류(Author Online) 페이지는 일단 회원 가입 후 포럼에 접근하는 방법과 이를 통해 받을 수 있는 지원, 그리고 포럼을 이용하기 위한 규칙 등을 설명하고 있다.

매닝 출판사가 이 책의 독자들에게 공약한 것은 독자들끼리, 그리고 독자와 저자가 의미 있는 대화를 나눌 수 있는 공간이다. 이 포럼은 저자들의 자발적인 (그리고 무보수) 참여로 운영되지만, 의무적으로 참여해야 하는 것은 아니다. 따라서 저자들의 관심을 끌 만한 도전적인 질문들을 올려주기를 권한다.

이 포럼과 이 포럼에 쌓여온 갖가지 논의들은 이 책이 계속 인쇄되는 동안 출판사의 웹사이트를 통해 지속적으로 접근할 수 있다.

저자 소개

루카스 루벨키(Lukas Ruebbelke)

루카스는 2001년에 플래시(Flash)와 함께 프로그래밍을 시작해 프로토타입 언어라고 말할 수 있는 액션스크립트 1.0으로 프로그래밍을 익혔다. 15년이 지난 지금은 자바스크립트로 완전히 전향했다.

미국 애리조나주의 피닉스에 거주하며, 이 지역에서 가장 큰 밋업(Meetup)을 운영하면서 커뮤니티에 기여하고 있다. 또한, 자신의 블로그(http://onehungrymind.com)를 열정적으로 운영하고 있고, ng-conf, ng-europe, ng-vegas 등 여러 콘퍼런스에서 강연도 하고 있다. 프로그래밍을 통해 삶을 변화시킬 수 있으리라는 확신을 가지고 있으며, 이 책 역시 그의 열정이 표출된 또 다른 결과물이다.

브라이언 포드(Brian Ford)

브라이언은 구글의 Angular 코어팀에서 근무하는 개발자다. 종종 자신을 '팀에서 가장 꼰대'라고 표현하기도 하는 그는 미시건 주립 대학에서 컴퓨터 공학을 전공하던 중 Angular 코어 개발에 참여하면서 커뮤니티에 기여하기 시작했다.

《AngularJS 인 액션》의 표지 그림은 '크로아티아 부코바에서 온 남자'다. 이 그림은 2003년 크로아티아의 Ethnographic Museum in Split에서 발행한 니콜라 아르세노빅(Nikola Arsenovic)의 19세기 중반 크로아티아 전통 의상 앨범을 재구성한 것이다. 이 그림은 중세 로마 시대의 중심가에 위치한 박물관의 사서에게서 얻은 것으로, 기원전 304년 경 디오클레티아누스(Diocletian) 황제가 은퇴해 머물렀던 궁전의 유적에서 발견되었다.

부코바는 크로아티아 동부의 중규모 도시다. 부카(Vuka) 강과 다뉴브(Danube) 강의 합류 지점에 있는, 크로아티아에서 가장 큰 운하가 있는 도시다. 부코바는 지리적 이점으로 인해 자연 환경이 잘 보존되어 있으며, 수백 년간 오스트리아와 서방 국가를 이어주고 있다. 표지의 그림은 그가 일요일에 즐겨 입던 옷이다. 파란색의 울 바지와 검은색의 울 조끼를 흰색 리넨 셔츠 위에 착용하고 있으며, 헐렁한 망토를 두르고 있는 모습은 이 지역의 부유층이 주로 복잡하고 화려한 자수로 치장했다는 것을 보여준다.

옷을 입는 습관과 생활양식은 200년의 세월과 함께 바뀌었고 지역에 따라 다르기는 하지만, 그 시절의 부유층은 거의 사라졌다. 이제는 겨우 몇 마일 떨어진 다른 마을이나 도시는 고사하고, 서로 다른 대륙에 거주한다고 해서 떨어져 있다고 말하기는 어려운 시대가 됐다. 분명 우리는 문화적 다양성을 더욱 다양한 개인의 삶(확실히 더욱 다양하며 빠르게 변하는 기술 의존적 삶)을 영위하는 데 사용하고 있다.

매닝 출판사는 2세기 이전 지역 주민들의 다양한 삶의 방식을 투영한 표지를 독창적이고 진취적인 컴퓨터 비즈니스 도서에 사용함으로써 이런 작품과 고서로부터 얻은 일러스트에 다시 생명을 불어넣을 수 있게 된 것을 영광으로 생각한다.

베타리더 후기

따라가며 읽지 않으면 다소 복잡하게 느껴질 수 있지만, AngularJS에서 코드 간 관계를 어떻게 분리하고 계층을 나눠 개발하는지에 대한 전체적인 관점을 학습하는 데에는 큰 도움이 되었습니다.

🦋 김종욱(KAIST)

이 책은 하나의 서비스(안젤로라는 애플리케이션)를 개발하면서 AngularJS가 어떻게 구동되는지, 그리고 어떻게 사용해야 하는지를 잘 설명한 책입니다. 각 장을 단계별로 학습한다면 자신의 손으로 직접 만든 서비스(안젤로)를 만들 수 있습니다. 다만, 아쉬운 점이 있다면 일부 번역 투의 문장이 보였는데 출간 전에 바로잡아줄 것으로 기대합니다. 그리고 도입 부분에 간략하게나마 AngularJS에 대한 기본 형식과 관련 내용을 소개했다면, 초보자들이 큰 그림을 그려가며 학습하는 데 도움이 되었을 것 같습니다. 이에 반해, 독자 스스로가 단계별로 자신의 손으로 직접 서비스를 개발한다는 것이 굉장히 마음에 들었고, 다양한 기법과 흥미로운 예시들을 많이 제공하고 있어서 좋았습니다.

🦋 김지현(honeymon.io)

이 책은 AngularJS의 핵심 컴포넌트를 큰 그림을 보여주며, 모듈별로 기능을 설명하고 있습니다. 그리고 '주의할 점', '테스트'와 '요약'과 같은 구성을 통해 친절히 설명해주고 있습니다. 'AngluarJS를 언젠가 한번 써봐야지' 하는 다짐만 하곤 했는데, 이 책을 살펴보면서 토이 프로젝트에 바로 적용해봐야겠습니다. 학습 비용이 좀 큰 편이기는 하지만, 여러 유무형의 비용을 고려하면 jQuery만으로 코딩했을 때보다 AngularJS를 통해 프레임워크가 강요하는 방식으로 개발하는 것이 적절하다는 생각을 해봅니다.

🦋 이철민(카카오)

밤하늘의 별만큼 늘어가고 있는 프론트엔드 기술과 프레임워크 중에서도 인기 있는 AngularJS에 관한 책입니다. 단지 인기가 있다는 이유로 AngularJS를 무작정 도입하여 사내 툴을 제작한 적이 있었는데, 이 책이 진작 나왔더라면 좀 더 깔끔한 구조로 만들 수 있지 않았을까 하는 생각을 해봅니다. 책에서 예제로 든 '안젤로'를 마스터한다면 기본적인 SPA는 충분히 제작할 수 있을 것입니다. 자바스크립트에 관한 기초 지식이 있고 앵귤러로 삽질해본 경험이 있는 분들에게 좋은 책일 것 같습니다.

🦅 이후평(승광)

자바스크립트 프레임워크라고는 jQuery밖에 사용해보지 않은 저에게 AngularJS는 기초적인 개념도 어려웠고, 웹 문서를 뒤져가며 필요한 기능을 붙여나가면서도 해결하기 어려운 문제에 계속 봉착했습니다. 때마침 읽게 된 《AngularJS 인 액션》은 체계적인 구조와 제대로 된 사용법을 통해 당장 잘못된 부분을 고칠 수 있게 도와주었고, 앞으로 구현해야 할 기능에 대한 가이드를 제공해주었습니다.

🦅 최아연

책 전체가 이해하기 쉬운 흐름으로 구성되어 있어서 막힘없이 베타리딩을 진행할 수 있었습니다. AngularJS를 빠르게 경험하며 배우려는 분들께 좋을 것 같아요!

제이펍은 책에 대한 애정과 기술에 대한 열정이 뜨거운 베타리더들로 하여금
출간되는 모든 서적에 사전 검증을 시행하고 있습니다.

AngularJS와
친해지기

AngularJS의 세계에 동참하게 된 것을 환영한다. I부에서는 AngularJS에 대해 개략적으로
살펴보고 간단한(하지만 나름 유용한) 웹 애플리케이션을 개발해보면서 AngularJS를 소개하고자
한다.

제1장에서는 AngularJS의 핵심 개념들에 대해 설명하고 이 개념들이 정확히 어떤 역할을
수행하는지, 그리고 서로 어떻게 연결되어 동작하는지를 알아보고자 한다. 또한, 이 책의 예제
애플리케이션을 간략하게 재구성한 애플리케이션을 처음부터 구현해본다. 제2장에서는 알려진
모범 사례들을 바탕으로 유지보수 및 확장이 용이한 AngularJS 애플리케이션을 구성하는 방법을
알아본다.

I부를 마치면 AngularJS의 주요 부분에 대해 자세히 이해하게 될 것이며, 이것들의 구동 방식에
익숙해질 것이다. 예제 애플리케이션 개발을 잘 따라 해보면 AngularJS 세계로의 여행을
시작하기에 충분한 배경적 지식을 습득할 수 있다.

AngularJS는 굉장히 동적이면서도 빠르게 변화하는 프레임워크다. 그러므로 https://github.
com/angularjs-in-action 저장소를 자주 참고해서 최신의 코드 예제들을 확인하기를 권한다.
또한, 첫 번째 프로젝트의 코드는 https://github.com/angularjs-in-action/angello-lite
저장소에서 살펴보기 바란다.

PART I

Get acquainted
with AngularJS

1

안녕하세요, AngularJS

이 장에서 학습할 내용

- AngularJS를 사용해야 하는 이유
- AngularJS가 가져다주는 편리함
- AngularJS를 개략적으로 이해하기
- 첫 번째 AngularJS 애플리케이션 개발하기

수년 전까지만 해도 웹 페이지에는 서버에 데이터를 전송하고 서버가 이를 처리한 후 완전히 새로운 웹 페이지를 렌더링하게 하는 식의 로직들이 존재했었다. 이른바 '호출 후 새로고침(call and refresh)' 방식으로 인해 사용자 경험은 단절되기 일쑤였고, 네트워크의 대기 시간이 길어질 수록 좋지 않은 사용자 경험은 더욱 악화되었다.

그러나 XMLHttpRequest 객체의 등장과 페이지를 실제로 새로고침하지 않고도 서버에 비동기적으로 처리를 요청할 수 있는 기법이 소개되면서 상황은 반전되었다. 이 기법을 이용하면 사용자는 원격 호출에 의존해야 하는 작업을 처리하면서도 그 응답이 도착할 때까지 계속해서 애플리케이션을 사용할 수 있어서 보다 일률적인 사용자 경험을 제공할 수 있다. 바로 이 시점이 자바스크립트 프레임워크의 첫 번째 물결이 일어난 시점이다. 자바스크립트 프레임워크들의 등장은 많은 부분에서 개발자들의 수고를 덜어주었으며, 자바스크립트가 더 안정적으로 동작할 수 있는 기반이 되었다.

수많은 프레임워크들 중에서도 jQuery가 압도적인 지지를 받는다는 점에 대해서는 많은 개발자가 동의할 것이다. jQuery가 수많은 브라우저의 각기 다른 부분을 모조리 추상화하여 개발자들이 브라우저에 관계없이 웹사이트에 단일 API를 사용할 수 있게 해주었다는 사실 때문이다. 그 후로는 애플리케이션과 유사하게 동작하는 웹사이트를 개발할 수 있도록 구현된 프레임워크들이 등장했다. 이들은 완전히 새로운 방식을 도입했다. 예를 들어, jQuery는 DOM을 조작하는 데 필요한 탁월한 도구들을 제공하지만, 애플리케이션 구조에 맞게 코드를 정리하는 것에 대한 실질적인 가이드라인을 제공하지는 않았다. 'jQuery 애플리케이션'을 구현한 코드가 오히려 유지보수가 어렵고 확장성이 떨어지는 괴상한 코드로 변하고 말았다는 안타까운 소식을 듣게 되는 것은 바로 이 점 때문이다.

이후 유지보수가 쉬운 대규모 자바스크립트 애플리케이션 개발에 대한 수요가 증가하면서 자바스크립트 프레임워크는 전성시대를 맞이한다. 최근 2~3년 사이에는 수많은 프레임워크가 등장하고 또 아무도 모르는 사이에 사라져 갔다. 그러나 몇몇 프레임워크는 유지보수가 쉽고 확장 및 테스트가 수월한 대규모 웹 애플리케이션을 개발하기 위한 필수 옵션으로 자리매김했다. 그중에서도 첫손가락에 꼽히지는 않지만 매우 대중적으로 알려진 프레임워크가 바로 구글이 개발한 AngularJS다.

AngularJS는 오픈 소스 웹 애플리케이션 프레임워크로, 개발자들에게 안정적인 기반 코드와 활발한 커뮤니티, 그리고 풍부한 생태계를 제공한다. 자세한 기술적 세부사항을 들여다보기에 앞서 AngularJS의 장점들을 먼저 살펴보기로 하자.

1.1 AngularJS의 장점

이번 절에서는 AngularJS의 여러 장점에 대해 간략하게 훑어본다.

코드를 조직적으로 관리할 수 있는 직관적인 프레임워크

앞에서 설명했듯이 유지보수와 협업, 가독성, 그리고 확장성을 고려해서 코드를 조직화하는 방법에 관한 수요가 엄청나게 존재한다. AngularJS는 코드를 직관적인 장소에 배치하고, 필요한 경우 코드를 리팩토링할 수 있는 명확한 방법을 제시할 수 있도록 구성되어 있다. 사용자 인터페이스의 외관과 행동을 정의하기 위해 해당 정보를 제공하는 코드를 작성해야 할 필요가 있다면, AngularJS는 이미 그런 코드들을 보관할 위치를 정해두고 있다. 애플리케이션이 사용해야 하는 도메인 모델을 서버로부터 가져와야 한다면, 물론 이런 코드들을 위한 위치도 정해져 있다. 코드를 이용해서 DOM을 조작해야 하는 경우를 대비해 이런 코드를 위한 위치 역시도 명확하게 정의되어 있다!

개발자의 숙면을 보장하는 테스트 가능한 코드

테스트 가능한 코드는 프레임워크가 제공하는 여러 흥미진진한 기능들에 비하면 그다지 중요하게 인식되지 못하는 부분일 수도 있다. 그러나 이는 성숙기에 접어든 모든 프레임워크의 숨은 공신이다. AngularJS는 처음부터 테스트 가능성을 염두에 두고 개발되었으며, 디자인에 관한 의사 결정 역시 테스트를 고려하고 있으므로 테스트는 AngularJS 내에서 어마어마한 영향을 발휘한다. 우리가 개발한 애플리케이션이 실제로 동작하리라는 것을 알 수 있을까? 이 질문에 대해 애플리케이션이 아직 오동작을 한 적이 없다고 답한다면 그것은 깊이 있는 답변이라 할 수 없다. 이슈가 발견되는 것은 시간 문제이기 때문이다.

버그를 완전히 없애지는 못하겠지만, 엄격한 테스트를 통해 버그의 발생 가능성을 상당히 배제할 수는 있다. 테스트가 가능한 코드의 작성을 고려한 프레임워크라면 그 자체가 바로 테스트 코드를 작성하기 위한 프레임워크다. 또한, 테스트 코드를 작성하면 어딘가에 문제가 발생했을 때 그 원인을 상대적으로 빨리 규명할 수 있게 된다. 밤이 되면 혹시나 새벽 2시쯤에 문제가 생겼으니 지금 당장 고쳐내라는 데브옵스(DevOps)팀의 전화를 받게 되지는 않을까 하는 걱정은 접어두고 마음 편히 잠자리에 들 수 있다.

엄청난 코드를 절약할 수 있는 양방향 데이터 바인딩

양방향 데이터 바인딩은 AngularJS가 제공하는 여러 기능 중에서도 최고의 기능이다. 백만 년 전, 우리가 jQuery 애플리케이션을 작성하던 시절에는 jQuery를 이용해서 DOM에서 특정 요소를 찾아내 이벤트를 리스닝하고, DOM 요소의 값을 파싱해서 이 값을 가지고 필요한 작업을 수행하곤 했다. AngularJS를 이용하면 단순히 자바스크립트 속성을 정의하고 이것을 HTML에 바인딩하면 된다. 그것으로 끝이다. 당연히 이 과정에서 고려해야 할 다양한 시나리오가 있겠지만, jQuery 애플리케이션을 새로 작성했더니 전체 코드의 양이 확연히 줄어들었다는 소식을 들어본 경우는 거의 없었다.

앞서 언급했던 HTML과 자바스크립트의 동기화를 위한 코드들을 모조리 없앨 수 있다면, 더 짧은 시간 내에 더 적은 노력으로 훨씬 많은 일을 할 수 있다. 내가 즐겁게 할 수 있는 일을 할 시간이 더 많아진다는 의미다.

HTML 코드를 대신하는 템플릿

HTML은 본질적으로 간편한 레이아웃과 구조를 위해 디자인된 제한적인 언어일 뿐 복잡한 상호작용에 적합한 언어는 아니다. 다시 말하면, 요즘 우리가 알고 있는 현대적인 웹 애플리케이션의 세상을 위해 만들어진 언어는 아니라는 뜻이다. 일부 프레임워크들은 HTML을 문자열로 완전히 추상화하거나 또는 전처리기 등을 도입하여 이 한계를 극복하려는 시도를 해 왔다. 그러나 문제는 선언적 메커니즘으로서의 HTML은 상당히 괜찮은 언어이며 바로 이 점이 HTML의 짜증나는 부분이라는 점이다. 아마도 대부분의 사용자가 느끼고 있을 것이다.

대규모 팀에 소속되어 있다면 HTML 템플릿을 전담해서 만들어주는 UI/UX 담당자가 있을 것이다. 이 경우 그들이 이미 익숙한 기술과 절차를 계속해서 사용할 수 있도록 하는 것이 중요하며, AngularJS 역시 이 부분에 대해서도 잘 배려하고 있다. 왜냐하면 AngularJs는 HTML을 그대로 끌어안으면서도 필요하다면 HTML의 한계를 극복할 수 있는 능력을 개발자에게 제공하고 있기 때문이다.

자바스크립트와의 손쉬운 통합을 위한 데이터 구조

반대로 생각해보면, POJO(Plain Old JavaScript Objects) 객체들을 다른 기술들과 통합하는 것은 말도 안 되게 쉽다. 프레임워크가 제공하는 적절한 메커니즘을 사용하여 별도의 변환 작업 없이 자바스크립트 객체를 사용하거나 내보낼 수 있다면, 다른 데이터 원본으로부터 데이터를 소비하는 과정 자체가 더 효율적이 될 수 있다.

즉, 서버에서 JSON 모델을 렌더링하고 AngularJS가 애플리케이션을 시작하는 시점에 해당 객체를 곧바로 사용할 수 있다. 또한, 지금 처리 중인 모델을 특별한 변환 과정을 거치지 않고 다른 기술(예를 들면, 애플리케이션 서버)에게 전달할 수도 있다.

AngularJS가 제공하는 기능 중에는 본질적으로 학술 분야에 가까운 기능이 일부 존재한다. 필자들은 실용적인 관점에서 AngularJS가 개발자에게 편의성을 제공하기 위해 구현된 몇 가지 부분에 대해 개략적으로나마 설명하려고 노력했다. 궁극적으로, 안정적인 코드를 빠르고 효과적으로 작성할 수 있어서 더 많은 시간과 에너지를 더욱 의미 있는 다른 일에 쏟을 수 있도록 도와주는 프레임워크가 바로 우리가 원하는 프레임워크다.

1.2 AngularJS의 큰 그림 살펴보기

지금부터 AngularJS를 아주 간략하게 살펴볼 예정이다. 그리고 이 책 전체에 걸쳐 필자들이 소개하고자 하는 내용에 대한 기본적인 개념들을 설명하고자 한다(표 1.1 참조). 이 책을 끝까지 읽고 나면 그림 1.1에 대해 완벽하게 이해할 수 있을 것이며, AngularJS의 각 개념이 어떻게 상호간에 연동되는지를 이해하게 될 것이다. 나아가, 각각의 개념에 내포된 의미를 정확하게 깨닫는다면 문제를 해결하기 위한 명확하고 빠른 길을 발견하게 될 것이다.

표 1.1 AngularJS의 핵심 컴포넌트들

컴포넌트	목표
모듈 (Module)	모듈은 AngularJS 애플리케이션을 구성하는 코드를 정리하는 데 도움을 주는, 일종의 컨테이너(container)로서의 역할을 수행한다. 또한, 모듈은 하위 모듈(sub module)을 활용해서 필요한 기능을 쉽게 구성할 수 있다.
설정 (Config)	AngularJS 애플리케이션의 설정 코드는 애플리케이션이 실제로 실행되기 전에 적용될 설정 정보들을 관리하기 위한 영역이다. 라우트를 설정하거나 동적으로 구성되는 서비스 등을 여기에서 관리하면 편리하다.
라우트 (Routes)	라우트는 애플리케이션의 특정 상태로 이동하는 경로를 정의하기 위한 개념이다. 게다가 특정 라우트에 대해 어떤 템플릿과 컨트롤러를 사용할 것인지를 설정할 수도 있다.
뷰 (Views)	AngularJS에서 뷰는 AngularJS가 관련된 모든 자바스크립트와 함께 DOM을 컴파일하고 렌더링한 이후에 생성된다.
$scope	$scope 객체는 기본적으로 AngularJS 애플리케이션 내부에서 뷰와 컨트롤러를 결합하는 객체다. controller-as 문법이 등장하면서 $scope 객체를 명시적으로 사용하는 경우가 많이 줄어들었다.
컨트롤러 (Controller)	컨트롤러는 뷰가 바인딩하고 다룰 수 있는 속성과 메서드를 정의하기 위한 객체다. 통상 컨트롤러는 스스로가 제어하는 뷰에만 집중할 수 있도록 최대한 가볍게 작성하는 것이 좋다.
디렉티브 (Directive)	디렉티브는 AngularJS의 뷰에 대한 확장 기능이다. 디렉티브를 이용해 원하는 동작을 캡슐화한, 재사용 가능한 사용자 정의 요소들을 구현할 수 있다. 즉, HTML을 위한 컴포넌트 혹은 데코레이터(decorator)라고 생각하면 된다. 디렉티브는 뷰를 확장하며 그 기능을 여러 곳에서 사용하는 경우에 활용하면 좋다.
서비스 (Service)	서비스는 AngularJS 애플리케이션의 공통 기능을 구현하기 위한 컴포넌트다. 예를 들어, 여러 컨트롤러가 공유해야 하는 데이터가 필요하다면 이 데이터를 서비스 객체로 구현하고 컨트롤러들은 이 서비스 객체를 통해 데이터에 액세스할 수 있게 구현하면 된다. 서비스는 컨트롤러를 확장하며 전역적으로 액세스가 가능하다.

AngularJS가 제공하는 컴포넌트들은 앞으로 다른 장을 통해 차례대로 더 깊이 살펴보겠지만, 그에 앞서 애플리케이션을 개발할 수 있는 기초를 다지기 위한 개념들을 먼저 살펴보기로 하자.

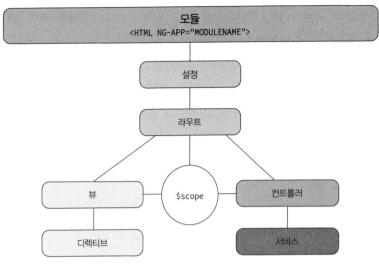

그림 1.1 AngularJS의 큰 그림

1.3 첫 번째 AngularJS 애플리케이션

앞에서 우리는 AngularJS 애플리케이션을 구성하는 각 컴포넌트를 살펴보았다. 하지만 이 컴포넌트들을 언제 어떻게 활용해야 하는 걸까? 이해를 돕기 위해 이번에는 AngularJS를 이용해서 직접 애플리케이션을 만들어보도록 하자. 이 책의 예제 애플리케이션의 축소판을 구현해보면 그 과정에서 AngularJS의 각 컴포넌트를 어떻게 결합하여 사용하는지를 파악할 수 있게 된다. AngularJS가 실제로 동작하는 모습을 직접 보면서 학습하게 될 것이고, 이런 예제들을 한데 모아 보다 큰 규모의, 그리고 완벽하게 동작하는 애플리케이션을 구현하게 될 것이다.

이 책의 예제 애플리케이션은 안젤로(Angello)라는 애플리케이션으로, 사용자 스토리(user story)를 관리하는 트렐로(Trello)라는 애플리케이션의 클론(clone)이다. 트렐로의 클론이라는 것이 무슨 의미일까? 일부 독자들은 이미 알고 있겠지만, 트렐로는 웹 기반의 프로젝트 관리 도구이며 일본의 자동차 회사인 토요타(Toyota)가 1980년대에 발표했던 기술을 근간으로 하고 있다. 프로젝트에서 작업의 단위(unit of work)는 아이템(또는 스토리)이라는 단위로 이루어지며, 각 스토리는 진행 상태에 따라 보드 상에 각기 다른 위치에 나열하게 된다. 따라서 보드 자체가 프로젝트를 표현하게 되는 셈이다. 안젤로에 대해서는 다음 장에서 조금 더 자세히 살펴보겠지만, 안젤로의 메인 화면은 그림 1.2에서, 그리고 축소 버전의 화면은 그림 1.3에서 확인할 수 있다. 안젤로 축소 버전의 전체 소스 코드는 https://github.com/angularjs-in-action/angello-lite

에서 다운로드할 수 있다. 최신 버전의 코드를 독자 여러분의 로컬 머신에 다운로드하기 위한 과정은 이 페이지의 README.md 파일에 작성해두었으니 참고하기 바란다.

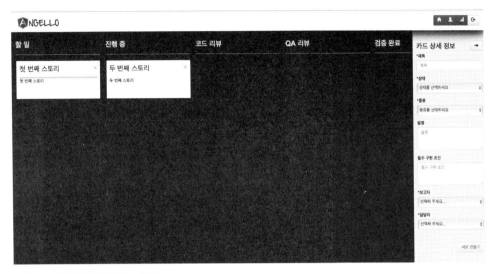

그림 1.2 안젤로가 동작하는 모습

이 책을 읽어나가는 동안 우리는 그림 1.2에서 살펴본 안젤로라는 애플리케이션을 개발하게 된다. 화면의 왼쪽에는 해야 할 작업을 표현하는 흰색 카드에 각각 첫 번째 스토리, 두 번째 스토리라고 표시되어 있다. 그리고 작업의 진척 상황은 화면의 왼쪽부터 해야 할 일, 진행 중, 코드 리뷰, QA 리뷰, 그리고 검증 완료 등의 칼럼으로 나누어져 있다. 작업을 진행하는 동안 각 카드는 드래그 앤 드롭(drag-and-drop)으로 해당 작업의 진행 상태를 표시하는 칼럼으로 이동하게 된다. 각 작업 아이템과 스토리의 상세 내용은 화면의 오른쪽에 나타난다. 이미 짐작했겠지만, 안젤로의 각 스토리는 프로젝트를 시작한 후 종료할 때까지 구현해야 할 컴퓨터 소프트웨어의 단위를 표현한다. 우선은 그림 1.3과 같은 축소 버전의 개발을 시작해보자.

그림 1.3 안젤로 Lite가 동작하는 모습

안젤로 Lite 이 애플리케이션은 필요한 파일들을 CDN[1]에서 다운로드하기 때문에 반드시 웹 서버를 통해 실행되어야 한다. 코드를 웹 서버를 통해 실행하는 방법은 몇 가지가 있지만, 그중에서도 가장 손쉬운 방법은 npm 패키지인 serve를 사용하는 방법이다.

안젤로 Lite 버전을 설치하는 순서는 다음과 같다.

- Node.js를 설치한다. 설치와 관련된 자세한 내용은 http://nodejs.org를 참고하기 바란다.
- 명령 줄에서 npm install -g serve 명령을 실행해서 serve 패키지를 설치한다.[2]
- 앞에서 소개한 Github URL에서 안젤로 Lite 버전을 다운로드한 후, angello-lite라는 디렉터리에 저장한다.
- angello-lite 디렉터리로 이동해서 serve 명령을 실행한다.
- 웹 브라우저를 실행하고 http://localhost:3000을 방문하면 애플리케이션이 실행된 모습을 볼 수 있다.

안젤로 Lite는 제2장부터 개발할 안젤로를 간소화한 버전이다. 이 애플리케이션에 저장하는 모

---

1 **역주** Content Delivery Network의 약자로, 원거리의 클라이언트에게 콘텐츠를 빠르게 전송하기 위한 기술이다.

2 **역주** OS X 또는 리눅스 사용자들은 sudo npm install -g serve와 같이 슈퍼유저 권한으로 해당 명령을 실행해야 한다.

든 데이터는 영구히 저장되는 것이 아니라 메모리에만 저장된다. 따라서 페이지를 새로 고치면 모든 데이터를 잃게 된다. 스토리의 상세 정보를 보려면 화면 왼쪽에서 제목과 설명이 표시된 카드를 클릭하면 된다. 그러면 상세 정보가 화면 오른쪽에 나타난다. 텍스트 상자와 드롭다운 목록을 이용해서 스토리를 변경하고 저장하면, 브라우저에서 페이지를 새로고침하기 전까지는 데이터가 유지된다. 새로운 스토리를 생성하려면 왼쪽의 덧셈 기호를 클릭하면 된다. 그러면 새로운 제목과 설명을 입력하는 대화 상자가 나타난다. 다른 데이터들과 함께 카드의 제목과 설명을 입력하면 그 내용이 실시간으로 요약 상자에 표시된다.

그림 1.4는 앞서 살펴봤던 큰 그림과 관련해서 이번에 우리가 구현하게 될 부분이 어느 컴포넌트에 속하는지를 보여준다. 우선은 모듈을 먼저 구성한 다음, 뷰와 컨트롤러를 각각 index. html 파일과 MainCtrl 컨트롤러에 구현할 예정이다. 그 다음에는 AngelloModel 서비스와 story 디렉티브를 구현한다.

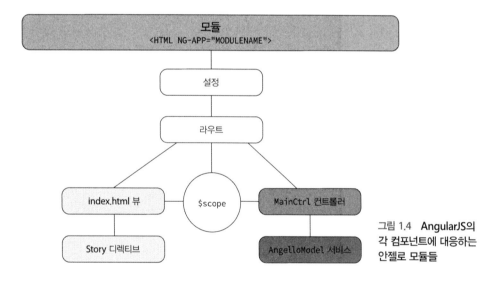

그림 1.4 **AngularJS의 각 컴포넌트에 대응하는 안젤로 모듈들**

이번 장에서 안젤로 Lite 애플리케이션의 소스 코드를 줄 단위로 설명하지는 않겠지만, 중요한 부분들은 모두 설명할 것이기 때문에 무엇이 어떻게 동작하는지에 대해서는 확실하게 이해하게 될 것이다. 이번 장을 마칠 즈음이면 AngularJS 저녁 모임에 나가서도 아는 척 좀 할 수 있는 수준이 될 수 있다.

안젤로 Lite 애플리케이션을 구현할 때 유념할 점은 이 애플리케이션이 마스터-디테일 인터페이스(master-detail interface)를 채택하고 있다는 점이다. 그리고 이는 거의 모든 단일 페이지 웹 애플리케이션(single page web application)이 한두 개의 페이지로 구성된다는 점과 일맥상통한다. 마스터-디테일 인터페이스를 한 페이지에서 구현하는 방법을 이해하는 것은 웹 페이지를 구현하는 일반적인 방법을 배우기 위한 좋은 토대가 된다.

1.3.1 모듈

AngularJS에서 **모듈**(module)의 역할은 애플리케이션을 논리적인 단위로 나누어 조직화하는 것이다. AngularJS는 모듈을 통해서 애플리케이션이 어떻게 설정되어 있으며, 어떻게 동작해야 할 것인지를 파악한다. 전체 큰 그림에서 모듈의 위치는 그림 1.5에서 확인할 수 있다.

코드를 살펴보면 Angello라는 이름의 모듈의 인스턴스를 생성해 myModule이라는 이름의 변수에 대입하는 것을 볼 수 있다.

```
// app.js
var myModule = angular.module('Angello', []);
```

두 번째 매개변수는 필요한 경우 추가적인 기능을 제공하기 위한 서브 모듈들을 전달하기 위한 배열이다. 일반적으로 구현해야 할 기능들을 서브 모듈에 나누어 구현한 후, 애플리케이션의 주 모듈에 삽입(inject)하는 것이 적절한 구현 방법으로 받아들여지고 있다. 그렇게 함으로써 모듈을 이동하는 것은 물론 테스트하기가 쉬워지는 장점이 있다.

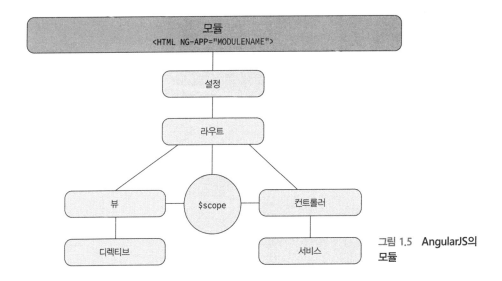

그림 1.5 **AngularJS의 모듈**

이제 안젤로 Lite 애플리케이션의 myModule 속성에 필요한 컴포넌트들을 정의할 수 있다. 예를 들어, 예제에서는 AngelloHelper와 AngelloModel이라는 두 가지 서비스를 정의한다. 그리고 MainCtrl이라는 이름의 컨트롤러와 story라는 이름의 디렉티브도 구현한다.

```
// app.js
var myModule = angular.module('Angello', []);
myModule.factory('AngelloHelper', function() { });
myModule.service('AngelloModel', function() { });
myModule.controller('MainCtrl', function() { });
myModule.directive('story', function() { });
```

Angello 모듈을 정의하고 필요한 컴포넌트들의 인스턴스를 모두 구성했으면, 이제는 Angello 모듈을 AngularJS 애플리케이션의 진입점으로 지정하여 애플리케이션을 작동시킬 차례다. AngularJS 애플리케이션을 시작하는 가장 쉬운 방법은 AngularJS 애플리케이션을 동작하게 할 HTML 요소에 ng-app 특성을 추가하는 방법이다. 예제에서는 애플리케이션이 전체 페이지를 관리하기 때문에 html 태그에 ng-app="Angello"라는 특성을 추가한다. 이렇게 해서 Angello 모듈을 통해 AngularJS 애플리케이션이 시작하게 된다.

```
<!-- index.html -->
<html ng-app="Angello">
```

그러면 지금부터 간략한 설명과 함께 나머지 컴포넌트들에 살을 붙여 나가자.

1.3.2 뷰와 컨트롤러

AngularJS를 배울 때 가장 이해하기 어려운 부분 중 하나는 DOM과 상태(state)를 분리하는 것이다. AngularJS는 공식적으로는 모델-뷰-아무거나(MVW, Model-View-Whatever) 프레임워크다. 여기서 아무거나(whatever)의 의미는 가장 생산적으로 코드를 구현할 수 있는 패턴이라면 무엇이든 적용해도 된다는 의미다. 편의를 위해 AngularJS가 그림 1.7과 같이 모델-뷰-뷰모델 (MVVM, Model-View-ViewModel) 디자인 패턴을 따른다고 생각하자.

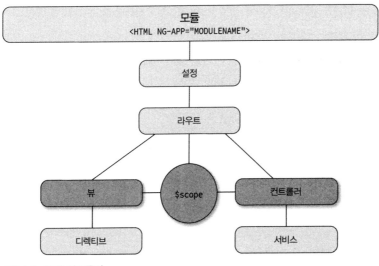

그림 1.6 **뷰와 컨트롤러**

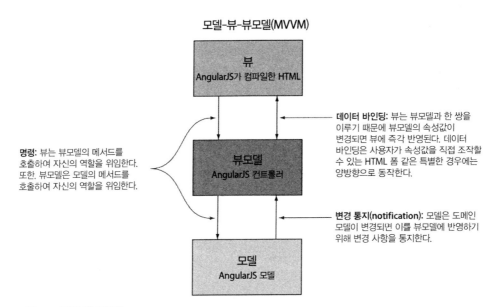

그림 1.7 **모델-뷰-뷰모델**

모델에 대한 내용은 서비스 관련 절에서 살펴보고 지금은 뷰와 뷰모델에 조금 더 집중해보자. 그림 1.7에서 보듯이, MVVM 패턴에서 뷰는 (본질적으로) AngularJS에서의 뷰이며 컨트롤러는 뷰모델의 역할을 담당한다.

컨트롤러는 뷰에 바인딩될 상태를 제공하며, 뷰에서 발생한 명령을 컨트롤러에 전달하여 필요한 작업을 수행할 수 있게 한다. 이로 인해 뷰가 자신의 상태를 유지할 필요가 없으며(컨트롤러가 제공하는 상태를 표시하는 역할만을 담당하기 때문이다), 뷰가 다른 동작을 수행할 필요도 없게 된다(필요한 동작은 컨트롤러에 위임하기 때문이다).

이 과정이 어떻게 이루어지는지 살펴보기 위해 먼저 DOM에 ng-controller 디렉티브를 추가해서 MainCtrl 컨트롤러의 인스턴스를 생성하자. 예제에서는 MainCtrl as main과 같이 controller-as 구문을 사용한다. 이렇게 하면 HTML 파일 내부에서 MainCtrl이라는 이름의 컨트롤러를 main이라는 이름으로 사용할 수 있게 된다.

```
<!--index.html-->
<div ng-controller="MainCtrl as main">
</div>
```

뷰 내부에서 속성을 바인딩하려면 필요한 속성을 그저 컨트롤러에 선언만 하면 된다. 예를 들어, MainCtrl 컨트롤러에 this.title과 같이 속성을 선언하면 뷰 내에서는 <h1>{{main.title}}</h1>과 같이 중복된 중괄호를 이용해서 해당 속성을 바인딩할 수 있다. 그러면 title 속성의 값이 변경될 때마다 변경 사항이 DOM에 즉각 반영된다. 단순한 문자열 속성을 바인딩하는 것은 정말 쉬우므로 이보다는 조금 더 어려운 것을 해보기 위해 실제 컬렉션에 바인딩하는 과정을 살펴보자. 우선, 여러 개의 story 객체를 저장한 배열을 만든 후 이 배열을 MainCtrl 컨트롤러의 stories 속성으로 정의한다.

```
// app.js
myModule.controller('MainCtrl', function() {
    var main = this;

    //...
    main.stories = [
        {
            title: '첫 번째 스토리',
            description: '첫 번째 사용자 스토리',
            criteria: '요구사항 정리 중...',
            status: '해야할 일',
            type: '기능',
            reporter: '웹지니',
            assignee: '웹지니'
        },
        {
            title: '두 번째 스토리',
            description: '두 번째 사용자 스토리',
            criteria: '요구사항 정리 중...',
```

```
                status: '백로그',
                type: '기능',
                reporter: '웹지니',
                assignee: '웹지니'
        },
        {
                title: '세 번째 스토리',
                description: '세 번째 사용자 스토리',
                criteria: '요구사항 정리 중...',
                status: '코드 리뷰',
                type: '개선',
                reporter: '웹지니',
                assignee: '웹지니'
        }
    ];
    // ...
});
```

THIS   필자들은 보통 나중에 다시 참조할 필요가 있는 객체는 최상위 객체인 this 객체에 저장하는 것을 선호한다. this 객체는 함수 수준의 범위를 토대로 문맥이 변화하는 특징이 있다. 그리고 this 객체에 추가하는 참조 속성의 이름은 우리가 뷰에서 **controller-as** 문법을 사용해서 정의한 이름(예제의 경우는 MainCtrl as main 구문을 통해 main이라고 정의한 이름)을 사용하는 것을 선호한다. 이렇게 하면 코드 읽기가 쉽고 HTML과 자바스크립트 양쪽에서 모두 같은 이름을 사용할 수 있다.

우리는 main.stories 컬렉션을 마스터-디테일 뷰에서 마스터에 해당하는 영역에 목록 형태로 표시할 것이다. 그러기 위해서는 우선 main.stories 배열에 저장된 아이템들을 표시할 개별적인 요소들을 생성해야 한다. 이런 경우, ng-repeat 디렉티브를 이용하면 main.stories 배열의 각 아이템에 순서대로 접근하여 각 아이템을 토대로 ng-repeat 디렉티브를 지정한 HTML 요소와 그 자식 요소들의 복사본을 만들어낼 수 있다. callout이라는 클래스가 지정된 div 태그에 ng-repeat="story in main.stories"와 같이 특성을 지정하면, AngularJS가 main.stories 배열을 대상으로 루프를 실행해서 배열 내의 각 아이템을 story라는 이름으로 참조할 수 있게 해준다. 이를 이용해 다음과 같이 해당 객체를 자식 요소들에 바인딩할 수 있다.

```html
<!-- index.html -->
<div ng-controller="MainCtrl as main">
    <div class="col-md-4">
        <h2>Stories</h2>
        <div class="callout"
            ng-repeat="story in main.stories"
```

```
            ng-click="main.setCurrentStory(story)">
            <h4>{{story.title}}</h4>
            <p>{{story.description}}</p>
        </div>
    </div>
</div>
```

각각의 story 객체는 title과 description 속성을 가지고 있으며, 이 속성들은 각각 {{story.title}} 및 {{story.description}}과 같은 표현식을 이용해 바인딩할 수 있다. AngularJS는 각 템플릿 인스턴스에 문맥을 제공하는 능력이 탁월하기 때문에 story 인스턴스가 잘못된 객체에 대한 참조를 가지지는 않을지 염려하지 않아도 된다. 이런 능력은 특히 ng-click="main.setCurrentStory(story)"와 같이 함수를 호출하면서 객체를 매개변수로 전달할 때 올바른 객체가 전달되도록 보장하기 때문에 매우 중요하다.

지금까지 속성을 바인딩하는 방법은 물론 표현식을 이용해 바인딩을 수행하는 방법을 알아보았다. 또한, 컨트롤러에 메서드를 정의하고 뷰에서 이 메서드를 호출하는 방법도 알게 되었다. 예를 들어, main.stories 배열에 새로운 story 객체를 추가하는 main.createStory라는 메서드를 컨트롤러에 다음과 같이 선언할 수 있다.

```
// app.js
myModule.controller('MainCtrl', function() {
    var main = this;

    //...
    main.createStory = function() {
        main.stories.push({
            title: '새 사용자 스토리',
            description: '설명을 입력하세요.',
            criteria: '요구사항 정리 중...',
            status: '백로그',
            type: '기능',
            reporter: '미정',
            assignee: '미정'
        });
    };
    //...
});
```

createStory 메서드를 MainCtrl 컨트롤러에 선언했으므로 이제 뷰에서 호출이 가능하다. 뷰의 앵커(anchor) 태그에 다음과 같이 ng-click 디렉티브를 지정해서 main.createStory 메서드를 호출할 수 있다.

```
<!-- index.html -->
<div ng-controller="MainCtrl as main">
    <div class="col-md-4">
        <h2>스토리 목록</h2>
        <div class="callout"
            ng-repeat="story in main.stories"
            ng-click="main.setCurrentStory(story)">
        </div>
        <div>
            <a class="btn btn-primary" ng-click="main.createStory()">
                <span class="glyphicon glyphicon-plus"></span>
            </a>
        </div>
    </div>
</div>
```

뷰모델을 이용하는 방법은 jQuery로 구현된 전통적인 애플리케이션에 존재하던 흐름을 완전히 뒤집는다. jQuery를 이용하는 경우라면 DOM을 먼저 조회한 후 이벤트 리스너를 바인딩했어야 했다. 그리고 그 이벤트가 발생하면 이벤트를 해석하고 현재 상태를 알아내기 위해 DOM을 파싱한 후에라야 정작 필요한 작업을 수행할 수 있었다. 이로 인해 HTML과 자바스크립트가 서로 너무 강하게 연결된다. 그러나 뷰모델을 사용함으로써 이 둘 사이의 관계를 분리할 수가 있다. 이제는 컨트롤러가 뷰의 변경 사항을 감지해내는 것이 아니라 뷰가 컨트롤러에게 특정 작업을 수행하도록 명령을 내릴 수 있게 된 것이다.

MVVM MVVM 패턴에 대한 심도 있는 논의는 이 책의 범위를 벗어난다. 그러나 필자들은 위키피디아의 문서(http://en.wikipedia.org/wiki/Model_View_ViewModel)를 한 번쯤 읽어볼 것을 권한다. 선언적인 마크업과 주요 로직을 분리함으로써 더 안정적이면서도 테스트가 쉬운 코드를 작성할 수 있게 된다.

1.3.3 서비스

컨트롤러는 가볍게 유지되어야 하고 특정 뷰만을 처리해야 하는데, 두 개의 컨트롤러가 동일한 정보를 공유해야 한다면 이 문제를 어떻게 해결할 수 있을까? 당연히 두 컨트롤러는 서로의 존재에 대해 인지하고 있어서는 안 된다. 그렇다면 어느 한 컨트롤러가 다루던 정보가 사실은 다른 컨트롤러도 필요로 하는 정보였다면 어떻게 이 정보를 공유할 수 있을까? 이에 대한 답변은 AngularJS 서비스(service)다. 컨트롤러로부터 공통의 데이터를 추출하고 이를 서비스를 통해 전체 애플리케이션에 노출할 수 있다. 그림 1.8은 MVVM 패턴에서 모델에 해당하는 AngularJS의 컴포넌트를 보여준다.

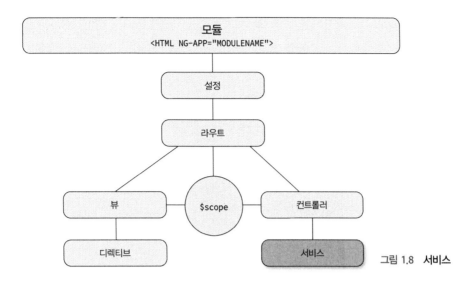

모듈
<HTML NG-APP="MODULENAME">

설정

라우트

뷰 $scope   컨트롤러

디렉티브   서비스

그림 1.8 서비스

이전 절에서 우리는 stories 컬렉션을 MainCtrl 컨트롤러에서 직접 조작했었다. 이번에는 이 컬렉션을 AngelloModel 서비스를 통해 노출하고 MainCtrl 컨트롤러가 이 정보를 활용하도록 구현해보자. 이를 위해 다음과 같이 AngelloModel 객체에 stories 속성을 선언하고 MainCtrl 컨트롤러에서 사용했던 것과 동일한 컬렉션을 구성하자.

```javascript
// app.js
myModule.service('AngelloModel', function() {
    var service = this,
        stories = [
            {
                title: '첫 번째 스토리',
                description: '첫 번째 사용자 스토리',
                criteria: '요구사항 정리 중...',
                status: '해야할 일',
                type: '기능',
                reporter: '웹지니',
                assignee: '웹지니'
            },
            // ...
        ];

    service.getStories = function () {
        return stories;
    };
});
```

이번 예제에서는 AngelloModel 객체를 MainCtrl 컨트롤러의 생성자 함수에 매개변수로서 전달한다. AngularJS는 의존성 주입(DI, Dependency Injection) 기법을 이용해 각 객체가 요구하는 의존성 객체들을 제공한다. 의존성 주입은 이름만 보면 쉬워 보이지만 그 구현은 이름만큼 쉽지는 않다. AngularJS는 이 컨트롤러가 AngelloModel 객체의 인스턴스를 필요로 한다는 것을 탐지하고는 이 객체의 인스턴스를 생성한 후에 MainCtrl 컨트롤러의 생성자에 주입하여 컨트롤러가 요구하는 의존성을 맞춰주게 된다.

```javascript
// app.js
myModule.controller('MainCtrl', function(AngelloModel) {
    var main = this;

    // ...
    main.stories = AngelloModel.getStories();
    // ...
});
```

이제 main.stories 속성에 AngelloModel.getStories() 함수의 리턴값을 대입하면 된다. 이 방법의 장점은 스토리 데이터를 얻어오는 방법이나 장소에 관해 MainCtrl가 전혀 알고 있을 필요가 없다는 것이다. 이 책의 나머지 내용을 통해 계속해서 자세히 살펴보겠지만, 원격 서버를 호출하여 얻어온 데이터 역시 마찬가지 방법으로 손쉽게 다룰 수 있다.

한 가지 예제를 더 살펴본 후 디렉티브에 대한 이야기로 넘어가도록 하자. AngularJS의 서비스는 단순히 공통의 상태를 저장하는 것뿐만이 아니라 유틸리티 함수 같은 공통 기능들도 공유할 수 있는 객체다. 예를 들어, 배열을 매개변수로 전달받아 속성 매개변수를 바탕으로 인덱스를 생성하는 buildIndex처럼 아주 일반적으로 사용되는 메서드가 필요한 경우가 있다. 이 메서드를 통해 배열에 매번 루프를 실행할 필요 없이 배열 내에서 필요한 아이템을 찾을 수 있다. 이런 공통 함수들은 여러 곳에서 사용될 수 있으므로 다음과 같이 AngelloHelper 서비스에 구현하는 것이 바람직하다.

```javascript
// app.js
myModule.factory('AngelloHelper', function() {
    var buildIndex = function(source, property) {
        var tempArray = [];

        for(var i = 0, len = source.length; i < len; ++i) {
            tempArray[source[i][property]] = source[i];
        }
```

```
        return tempArray;
    };

    return {
        buildIndex: buildIndex
    };
});
```

이처럼 코드를 세분화하면 코드 자체가 다른 코드와 격리되어 다른 런타임 컨텍스트(Runtime context)에 더 이상 의존하지 않기 때문에 유지보수 및 테스트가 수월해진다.

1.3.4 디렉티브

디렉티브(directive)는 AngularJS가 제공하는 컴포넌트 중 가장 강력하면서도 재미난 컴포넌트다. 사실, 우리는 이미 지난 절에서 실제로 동작하는 디렉티브들을 만나보았다. 예를 들면, ng-click 특성을 어떤 요소에 지정했던 경우는 AngularJS가 제공하는 내장 디렉티브를 이용함으로써 특정 요소의 동작을 확장한 것이다. 마찬가지로, 페이지에 ng-app이나 ng-controller 같은 특성을 지정한 경우 역시 AngularJS의 디렉티브를 이용하여 정적인 페이지에 새로운 동작을 추가한 것이라고 할 수 있다. 그림 1.9에서는 디렉티브가 AngularJS의 큰 그림 중 어느 부분에 해당하는지를 보여준다.

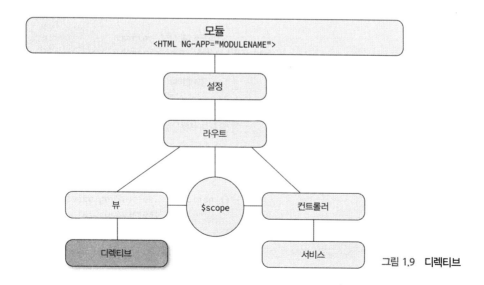

그림 1.9 디렉티브

그러면 안젤로 Lite에 간단한 디렉티브를 추가해보자. 이번에 추가할 디렉티브는 페이지 내에서 각 스토리 아이템을 표현할 story 디렉티브다. 디렉티브를 선언하는 방법은 컨트롤러나 서비스를 선언하는 경우와 마찬가지로 이름과 실제 동작을 구현할 함수를 조합하여 선언한다.

```
// app.js
myModule.directive('story', function(){
    return {
        scope: true,
        replace: true,
        template:'<div><h4>{{story.title}}</h4><p>{{story.description}}</p></div>'
    };
});
```

이 함수는 디렉티브 정의 객체(DDO, Directive Definition Object)를 리턴한다. 이 객체는 디렉티브를 구성하기 위한 정보를 정의한 객체다. 예제에서는 이 디렉티브의 매 인스턴스마다 새로운 스코프(scope) 객체가 필요하다는 정보와 함께, 디렉티브가 선언된 요소와 교체될 템플릿을 정의하고 있다. 템플릿 마크업은 앞서 우리가 현재 선택된 스토리 아이템의 **title** 속성과 **description** 속성값을 표시하기 위해 사용했던 것과 동일한 코드를 사용하고 있으므로 이미 익숙한 코드일 것이다.

이제 디렉티브를 선언했으므로 이제는 div 태그가 아닌 story 태그를 사용하도록 페이지의 HTML을 수정하자. 어? story 태그라니, 그런 태그가 있었나? 이제는 그런 태그가 있다!

```
<div ng-controller="MainCtrl as main">
    <div class="col-md-4">
        <h2>Stories</h2>
        <story class="callout"
               ng-repeat="story in main.stories"
               ng-click="main.setCurrentStory(story)">
        </story>
        <!-- ... -->
    </div>
</div>
```

지금까지 디렉티브를 이용해 HTML이 뭔가 새로운 동작을 하도록 확장하는 방법을 살펴보았다. 비록 간단한 예제이기는 하지만, 구현하고 싶은 HTML 태그와 특성을 직접 구현할 수 있다면 어떤 애플리케이션이라도 만들 수 있는 계기가 될 것이다.

1.4 요약

이상으로 안젤로 Lite 버전에 대한 설명을 마치도록 한다. 지금까지의 내용을 통해 그림 1.1에서 살펴봤던 대부분의 주요 컴포넌트들이 실제로 동작하는 모습을 살펴볼 수 있었다. 이 책의 나머지 부분에서는 안젤로 애플리케이션을 개발해 가면서 각각의 개념을 더 자세히, 그리고 더 유용하게 활용하는 방법을 살펴볼 것이다.

다음 장으로 넘어가기 전에 이 장에서 학습했던 내용들을 간단히 요약해보자.

- AngularJS는 대규모 자바스크립트 애플리케이션을 손쉽게 작성하고 관리하기 위한 목적으로 만들어진 프레임워크다.
- AngularJS는 처음부터 테스트를 염두에 두고 만들어졌다. 그 결과, 깔끔하고 안정적이며 확장 가능한 코드를 손쉽게 작성할 수 있다.
- 데이터 바인딩을 이용하면 지루한 DOM 이벤트 관련 코드를 더 이상 작성할 필요가 없기 때문에 (수만 라인까지는 아니지만) 수천 라인의 코드를 절약할 수 있다.
- AngularJS의 템플릿은 단순한 HTML이기 때문에 AngularJS의 UI를 구현하는 데 있어 기존의 기술을 손쉽게 활용할 수 있다.
- 순수 자바스크립트 객체(POJO, Plain Old JavaScript Objects)를 이용하면 다른 시스템과의 통합이 더욱 손쉬워진다.
- AngularJS의 모듈은 애플리케이션을 구성하기 위한 컨테이너들이다.
- AngularJS의 뷰는 컨트롤러와 함께 컴파일되고 렌더링된다.
- 컨트롤러는 뷰를 위한 뷰모델로서 뷰가 필요로 하는 데이터와 메서드를 제공하는 역할을 담당한다.
- 서비스는 AngularJS 애플리케이션이 공통적으로 사용하는 데이터와 기능을 캡슐화한다.
- 디렉티브는 사용자가 직접 정의하는 컴포넌트 또는 특성으로 HTML에 새롭고 강력한 기능을 부여할 수 있다.

2

AngularJS 애플리케이션 구성하기

이 장에서 학습할 내용

- 안젤로(Angello)에 대한 소개
- 확장 가능한 AngularJS 프로젝트를 구성하는 방법
- 라우트(Route)의 구성 및 탐색(Navigation)
- 웹 애플리케이션을 시작하기 위한 기본 구조의 구현
- AngularJS 애플리케이션 개발에 대한 몇 가지 모범 사례

2.1 안젤로 살펴보기

제1장에서는 제한된 예제를 통해 AngularJS의 주요 컴포넌트들이 어떻게 결합하여 웹 애플리케이션을 구성하게 되는지를 살펴보았다. 이때 살펴본 안젤로 Lite는 AngularJS에 익숙해지기에 적합한 예제였으며, 우리 필자들이 예제를 통해 전달하고자 했던 것은 복잡한 AngularJS 애플리케이션이 실세계의 수요에 어떻게 대응하는지를 보여주는 것이었다. 이제는 이 책의 공식 예제 애플리케이션인 안젤로를 소개하고자 한다.

> **왜 안젤로를 예제로 택했을까?** 우리 필자들은 우리들의 기억에 가장 인상적이었던 웹 애플리케이션 중 하나인 트렐로(Trello)에 대해 특별한 애정이 있었다. 트렐로는 목록 내부에 목록을 정리할 수 있었으며, '프로젝트의 규모에 관계없이 이를 관리하기 위해 필요한 모든 것'을 표방하는 웹 애플리케이션이었다. 이 점에서 이 책의 실전 예제로서 코

25

딩 프로젝트를 관리하기 위한 AngularJS 버전의 트렐로를 구현하기로 마음먹었고, 안젤로라는 이름을 붙이게 된 것이다.

안젤로의 소스 코드는 GitHub 저장소(https://github.com/angularjs-in-action/angello)에서 다운로드할 수 있다. 또한, 실제로 동작하는 안젤로는 http://www.angelloinaction.com에서 확인할 수 있다.

AngularJS 영역에 집중하는 동안 서버 측 커뮤니케이션에 대해 어느 정도 수준이 적절한지, 그리고 개발 서버에 대해 필요한 지식을 최소화할 수 있는 방법이 무엇인지에 대해 많은 고민을 했다. 이 책을 쓰는 시점에 백엔드(back-end) 서버를 구성하고 실행할 수 있는 선택 사항은 크게 두 가지가 있었다.

첫 번째, 가장 쉬운 선택 사항은 백엔드로서 Firebase를 사용하는 것이었다. 이 솔루션은 무료 계정만으로도 단 몇 분만에 쉽게 설치하고 사용할 수 있다. 두 번째 선택 사항은 역시 이 책의 GitHub 사이트에서 찾아볼 수 있는 Node.JS API를 사용하는 것이었다. 우리 필자들이 이 두 가지 기술을 사용해볼 것을 권하는 이유는 두 가지 기술 모두 학습해볼 만한 가치가 있기 때문이다. 이 백엔드 기술들을 설치하고 사용하기 위한 상세한 과정은 부록을 참고하기 바란다.

안젤로는 로그인 화면, 스토리보드 스크린 화면, 사용자 화면, 그리고 대시보드(dashboard) 화면 등 총 네 가지 섹션으로 구성된다.

로그인 화면(그림 2.1 참조)은 사용자가 애플리케이션을 탐색하기 전에 인증 과정을 거치는 화면이다. 또한, 로그 아웃 상태에서는 스플래시(Splash) 화면의 역할도 담당한다. 안젤로를 사용하려면 사용자 계정을 생성해야 한다. 아직 계정을 생성하지 않았다면 폼에 정보를 입력한 후 계정 생성 버튼을 클릭하면 된다.

그림 2.1 안젤로의 로그인 화면

홈 화면(그림 2.2 참조)은 안젤로와 상호작용이 발생하는 장소다. 사용자는 이 화면을 통해 사용자 스토리를 생성하고, 관리하며, 각 스토리를 스윔레인(swimlane)에 시각화할 수 있다. 사용자 스토리에 대한 작업은 테스트와 검증을 거쳐 필수 구현 조건을 갖춘 소프트웨어를 개발하는 것이다. 그리고 이런 작업들이 진행되어 가는 동안 그 진척도를 화면의 특정 위치에 반영하기 위해 카드를 사용한다.

그림 2.2 안젤로의 홈 화면

사용자 화면(그림 2.3 참조)은 새로운 사용자를 추가하거나 기존의 사용자에 대한 정보를 수정하기 위한 화면이다. 그리고 (라우팅에 대한 장에서 소개할) 두 번째 화면을 통해 해당 사용자에게 할당된 모든 스토리 목록을 확인할 수 있다.

그림 2.3 안젤로의 사용자 화면

대시보드 화면(그림 2.4 참조)은 사용자 스토리를 그 상태와 종류를 바탕으로 그래프를 이용해 시각화한다. 이 화면에 대해서는 제5장에서 설명한다.

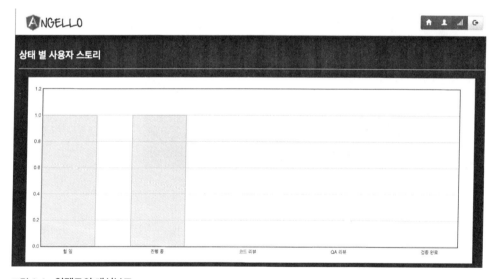

그림 2.4 안젤로의 대시보드

안젤로의 목적은 독자 여러분의 필요에 따라 손쉽게 수정할 수 있는 코드와 기법을 바탕으로 최대한 많은 개발 작업을 커버하는 것이다. 비록 이 책은 안젤로를 구현하는 것에 초점을 맞추고 관련 내용을 학습할 예정이지만, 독자 여러분도 이 책을 통해 학습하는 내용들을 실제 업무에 최대한 적용할 수 있는 방법을 모색해보기를 바란다.

2.2 AngularJS 애플리케이션 구조

지금까지 설명한 내용을 상기하고 웹 애플리케이션을 구현할 때 처음으로 논의해야 할 점에 대해 생각해보자. 어떻게 하면 애플리케이션을 잘 구조화하여 나중에 복잡도가 증가하더라도 자신의 선택에 후회가 없도록 할 수 있을까? 신기하게도 올바른 파일 구조의 조건은 올바른 코드의 조건과 크게 다르지 않다. 사실, 애플리케이션의 파일 구조와 코드 구조가 서로 다른 경우는 좀처럼 보기 힘들다.

> **파일 구조**
>
> 좋은 파일 구조는 탐색과 유지보수, 그리고 확장이 쉬워야 한다. 또한, 파일의 구조를 통해 작성자의 의도를 명확히 이해할 수 있는 구조를 확립하는 것이 중요하다. 즉, 누군가 파일 구조를 한 번 살펴보는 것만으로도 앱이 어떤 요소들로 구성되며 어떤 동작을 하는지를 빠르게 알아챌 수 있어야 한다.

클린 코드(clean code) 우리 필자들이 좋아하는 프로그래밍 책 중 하나는 로버트 C. 마틴(Robert C. Martin)이 2009년에 피어슨 에듀케이션(Pearson Edution)을 통해 출간한 《클린 코드: 애자일 소프트웨어 장인 정신(Clean Code: A Handbook of Agile Software Craftmanship)》이다. 모두가 일 년에 한 번씩 이 책을 읽어볼 것을 권한다.

앞에서 안젤로의 네 가지 주요 기능에 대해 설명했던 것을 기억하는가? 그림 2.5를 보면 뭔가 흥미로운 것을 발견할 수 있을 것이다.

angello라는 폴더를 보면 안젤로의 각 기능별로 폴더가 나누어진 것을 볼 수 있다. 또한, app 폴더에는 각 기능이 공통적으로 사용하는 기능들이 구현되어 있다.

AngularJS 애플리케이션의 구조는 주로 종류 또는 기능에 따라 구성하는 것이 일반적이다. 예를 들어, 파일을 종류별로 구조화한다는 것은 모든 컨트롤러를 한 폴더에 저장하고, 모든 서비스를 또 다른 한 폴더에 저장하는 식이다. 만일 기능에 따라 구조화한다면, 어떤 한 기능을 구현하기 위한 모든 파일을 하나의 폴더에 저장한다. 이 둘을 혼합한

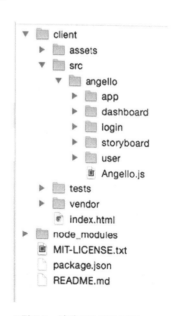

그림 2.5 **안젤로의 파일 구조**

방식도 자주 눈에 띄는데, 일단 기능별로 폴더를 구성한 다음 그 안에서 다시 종류별로 폴더를 나누는 방식이다. 이렇게 하면 파일 구조를 조금 더 모듈화해야 하는 불편이 따르지만, 새롭게 프로젝트에 참여한 개발자가 프로젝트에 보다 빨리 적응할 수 있다는 장점도 있다. 그런트(Grunt)나 걸프(Gulp)를 사용한다면 이런 구조를 통해 상세 구현을 줄일 수도 있다(어쨌든 모든 파일이 배포용 빌드에 포함된다). 그림 2.6을 살펴보자.

그래서 어떤 방법을 택해야 할까? 모범 사례(best practice)가 약간 종교처럼 추앙되는 경우를 종종 보는데, 필자들의 입장에서는 모두가 그런 현상이 발생하지 않도록 주의를 기울여야 한다. 필자들은 더 나은 방향으로 더 빠르게 코드들을 빌드할 수 있는 규칙을 따라야 한다고 믿는다. 여러분의 팀에 가장 적합한 방법을 찾아 그 방법을 고수하기를 권한다. '올바른' 방향으로 나아가는 것보다는 '일관성'이 더 중요하다.

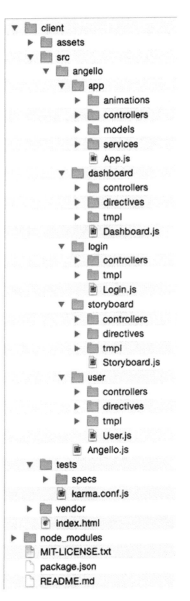

그림 2.6 안젤로의 파일 구조를 더욱 확장한 모습

2.3 안젤로의 기반 살펴보기

안젤로를 개발하기 시작하면서 다루게 될 첫 번째 주제는 AngularJS 모듈들이 결합하여 동작하는 방식이다. 모듈은 애플리케이션의 빌딩 블록(building block)이며, 이들이 어떻게 결합하여 동작하는지를 이해하면 향후 새로운 기능도 손쉽게 추가할 수 있게 된다. 사실, 우리 필자들은 종종 모듈의 구조를 바탕으로 애플리케이션을 시각화하곤 한다.

모든 AngularJS 애플리케이션에는 다른 모든 모듈을 초기화하는 최상위 모듈이 존재한다. 일반적으로 이 최상위 모듈은 적절한 서브 모듈을 연결하고 애플리케이션에 전역적으로 사용될 설정을 적용하는 것 외에도 몇 가지 다른 일을 더 처리한다. 안젤로의 경우, 최상위 모듈은 Angello라는 이름으로 정의되어 있다. 이 모듈은 index.html 파일에 ng-app="Angello" 특성 선언을 통해 애플리케이션을 시작하는 데 사용된다.

```html
<!-- client/index.html -->
<html ng-app="Angello">
    <!-- HTML -->
```

Angello.js 파일에서는 Angello 모듈을 생성하고 이 모듈이 의존성을 갖는 서브 모듈들을 선언한다. 우리는 AngularJS의 라우팅과 애니메이션 기능을 활용하기 때문에 ngRoute와 ngAnimate 서브 모듈을 주입해야 한다. 또한, 앞서 설명했듯이 백엔드 커뮤니케이션과 인증을 처리하기 위해 Firebase와 Node.js를 활용한다. 이 두 가지 기법을 활용하기 위해서는 firebase, auth0, angular-jwt, 그리고 angular-storage 서브 모듈도 주입해야 한다. 마지막으로, 폼 유효성 검사를 위한 ngMessages 서브 모듈도 필요하다.

```javascript
// client/src/angello/Angello.js
var myModule = angular.module('Angello',
    [
        'ngRoute',
        'ngAnimate',
        'firebase',
        'ngMessages',
        'Angello.Common',
        'Angello.Dashboard',
        'Angello.Login',
        'Angello.Storyboard',
        'Angello.User',
        'auth0',
        'angular-jwt',
```

```
    'angular-storage'
]);
```

이 외에도 안젤로의 각 기능을 구현하는 서브 모듈들과 각 기능이 공통적으로 사용할 기능을 구현한 별도의 서브 모듈이 정의되어 있다. 이를 통해 Angello 모듈이 어떻게 구성되는지를 한 눈에 알 수 있으며, 애플리케이션을 구성하는 각 컴포넌트의 대략적인 그림을 파악할 수 있다. 즉, 안젤로라는 애플리케이션은 더욱 작고 특화된 여러 애플리케이션을 결합하는, 하나의 플 랫폼처럼 동작하는 애플리케이션으로 디자인된 것이다.

지금까지 최상위 모듈이 어떻게 구성되는지 살펴보았다. 그러나 서브 모듈들은 어떻게 구성되 는 것일까? 확인을 위해 Angello.Storyboard 모듈을 살펴보자. 이 모듈 역시 angular.module 메서드를 호출하여 구성된다. 이때 메서드의 매개변수에는 새로운 모듈의 이름을 지정하는 문 자열과 의존성 객체들의 배열을 전달한다.

```
// client/src/angello/storyboard/Storyboard.js
angular.module('Angello.Storyboard', ['Angello.Common']);
```

사용자 스토리에 대한 접근 권한은 비단 Angello.Storyboard 모듈뿐만이 아니라 다른 모듈들 도 필요하다. StoriesModel 객체가 Angello.Common 모듈에 정의된 이유는 바로 그 때문이 다. 통상 모델은 공통 모듈에 정의하여 전체 애플리케이션에서 공유가 가능하도록 구현한다. Angello.Common 모듈을 Angello.Storyboard 모듈에 주입하고 나면 StoryboardCtrl 컨트롤러 에서 StoriesModel 객체를 호출할 수 있게 된다.

```
// client/src/angello/storyboard/controllers/StoryboardController.js
angular.module('Angello.Storyboard')
    .controller('StoryboardCtrl',
        function () {
        //...
    });
```

그리고 Angello.Common 모듈에서는 StoriesModel 객체를 다음과 같이 정의한다.

```
// client/src/angello/app/models/StoriesModel.js
angular.module('Angello.Common')
    .service('StoriesModel',
```

```
        function () {
            //...
    });
```

주의할 점   AngularJS 모듈을 주입하려면 angular.module 메서드를 호출할 때 두 번째 매개변수를 생략한다. 만일 실수로 두 번째 매개변수에 빈 배열을 주입하면, 모듈의 정의를 덮어써서 새로운 모듈을 생성하기 때문에 예상치 못한 동작을 유발할 수 있다. 이런 실수는 피곤할수록 더 자주 범하게 된다.

2.4 라우트의 구성 및 탐색

모듈을 정의한 다음에는 어느 한 기능에서 다른 기능으로의 탐색 기능을 설정해야 한다. 애플리케이션 내에서 놀랍도록 쉽게 (그래서 다소 제한이 있는) 구현이 가능한 ngRoute 모듈의 사용법을 먼저 살펴보도록 하자.

조금 더 복잡한 기능이 필요하다면?   이 책에서는 ngRoute 모듈만을 다룰 예정이지만, 보다 강력하고 많은 기능이 제공되는 ui-router 모듈을 함께 살펴볼 것을 권한다. 관련 내용은 https://github.com/angular-ui/ui-router에서 찾아볼 수 있다.

라우트 모듈을 이용하면 현재 URL을 기준으로 애플리케이션의 고유한 상태를 정의하고 각 상태로의 라우트(route, 경로)를 설정할 수 있다. 예를 들어, 애플리케이션의 사용자 섹션에 대한 링크를 동료에게 전달하고 싶을 때에는 http://angelloinaction.com/#/users와 같은 링크를 전달하면 링크를 클릭한 사람은 자신의 사용자 섹션을 보게 될 것이다.

그러면 안젤로의 헤더(그림 2.7 참조)를 기준으로 삼고 각 아이템으로 탐색해나갈 수 있는 라우트를 정의해보자. 우선은 슬래시(/)로 표현하게 될 사이트의 루트에 대한 라우트를 설정해보자. 이 애플리케이션에서는 스토리보드가 가장 중요한 기능이므로 이 기능을 사이트의 루트로 정의할 것이다.

그림 2.7   안젤로의 헤더

AngularJS의 모듈 클래스는 애플리케이션의 손쉬운 설정을 도와주는 다양한 편의 메서드를 제공한다. module.config 메서드는 애플리케이션이 실제로 동작하기 전에 수행될 설정 옵션을 정의할 수 있는 메서드다. 그리고 라우트 정보야말로 애플리케이션이 사용자에게 노출되기 전에 실행되어야 할 것 중 하나다.

주(main) 애플리케이션 파일에서 myModule.config 메서드를 호출하고 $routeProvider 서비스를 전달하자. 이 서비스는 라우트를 설정하는 역할을 담당하는 서비스다. 라우트의 설정은 $routeProvider.when 메서드에 라우트(URL 문자열) 및 해당 라우트에 대한 설정 객체(configuraton object)를 전달하여 정의할 수 있다. 라우트 설정 객체는 복잡할 수도 있고 그렇지 않을 수도 있지만, 가장 간단한 형태는 해당 라우트를 처리할 템플릿과 컨트롤러만이 지정된 형태다.

```
// client/src/angello/Angello.js
myModule.config(function($routeProvider) {
    $routeProvider
        .when('/', {
            templateUrl: 'src/angello/storyboard/tmpl/storyboard.html',
            controller: 'StoryboardCtrl',
            controllerAs: 'storyboard'
        });
});
```

라우트를 설정하기 위해서는 templateUrl 속성에 storyboard.html 파일에 대한 라우트를 지정하고, controller 속성에 StoryboardCtrl 객체에 대한 참조를 지정한다. 게다가 controller-as 문법을 사용할 것이기 때문에 controllerAs 속성에 storyboard라는 값도 지정한다.

자, 이제 라우트를 정의하긴 했는데 이 라우트가 어떻게 페이지를 만들어내는 것일까? ngRoute 모듈을 이용한 라우팅은 일반적으로 ng-view 디렉티브와 연결된다. $routeProvider 서비스는 지정된 라우트가 정의되어 있으면 ng-view 디렉티브를 찾아 로드한 후에 템플릿을 컴파일하여 디렉티브에 삽입한다. 잠시 후에 살펴볼 축소 버전의 index.html 페이지에서는 페이지가 처음 로드될 때 $routeProvider 서비스가 현재 애플리케이션의 루트를 보고 있다는 사실을 인지하고 storyboard.html 템플릿을 ng-view="" 특성이 선언된 div 태그에 컴파일하여 삽입한다. 템플릿을 로드하기 전에 StoryboardCtrl 컨트롤러가 먼저 컴파일되기 때문에 템플릿 내에 정의된 모든 데이터 바인딩이 올바르게 렌더링된다. 안젤로 애플리케이션에서는 사용자가 현재 로그인되어 있지 않으면 애플리케이션의 루트를 요청했을 때 로그인 화면이 나타나게 된다는 점을 알아두자.

```
<!-- client/index.html -->
<html ng-app="Angello">
    <head></head>
    <body ng-controller="MainCtrl as main">
        <div class="navbar navbar-fixed-top navbar-default"></div>
        <div ng-view=""></div>
        <div class="modal"></div>
    </body>
</html>
```

ngRoute 모듈의 한계   페이지에는 오직 한 개의 ng-view 디렉티브만을 선언할 수 있다.
가장 눈에 띄는 ngRoute 모듈의 단점이다.

애플리케이션의 루트를 위한 루트 라우트를 정의한 후에는 사이트의 루트로 돌아가기 위한 로
고를 다음과 같이 선언한다.

```
<!-- client/index.html -->
<div class="navbar navbar-fixed-top navbar-default">
    <div class="navbar-header">
        <a class="logo navbar-brand" href="#/">
            <img src="assets/img/angello.png">
        </a>
    </div>
</div>
<!-- ... -->
```

로고는 앵커(anchor) 태그로 감싸고 href 특성에는 #/를 대입한다. 기본적으로, 라우트는 해시태
그(hashtag)로 동작하지만, 해시태그를 사용하지 않도록 HTML5 모드를 설정하거나 필요한 경
우 기본 구분자(delimiter)를 재정의할 수도 있다. HTML5 모드가 제대로 동작하려면 서버의 도
움이 필요하기 때문에 여기서는 그냥 기본으로 구현된 기능을 그대로 사용한다.

이제 $routeProvider가 URL과 라우트를 비교하여 특정 라우트에 대한 템플릿과 컨트롤러를 조
율하게 된다는 사실까지 알게 되었다. 하지만 URL에 일치하는 라우트가 없을 때는 어떻게 될
까? 이 경우에는 $routeProvider 서비스의 otherwise 메서드를 이용하여 대체 라우트를 정의함
으로써 사용자의 편의를 도모할 수 있다. 다음의 코드는 URL과 일치하는 라우트를 처리하되,
일치하는 라우트를 발견하지 못하면 애플리케이션의 루트로 이동하도록 구현한 코드다.

```
// client/src/angello/Angello.js
myModule.config(function($routeProvider) {
    $routeProvider
        .when('/', {
            templateUrl: 'src/angello/storyboard/tmpl/storyboard.html',
            controller: 'StoryboardCtrl',
            controllerAs: 'storyboard'
        })
        .otherwise({redirectTo: '/'});
});
```

$routeProvider 서비스가 제공하는 아름다운 기능 중 하나는 라우트를 체인(chain)화해서 연결하여 보다 우아한 라우트 표를 구성할 수 있다는 점이다. 지금까지 우리는 하나의 라우트만을 다루고 있다. 이제 전체 라우트 표를 살펴보고 모든 라우트들을 정의했을 때 우리가 확보할 수 있는 일관성과 그에 대한 규칙을 살펴보자.

```
// client/src/angello/Angello.js
myModule.config(function($routeProvider) {
    $routeProvider
        .when('/', {
            templateUrl: 'src/angello/storyboard/tmpl/storyboard.html',
            controller: 'StoryboardCtrl',
            controllerAs: 'storyboard'
        })
        .when('/dashboard', {
            templateUrl: 'src/angello/dashboard/tmpl/dashboard.html',
            controller: 'DashboardCtrl',
            controllerAs: 'dashboard'
        })
        .when('/users', {
            templateUrl: 'src/angello/user/tmpl/users.html',
            controller: 'UsersCtrl',
            controllerAs: 'users'
        })
        .when('/users/:userId', {
            templateUrl: 'src/angello/user/tmpl/user.html',
            controller: 'UserCtrl',
            controllerAs: 'myUser'
        })
        .when('/login', {
            templateUrl: 'src/angello/login/tmpl/login.html',
            controller: 'LoginCtrl',
            controllerAs: 'login'
        })
        .otherwise({redirectTo: '/'});
});
```

그리고 탐색 막대에서는 #/, #/users, 그리고 #/dashboard를 각각 사용하여 루트와 사용자 화면, 그리고 대시보드 화면에 대한 링크를 설정한다.

```html
<!-- client/index.html -->
<div class="navbar navbar-fixed-top navbar-default">
    <div class="navbar-header">
        <a class="logo navbar-brand" href="#/">
            <img src="assets/img/angello.png">
        </a>
    </div>
    <div class="btn-group pull-right" ng-show="main.currentUser">
        <a class="btn btn-danger" href="#/">
            <span class="glyphicon glyphicon-home"></span>
        </a>
        <a class="btn btn-danger" href="#/users">
            <span class="glyphicon glyphicon-user"></span>
        </a>
        <a class="btn btn-danger" href="#/dashboard">
            <span class="glyphicon glyphicon-signal"></span>
        </a>
        <!-- ... -->
    </div>
</div>
```

$location 서비스의 ng-click 디렉티브를 이용해도 라우트를 변경할 수 있지만, 앵커 태그를 사용하는 것이 사용자가 이해하고 있는 브라우저의 동작을 일관되게 유지할 수 있는 장점이 있어 모범 사례로 받아들여지고 있다. 게다가 자바스크립트를 이용해 라우트를 변경하는 것은 다소 위험하다. 예를 들어, 클릭 기능과 새로운 탭을 여는 기능이 올바르게 동작하지 않을 수 있다.

2.5 몇 가지 모범 사례

기능과 복잡도를 기준으로 AngularJS 애플리케이션을 작성할 때 중요하게 여겨야 할 몇 가지 원칙에 대해 살펴보기로 하자.

컨트롤러는 일단 가볍게 작성되어야 하며 뷰를 제어하는 것에만 집중해야 한다. 컨트롤러는 스스로 데이터를 소비하고 뷰를 통해 표시할 준비를 하며, 특정 작업을 처리하기 위해 데이터를 서비스에 전달하는 역할을 한다.

컨트롤러는 개발자가 특별히 지정하지 않는 한 자신을 둘러싼 주변 환경들과 명확하게 구분되어야 한다. 다시 말하면, 컨트롤러는 자신이 제어하는 뷰나 다른 컨트롤러에 의존성을 가져서는 안 된다.

서비스는 도메인 모델을 다루며 서버와의 커뮤니케이션 등 상대적으로 무거운 작업들을 처리한다.

선언적 마크업은 컨트롤러 외부에 작성한다. 반대로 말하면, 필연적인 로직은 뷰의 외부에 작성해야 한다. ng-if="조건1 && 조건2 && 조건3" 등과 같은 복잡한 조건식을 뷰에서 사용하면 뷰의 코드가 금세 어지럽혀진다. 물론, 테스트 및 유지보수도 어려워진다. 이런 방법 대신 로직 구조를 메서드로 추출하여 ng-if="shouldShowThis()"와 같이 바인딩하는 것이 좋다. 이렇게 하면 shouldShowThis 메서드를 쉽게 확장할 수 있으며, 실제로 테스트도 가능해진다.

반드시 코드를 이용해 DOM을 조작해야 하며, 이 작업은 디렉티브의 link 함수 내에서 이루어져야 한다. 모달(modal) 서비스가 아닌 경우에는 99.9% 이와 같이 구현한다.

메서드를 최대한 잘게 쪼개어 쉽게 테스트할 수 있도록 최대한 함수적으로(순수하게) 작성한다.[1] 이는 매우 일반적이면서도 가치 있는 프로그래밍 원칙 중 하나다.

> **스타일 가이드** 토드 모토(Todd Motto)와 존 파파(John Papa)가 작성한 훌륭한 스타일 가이드를 반드시 참고할 것을 권한다. 이 가이드들은 필자들이 대형 프로젝트에 참여했던 경험을 토대로 (훌륭하게 작동한) 여러 유용한 제안을 공유하기 위해 작성된 문서다. 그러나 여러분의 필요에 따라 적절히 선택해서 사용할 것을 권한다.
>
> - 토드 모토의 스타일 가이드 - https://github.com/toddmotto/angularjs-styleguide
> - 존 파파의 스타일 가이드 - https://github.com/johnpapa/angularjs-styleguide

이 외에도 우리가 활용할 수 있는 다양한 팁과 기법이 존재하지만, 지금까지 소개한 것들은 AngularJS를 학습하는 개발자들에게 가장 큰 가치를 제공할 수 있는 기본적인 원칙들이다. 자바스크립트는 참으로 기묘한 언어이긴 하다. 하지만 그렇다고 해서 수년간 소프트웨어 개발 분야에 존재해왔던 전통적인 원칙들을 무용지물로 만들거나 하지는 않는다.

---

1 역주 함수적인 메서드란, 특정 함수를 동일한 매개변수를 전달하여 여러 번 호출하면 항상 같은 값을 리턴하도록 구현된 메서드를 말한다. 즉, 메서드가 정의된 객체의 상태에 영향을 받지 않도록 구현함으로써 손쉽게 테스트가 가능하다. 보다 자세한 내용은 함수형 프로그래밍과 관련된 도서나 문서를 참고하기 바란다.

2.6 요약

이번 장에서는 파일 구조, 모듈의 조합, 그리고 기본적인 라우트 등을 살펴보면서 우리가 구현할 예제 애플리케이션의 기반을 다졌다. 또한, 이 책에서 개발하고자 하는 우리의 프로젝트를 진행하는 데 있어서 가이드로 삼을 만한 몇 가지 모범 사례도 살펴보았다.

다음 장을 진행하기에 앞서 이번 장의 내용을 다음과 같이 요약해보자.

- 예제 애플리케이션의 이름은 안젤로이며, 트렐로의 클론이다. AngularJS로 개발되었으며, 사용자 스토리를 관리하는 애플리케이션이다.

- 애플리케이션의 파일 구조는 기능 단위로 관리한다(해당 기능 내에서 다시 객체의 종류별로 구분되는 경우도 있다). 그 목적은 각각의 기능 자체를 마치 작은 애플리케이션처럼 구현하고 관리하기 위한 것이다.

- 최상위 모듈의 역할은 실제 동작하는 애플리케이션을 위해 서브 모듈을 구성하는 것이다.

- AngularJS 애플리케이션의 경우 파일 구조와 모듈의 조합은 서로 닮았다.

- 기본 라우트 서비스는 $routeProvider 서비스의 module.config 블록에 라우트들을 정의한다.

- $routeProvider 서비스는 기본 라우트 설정에 정의된 라우트를 발견하면 이 라우트를 위한 템플릿과 컨트롤러를 ng-view 디렉티브에 로드한다.

II

AngularJS
제대로 활용하기

앞으로 다섯 개 장에 걸쳐 I부에서 우리가 살펴본 프로젝트의 확장된 버전인 예제 애플리케이션 안젤로를 구현해본다. 안젤로는 그 배경이 되는 트렐로 웹 애플리케이션을 존중하면서도 서버 측 커뮤니케이션, 디렉티브, 폼 및 유효성 검사, 애니메이션 등 AngularJS의 다양한 기법을 활용하여 개발된다.

제3장에서는 사용자가 보게 될 화면을 제어하는 것은 물론 사용자의 동작을 캡처하고 그와 관련된 이벤트를 처리하기 위해 AngularJS를 바탕으로 뷰와 컨트롤러를 활용하는 방법을 학습하게 될 것이다. 제4장에서는 컨트롤러를 확장하는 서비스를 소개하고, $httpService 서비스를 이용하여 원격 서버와 커뮤니케이션하는 방법을 살펴본다. 제5장에서는 디렉티브를 이용해서 뷰를 확장하는 방법을 설명하고, 디렉티브를 통해 사용자 인터페이스 레이아웃을 복잡한 기능을 수행할 수 있는 컴포넌트로 독립시키는 방법을 알아본다. ngAnimate 서비스를 이용해서 사용자 인터페이스에 애니메이션을 가미하는 방법은 제6장에서 설명한다. 제7장에서는 AngularJS의 라우트에 대해 더욱 심도 있게 학습하면서 resolve 서비스를 이용해 특정 데이터를 미리 로드하고, $routeParams 객체를 통해 라우트 간의 변수를 전달하는 방법을 익혀 애플리케이션을 원하는 상태로 전환하는 방법을 살펴본다. 그리고 제8장에서는 폼 유효성 검사를 통해 입력되는 데이터와 관련된 보호 장치를 마련함으로써 사용자 경험을 향상시키는 기법을 소개한다.

프로젝트의 최종 소스 코드는 https://github.com/angularjs-in-action/angello에서 다운로드할 수 있다. 또한, 실제로 동작하는 안젤로는 http://www.angelloinaction.com/을 방문하면 확인할 수 있다.

PART II
Make something with AngularJS

3

뷰와 컨트롤러

이 장에서 학습할 내용

- AngularJS의 뷰에 대한 정의
- 뷰를 관리하기 위한 컨트롤러 생성하기
- AngularJS 템플릿에 속성과 표현식 바인딩하기
- 뷰와 컨트롤러의 구현 및 테스트와 관련된 모범 사례들

이번 장에서는 AngularJS의 가장 기본적이면서도 중요한 컴포넌트에 대해 살펴볼 것이다. AngularJS에서 뷰와 컨트롤러의 정의에 대해 다시 한 번 살펴본 후, 그보다 더 중요한 두 컴포넌트 사이의 관계에 관해 알아본다. 어쩌면 우리가 미처 생각하지도 못한 부분이 있을 수도 있지만, 필자들의 생각에는 AngularJS의 모든 것은 모두 뷰와 컨트롤러를 지원하거나 혹은 이들의 기능을 확장하기 위해 디자인된 것들이다.

이번 장의 목표는 그림 3.1에서 볼 수 있는 안젤로의 스토리보드 뷰를 구현하는 것이다. 이 스토리보드 뷰에는 AngularJS에서 뷰가 동작하는 원리와 컨트롤러를 통해 뷰를 제어하는 기법을 살펴볼 수 있는 다양한 기회가 내포되어 있다. 특히, 자바스크립트 객체의 배열을 전달받아 이들을 사용자 스토리로서 화면에 표시하는 기능을 구현한 후, 컨트롤러의 기능을 뷰에 노출하여 사용자 스토리 컬렉션에 새로운 아이템을 추가하거나 기존 아이템을 수정 또는 삭제하는 기능 등을 구현해볼 것이다.

그림 3.1 스토리보드 뷰

안젤로에서는 스토리 객체의 배열을 바인딩하여 뷰에 표시하지만, 같은 기법을 통해 재생 목록에 곡(song) 객체의 목록을 표시할 수도 있고 레시피의 식재료 목록을 표시할 수도 있다. 말그대로 어떤 값의 배열이라도 AngularJS의 템플릿에 출력할 수 있게 된다. 또한, AngularJS의 내장 디렉티브를 사용하면 사용자의 동작을 캡처하여 컬렉션 내에 아이템을 추가, 수정 또는 삭제함으로써 컬렉션을 수정할 수도 있다.

3.1 큰 그림

스토리보드 뷰의 상세한 구현을 살펴보기에 앞서서 그림 3.2와 함께 뷰와 컨트롤러의 관계에 대해 먼저 짤막하게 살펴보기로 하자.

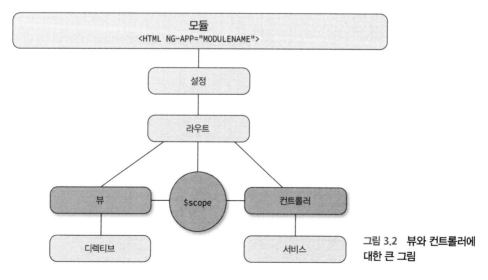

그림 3.2 뷰와 컨트롤러에 대한 큰 그림

AngularJS에서 뷰(view)는 AngularJS에 의해 컴파일된 후에는 HTML로 표시되어 사용자가 볼 수 있는 인터페이스를 의미한다. 그리고 그 중심에는 메서드와 속성을 가진 자바스크립트 객체인 **컨트롤러**(controller)가 존재한다. 뷰는 선언적 마크업을 가지고 있으며, 컨트롤러는 필수 동작을 정의한 코드를 처리한다. 현재로는 뷰와 컨트롤러는 서로 완전히 분리되어 있으므로 이 둘을 연결해주는 컴포넌트가 필요하다. 바로 여기에 스코프(scope) 객체가 필요하다(그림 3.3 참조)

컨트롤러: 필수 동작   스코프: 접착제   뷰 (DOM): 선언적 뷰

그림 3.3 **스코프는 컨트롤러와 뷰를 연결하는 역할을 담당한다.**

뷰와 컨트롤러 사이의 접착제 역할을 담당하는 것이 **스코프**(scope)다. 컨트롤러는 스코프에 속성과 메서드를 추가하여 뷰에 노출된다. 즉, 스코프에 선언된 메서드나 속성은 뷰와 상호작용이 가능하다. 편의상 대부분의 사람이 컨트롤러와 스코프를 뷰모델처럼 동작하는 단일 엔티티로 생각하기도 한다.

그러나 그림 3.4를 살펴보면 간단한 의사 코드(pseudo code)를 통해 이 둘 사이에 어떤 관계가 존재하는지를 눈으로 확인할 수 있다. user.html 파일의 폼은 UserController 컨트롤러의 $scope 객체에 user 객체를 덧붙인다. 폼이 변경되면 $scope.user 객체 역시 폼의 변경 사항이 반영되어 즉시 수정된다. 반대로, $scope.user 객체가 수정되면 폼이 수정된 객체의 상태를 즉각 반영한다. 저장 버튼을 클릭하면 뷰는 $scope.save 메서드를 호출하여 컨트롤러에 명령을 내린다. 컨트롤러는 UserModel.save 메서드를 호출하여 다시 서비스 객체에 명령을 전달한다.

AngularJS의 모델-뷰-뷰모델(MVVM) 패턴

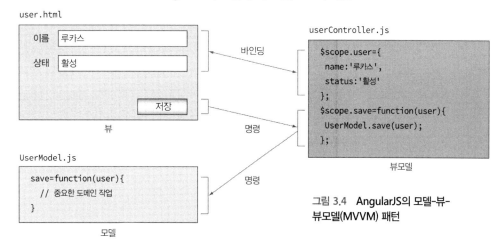

그림 3.4 **AngularJS의 모델-뷰-뷰모델(MVVM) 패턴**

서비스와 모델은 다음 장에서 살펴보기로 하고 이번 장에서는 뷰와 컨트롤러에만 집중하도록 하자.

3.2 AngularJS에서의 뷰의 정의

AngularJS의 홈페이지(http://angularjs.org)를 방문해보면 첫 페이지에 있는 배너 한가운데에 AngularJS를 '웹 앱을 위해 확장된 HTML!(HTML enhanced for web apps!)'이라고 정의하고 있다. 대체 무슨 뜻일까? 이 문장의 숨은 의미는 AngularJS를 계속해서 학습하고 경험하는 가운데 조금씩 알게 될 것이다. 현재 우리의 수준에서는 자바스크립트 객체를 HTML에 손쉽게 바인딩할 수 있고 이를 통해 데이터의 지속적인 동기화를 가능하게 함으로써 전통적인 웹 애플리케이션에서 작성해야 했던 많은 양의 코드를 걷어낼 수 있다는 의미라고 이해하자. 또한, 디렉티브(directive)라고 알려진 일종의 사용자 정의 HTML 태그와 요소를 정의하여 재사용할 수 있다는 것을 의미하기도 한다.

$scope.name과 같이 스코프에 속성을 정의하면 이 속성값을 HTML에 표시할 때는 <p>{{name}}</p>와 같이 간단한 표현을 사용하면 된다. HTML과 자바스크립트 사이의 관계는 AngularJS가 알아서 관리해준다. $scope.values = [0,1,2,3,4]처럼 값의 배열을 HTML에 표시하고 싶다면 <p ng-repeat="value in values">{{value}}</p>와 같이 작성하면 된다. AngularJS는 이런 작업들을 효과적으로 수행할 수 있는 사용자 정의 특성과 요소들을 제공한다. 바인딩을 선언하고 AngularJS 디렉티브를 활용하는 것은 상당히 재미있는 작업이며, 적은 양의 작업으로 많은 것을 이룰 수 있다는 사실에 많은 사람이 놀라움을 금치 못하는 부분이기도 하다.

사실, AngularJS의 내장 디렉티브들은 실제 세계의 모든 시나리오를 다루지는 못한다. 따라서 AngularJS 팀은 사용자들이 직접 디렉티브를 작성할 수 있는 길을 열어두었다. 이 부분에서 표현식을 이용해 AngularJS의 기능을 확장할 수 있다. 그렇게 해서 원하는 것이라면 무엇이든 표현할 수 있는 태그나 특성을 직접 만들어내는 방법을 깨닫게 되면, HTML을 작성하는 것도 하나의 즐거움이 된다. 디렉티브에 대해서는 이 장의 후반부에서 살펴보겠지만, 지금까지의 설명만으로도 충분히 깨닫게 될 것이다. 디렉티브를 작성하는 방법을 알게 되면 낯선 태그와 마주쳤을 때 이 페이지가 AngularJS를 사용하고 있다는 사실과, 그 태그들이 어떻게 동작할 것이라는 것이 머릿속에 그려질 것이다. AngularJS는 본질적으로 자신의 능력을 총동원하여 우리를 대신해 많은 부분을 해결해주고 있다.

지금까지의 내용을 고려해볼 때 AngularJS의 뷰는 정확히 무엇일까? 가장 간단한 답변은 AngularJS가 DOM을 컴파일한 후에 존재하는 어떤 것이다. 컴파일이 이루어지는 과정에 대해서도 잠시 후에 살펴보겠지만, 일단 컴파일이라는 과정은 HTML과 컨트롤러를 연결해주는 작업이라고만 생각하고 넘어가도록 하자.

AngularJS의 컴파일 주기(cycle)는 컴파일 단계와 링크 단계의 두 단계로 구성된다. HTML이 완전히 로드되면 AngularJS는 DOM을 파싱하여 모든 AngularJS 디렉티브를 컴파일한다. 이 과정이 **컴파일 과정**(compilation phase)이다. 일단, HTML을 구성하는 모든 항목이 구성되면 AngularJS는 링크 단계(linking phase)에 접어든다. 이 단계에서는 AngularJS의 컴포넌트들을 적절한 스코프 인스턴스와 함께 연결하는 작업이 이루어진다(그림 3.5 참조).

AngularJS 템플릿이 스코프에 의해 적절한 컨트롤러와 연결되면 바인딩이 활성화되어 양방향 통신이 가능해진다.

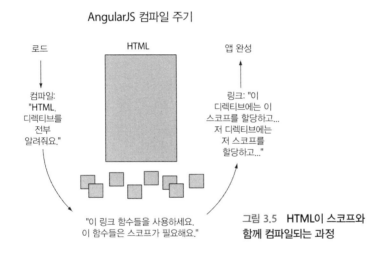

AngularJS 컴파일 주기

로드

컴파일: "HTML, 디렉티브를 전부 알려줘요."

HTML

앱 완성

링크: "이 디렉티브에는 이 스코프를 할당하고... 저 디렉티브에는 저 스코프를 할당하고..."

"이 링크 함수들을 사용하세요. 이 함수들은 스코프가 필요해요."

그림 3.5 HTML이 스코프와 함께 컴파일되는 과정

컴파일 과정은 백그라운드에서 계속되기 때문에 AngularJS 템플릿과 스코프 사이의 링크는 끊김 없이 계속 이어진다. 그러나 필요하다면 템플릿과 스코프를 함께 수동으로 컴파일할 수도 있다. 실제로 이렇게 해야 할 필요가 있는 경우는 드물지만, 아래의 코드는 수동 컴파일이 얼마나 간단한 과정인지를 보여준다.

```
$compile(element.contents())(scope);
```

이 메서드는 지정된 HTML 요소의 콘텐츠를 가져와 스코프 객체와 함께 '압축'한다.

3.3 AngularJS에서의 컨트롤러의 정의

우리는 스코프를 뷰와 컨트롤러를 연결하기 위한 접착제로 정의했다. 그러나 정확히 무슨 일을 하는 걸까? 스코프 객체가 구체적으로 어떤 작업을 하는지 알고 싶다면 몇 가지 이벤트에 순수 자바스크립트 객체(POJO, Plain Old JavaScript Object)를 넣어보면 된다. 이 이벤트들의 존재 이유는 뷰와 컨트롤러 사이의 동기화를 담당하는 AngularJS의 다이제스트 주기(digest cycle)를 조금 더 수월하게 하기 위해서다(그림 3.6 참조).

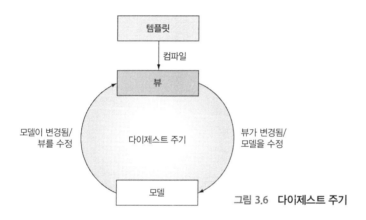

그림 3.6   다이제스트 주기

3.3.1 다이제스트 주기

잠깐 숨을 돌리고 다음 질문에 대한 답을 곰곰이 생각해보자. AngularJS는 뭔가가 변경되었다는 것을 어떻게 알아채고 제때 수정할 수 있는 것일까? 이 동작은 더티 체크(dirty check)라는 개념 위에 구현된 것이며, 전체 프레임워크의 동작을 구현하는 핵심 요소 중 하나다.

지금부터 몇 개의 문단에 걸쳐 설명하는 내용은 약간 학술적인 내용이 될 것이다. 사실, 이렇게까지 세세하게 알지 못해도 AngularJS를 활용하는 데는 큰 문제는 없다. 따라서 원한다면 이 절을 그냥 건너뛰어도 무방하며, 정 궁금하다면 읽어보기 바란다.

더티 체크란, 단순히 현재 값을 이전 값과 비교하여 값이 변경되었으면 이벤트를 발생시키는 과정을 말한다.

AngularJS는 $digest 객체가 관리하는 다이제스트 주기를 통해 더티 체크를 수행한다. $digest 객체는 암암리에 동작하기 때문에 이 객체를 직접 호출하는 일은 없을 것이다. 만일 다이제스트 주기를 시작하려면 $apply 객체를 사용하면 된다. 이 객체는 $digest 객체를 호출하며 오류 처리 메커니즘을 함께 탑재하고 있다.

AngularJS는 컴파일 과정을 거치면서 $scope 객체에 정의된 모든 속성에 대한 감시(watch) 표현식을 생성한다. 감시 표현식은 필요하다면 수동으로 생성할 수도 있지만, 컴파일 과정에서 생성되는 감시 표현식은 angular.equals 메서드를 이용하여 속성값을 이전 값과 현재 값을 비교하는 간단한 함수다.

$digest 주기 동안 스코프 객체의 모든 감시 표현식이 실행된다. 감시 표현식을 통해 $scope 객체의 속성이 변경된 것을 알게 되면 리스너 함수가 호출된다.

간혹 AngularJS가 속성값이 변경되었다는 사실을 알아내지 못하는 경우도 있다. 이런 경우에는 $apply 객체를 통해 다이제스트 주기를 직접 실행할 수 있다. 대부분 API 호출이나 서드 파티 라이브러리가 수행한 작업을 AngularJS에게 알리고자 할 때 이 기법을 활용한다(그림 3.7 참조).

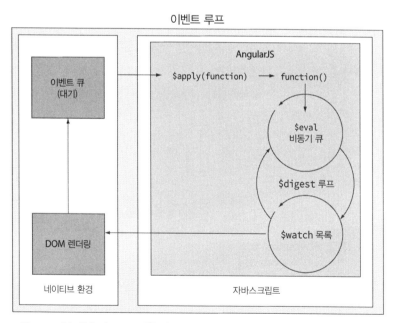

그림 3.7 **다소 학술적으로 설명한 다이제스트 주기**

3.3.2 controller-as 문법

AngularJS 1.3에서는 컨트롤러를 다루는 새로운 방식인 controller-as 문법이 추가되었다. 뷰에 컨트롤러를 선언할 때 ng-controller="StoryboardCtrl"과 같이 선언하는 것이 아니라 ng-controller="StoryboardCtrl as storyboard"와 같이 선언하는 방식이다. 이렇게 하면 뷰의 나머지 부분에서는 storyboard라는 키워드를 통해 컨트롤러에 접근할 수 있게 된다. 예를 들어, 컨트롤러의 어떤 속성을 바인딩하려면 그냥 {{someProperty}}가 아니라 {{storyboard.someProperty}}와 같이 사용하면 된다.

이 새로운 문법은 다음의 두 가지 상황을 고려한 것이다. 우선, 마크업에서 바인딩에 사용한 속성이 어디에 정의된 것인지에 대한 모호함을 줄이며, 스코프를 묵시적으로 상속하는 나쁜 습관을 방어하기 위한 것이다. 모든 스코프 객체는 자신의 직계 부모로부터 $rootScope에 이르기까지 계층 구조의 모든 부모 객체의 프로토타입을 상속받는다. AngularJS는 컨트롤러를 통해 참조하려는 속성이나 메서드가 존재하지 않으면, 스코프의 프로토타입 체인을 통해 자신이 찾는 속성이나 메서드를 발견할 때까지 부모 객체를 계속해서 탐색해나간다. 이 동작은 나름 편리하기 때문에 게으른 개발자라면 부모 스코프에 존재하는 속성이나 메서드를 그대로 사용하려고 할 것이다. 그러나 이런 방식은 결국 나중에 더 큰 문제를 가져오게 되며, 여러 엔티티가 애플리케이션 전체에 걸쳐 공유되는 데이터를 제대로 이해하지 못하고 마구잡이로 변경하면 예측하지 못한 문제들이 계속해서 쏟아질 것이다.

간단히 말하면, controller-as 문법은 스코프에 변수를 생성하고 이 변수에 실제 컨트롤러 함수의 인스턴스를 바인딩한다. 그러면 this.someProperty나 this.someMethod와 같이 이 객체에 직접 메서드나 속성을 추가할 수 있다.

가상의 시나리오를 계속 생각해보자. 다음의 코드가 어떻게 동작하게 될지 한번 살펴보자.

> controller-as 문법을 사용할 때 이벤트 처리 등과 같은 특별한 목적이 있는 경우가 아니라면 굳이 $scope 객체를 주입할 필요가 없다.

> this 변수에 대한 참조를 최상위 객체에 저장한다. 자바스크립트에서는 일반적인 패턴이며, 특히 스코프와 관련된 문제를 경험하게 되는 경우에 더욱 효과적이다. 반드시 이렇게 할 필요는 없지만 편리한 방법이다.

```
angular.module('Angello.Storyboard')
    .controller('StoryboardCtrl', function($scope) {
        var storyboard = this;

        storyboard.someProperty = 'My property';
        storyboard.someMethod = function() {
            // 필요한 작업을 수행
        };
```

> 컨트롤의 인스턴스에 속성과 메서드를 직접 정의한다.

```
$scope.scopeProperty = 'Scope property';

console.log('$scope', $scope);
});
```

물론, $scope 객체에 직접 속성을 정의할 수도 있다.

지금까지 처리된 코드를 확인하기 위해 콘솔에 출력해본다.

그림 3.8의 콘솔 로그를 통해 확인할 수 있듯이 AngularJS는 우리가 controller-as 문법을 통해 컨트롤러에 지정한 이름을 가진 변수를 스코프에 정의한다. 그런 후, 우리가 정의한 모든 속성과 메서드는 내부적으로 $scope 객체에 바인딩되는 storyboard 객체에 정의된다. 그래서 애플리케이션의 각 뷰를 제어하는 컨트롤러가 $scope 객체의 속성에 저장된 하나의 객체로서 생성된다. 앞에서 $scope 객체에 정의한 scopeProperty 속성은 storyboard 속성과 동일한 수준에 정의되어 있음을 볼 수 있다.

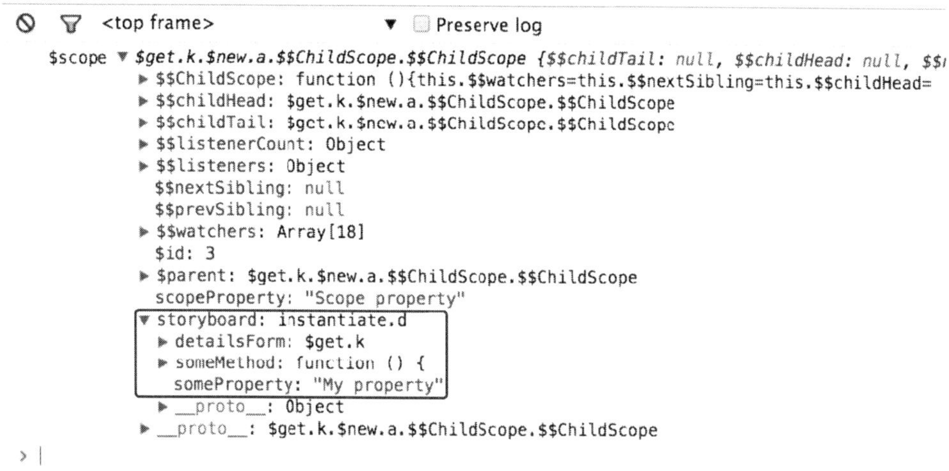

그림 3.8 controller-as 문법을 사용했을 때의 콘솔 출력 결과

이 문법은 물론 선택적으로 사용할 수 있다. 그러나 AngularJS 팀은 뷰를 더욱 정확하게 구현할 수 있고, 컨트롤러로부터 $scope에 대한 의존성을 제거할 수 있으므로 이 문법을 사용할 것을 권장하고 있다.

3.3.3 AngularJS의 이벤트

AngularJS는 특정 이벤트를 발생시키고 애플리케이션의 다른 곳에서 해당 이벤트를 처리하기에 적합한 이벤트 시스템을 가지고 있다(표 3.1 참조). 이벤트를 전파하는 두 가지 방법은 각각

$broadcast 객체와 $emit 객체를 이용하는 방법이다. 이 둘 사이의 차이점은 이벤트가 전파되는 방향이 다르다는 점이다. 특정 이벤트를 리스닝하고 처리하려면 $on 객체를 사용한다.

표 3.1 AngularJS의 이벤트

이벤트	동작
$broadcast	부모 스코프로부터 자식 스코프로 이벤트를 전파한다.
$emit	자식 스코프로부터 부모 스코프로 이벤트를 전파한다.
$on	이벤트를 리스닝하고 처리한다.

이벤트를 처리하려면 스코프 객체가 필요하다. 즉, 서비스 객체에서 이벤트를 브로드캐스트하고자 한다면 $rootScope 객체를 주입해야 한다. $rootScope 객체를 직접 사용하는 것은 그다지 권장되지 않는 방법이기는 하지만, 이 객체를 이벤트 버스(event bus)처럼 사용하는 경우에는 정말 편리하다. 모든 스코프 객체는 모두 $rootScope 객체로부터 파생되기 때문에 이벤트를 부모 스코프로부터 자식 스코프로 전파하는 $broadcast 객체를 사용하면 애플리케이션 내의 모든 스코프 객체에 이벤트를 전파할 수 있다.

또한, 스코프 객체가 존재하기 때문에 대부분의 개발자들은 서비스 객체 내의 비동기 이벤트를 처리하기 위해 프라미스(promises)를 사용한다.

3.4 속성과 표현식

이번 장의 중반에는 속성을 바인딩하고 표현식을 실행하는 과정이 어떻게 이루어지는지를 살펴보았다. 그러나 안젤로의 스토리보드 뷰를 구현하는 과정에서는 기존과는 다르게 속성의 바인딩 및 표현식을 처리하는 방법들을 살펴보게 될 것이다.

보기보다 어렵지 않다 AngularJS는 처음 시작할 때는 너무 방대해 보일 수도 있지만, 시간이 지나면 생각보다 간단한 시각에서 바라볼 수 있을 것이다. AngularJS를 이용하는 개발자가 처리하는 대부분의 작업은 속성을 바인딩하고 표현식을 실행하는 작업이다.

3.4.1 ngRepeat를 이용해서 스토리 표시하기

객체의 컬렉션을 페이지에 출력해야 하는 경우, 각 아이템에 대한 레이아웃을 정의하지 않고도 이 컬렉션을 페이지에 출력할 수 있을까? 하나의 템플릿을 정의한 후에 컬렉션 내의 모든 아이템에 동일한 템플릿을 반복해서 적용할 수 있다면 끝내주지 않을까? ngRepeat가 바로 이 역할을 담당하기 위해 디자인된 디렉티브다.

예시를 위해 간단한 데이터 구조를 하나 정의해보자. story 객체들을 저장하는 stories 배열과 뷰의 각 상태별 열(column)을 정의하는 statuses 배열을 다음의 코드와 같이 정의한다.

```js
// client/src/angello/storyboard/controllers/StoryboardController.js
angular.module('Angello.Storyboard')
    .controller('StoryboardCtrl', function() {
        var storyboard = this;

        storyboard.stories = [
            {
                "assignee": "1",
                "criteria": "테스트1",
                "description": "테스트입니다.",
                "id": "1",
                "reporter": "2",
                "status": "할 일",
                "title": "첫 번째 스토리",
                "type": "스파이크"
            },
            {
                "assignee": "2",
                "criteria": "테스트2",
                "description": "테스트를 진행하는 중.",
                "id": "2",
                "reporter": "1",
                "status": "진행 중",
                "title": "두 번째 스토리",
                "type": "개선"
            }
        ];

        storyboard.statuses = [
            { name: '할 일' },
            { name: '진행 중' },
            { name: '코드 리뷰' },
            { name: 'QA 리뷰' },
            { name: '검증 완료' }
        ];
    });
```

우선, ngRepeat와 ul 요소를 이용하여 storyboard.statuses 배열에 저장된 각각의 상태에 해당하는 열을 만들어보자. ngRepeat 디렉티브는 데이터를 전달하기 위한 컬렉션의 각 아이템에 선언된 요소들을 복제한다. 이때 자식 요소들까지 복제되기 때문에 일단 한번 레이아웃을 만들고 나면 계속해서 재사용이 가능하다. AngularJS는 "status in storyboard.statuses"라는 표현식을 만나면 storyboard.statuses 배열에 대해 루프를 실행하면서 각각의 아이템을 status라는 이름의 객체를 통해 참조하게 된다. 따라서 템플릿 내에서는 {{status.name}}과 같이 배열 내의 개별 아이템들을 바인딩할 수 있게 된다.

> **스코프** AngularJS는 ngRepeat 디렉티브에 의해 템플릿이 생성될 때마다 각각의 템플릿을 위한 자식 스코프를 만들어 각 아이템의 인스턴스를 독립적으로 유지한다. 스코프를 이용하면 객체마다 서로 다른 문맥을 할당할 수 있기 때문에 여러 객체가 얽히는 상황이 발생하지는 않을지 우려하지 않아도 된다.

```html
<!-- client/src/angello/storyboard/tmpl/storyboard.html -->
<div class="list-area">
    <div class="list-wrapper">
        <ul class="list"
            ng-repeat="status in storyboard.statuses">
            <h3 class="status">{{status.name}}</h3>
        <hr/>
        </ul>
    </div>
</div>
```

storyboard.statuses 배열에는 다섯 개의 상태가 저장되어 있으므로 결과 화면에는 다섯 개의 열이 각각의 제목과 함께 생성된다(그림 3.9 참조).

그림 3.9 상태 열이 생성된 모습

다음으로, 첫 번째 ngRepeat 디렉티브에 중첩된 ngRepeat 디렉티브를 적용하여 storyboard. stories 컬렉션의 모든 아이템을 표시할 목록 아이템을 생성하자.

```html
<!-- client/src/angello/storyboard/tmpl/storyboard.html -->
<div class="list-area">
    <div class="list-wrapper">
        <ul class="list"
```

```
                ng-repeat="status in storyboard.statuses">
            <h3 class="status">{{status.name}}</h3>
            <hr/>
            <li class="story"
                ng-repeat="story in storyboard.stories">
                <article>
                    <div>
                        <button type="button" class="close">×</button>
                        <p class="title">{{story.title}}</p>
                    </div>
                    <div class="type-bar {{story.type}}"></div>
                    <div>
                        <p>{{story.description}}</p>
                    </div>
                </article>
            </li>
        </ul>
    </div>
</div>
```

앞에서와 동일한 규칙을 사용하되, 두 번째 ngRepeat 디렉티브는 ng-repeat="story in storyboard.stories"와 같이 지정하여 storyboard.stories 배열에 대해 루프를 실행하면서 각 아이템을 story 변수를 통해 참조하도록 한다. 그런 후 이 참조 변수를 이용하여 값을 바인딩함으로써 story.title 속성값과 story.description 속성값을 화면에 표시하는 동시에 story.type 속성값에 따라 적절한 클래스 이름을 적용한다.

단방향 데이터 바인딩

양방향 데이터 바인딩은 AngularJS가 가지는 강점 중 하나이지만, 이 기능을 사용할 때는 메모리 문제 및 연산 오버헤드 문제가 발생하기도 한다. AngularJS 1.3에는 이 문제를 해결하기 위해 컬렉션과 값이 오직 한 번만 평가될 수 있도록 표시할 수 있는 일회성 바인딩(one-time binding) 기능을 제공한다. 일회성 바인딩을 적용하려면 바인딩하려는 컬렉션이나 값 앞에 두 개의 콜론을 덧붙이면 된다.

```
<!-- client/src/angello/storyboard/tmpl/storyboard.html -->
<ul class="list my-repeat-animation"
    ng-repeat="status in ::storyboard.statuses">
    <h3 class="status">{{::status.name}}</h3>
    <!-- ... -->
</ul>
```

그림 3.10 각 열에 배치된 스토리들

결과 화면(그림 3.10 참조)을 보면 각 상태 열마다 모든 스토리가 나타나 있는 것을 볼 수 있다. 그런데 한눈에 봐도 뭔가 잘못된 것 같지 않은가? 특정 상태 열에는 해당 상태를 가진 스토리만 출력될 수 있도록 필터링을 적용할 필요가 있다.

---

ng-repeat 디렉티브 내에서의 스코프 속성

ng-repeat 디렉티브의 매 인스턴스마다 새롭게 생성되는 지역(local) 스코프 객체에는 특별한 속성들이 존재한다. $index, $first, 그리고 $even 등의 속성이 바로 그것이다. 아래 예제는 이 속성들을 이용해 구현한 간단한 펼치기/접기 예제다.

```
<!-- 가상의 시나리오 -->
<ul>
    <li ng-repeat="item in items"
        ng-click="ctrl.currentIndex == $index" >
          <h2>{{item.title}}</h2>
        <p ng-if="ctrl.currentIndex == $index">
            {{item.longDescription}}
        </p>
    </li>
</ul>
```

3.4.2 필터

필터는 일종의 미리 정의된 조건(predefined criteria)을 이용하여 컬렉션 내부의 콘텐츠 중 필요한 것만을 얻어오기 위한 방법이다. 예제의 경우는 stories 배열에 필터를 적용하여 현재 상태 열과 동일한 상태를 갖는 스토리만을 구별해내는 것이 목적이다.

ng-repeat 디렉티브는 컬렉션을 대상으로 루프를 실행할 수 있지만 객체에 대해서도 루프를 실행할 수 있다. ng-repeat 디렉티브를 선언하는 방식을 조금만 변경하면 된다. 예를 들어, stories 컬렉션이 객체의 컬렉션이 아니라 객체의 객체라고 가정해보자. 이때 선언 문법을 아래와 같이 변경하면 객체의 키(key)와 값에 모두 접근할 수 있다.

```html
<!-- 가상의 시나리오 -->
<ul>
    <li ng-repeat="(key, item) in items">
        <h2>{{key}}</h2>
        <h3>{{item.title}}</h3>
    </li>
</ul>
```

AngularJS에서는 파이프 기호(|) 다음에 필터를 선언하고 조건식을 지정하여 ngRepeat 디렉티브의 콘텐츠를 변경할 수 있다. 아래 코드에서 | filter: {status: status.name}과 같이 표기된 부분이다. 그러면 AngularJS는 스토리 객체 중 status 속성의 값이 status.name 속성의 값과 스토리 객체만 리턴해준다.

```html
<!-- client/src/angello/storyboard/tmpl/storyboard.html -->
<div class="list-area">
    <div class="list-wrapper">
        <ul class="list"
            ng-repeat="status in storyboard.statuses">
            <h3 class="status">{{status.name}}</h3>
            <hr/>
            <li class="story"
                ng-repeat="story in storyboard.stories
                    | filter: {status:status.name}">
                <article>
                    <div>
                        <button type="button" class="close">×</button>
                        <p class="title">{{story.title}}</p>
                    </div>
                    <div class="type-bar {{story.type}}"></div>
                    <div>
                        <p>{{story.description}}</p>
                    </div>
                </article>
            </li>
        </ul>
    </div>
</div>
```

이렇게 하면 그림 3.11에서 보듯이 인터페이스를 조금 더 유용한 형태로 렌더링할 수 있다. 게다가 두 개의 ngRepeat 디렉티브와 필터를 이용하여 대략 20줄 남짓한 코드로 멋들어진 레이아웃을 만들어낼 수 있었다. 이제는 스토리보드 뷰에 CRUD 기능을 추가하면서 개별 스토리 객체를 다루는 기법에 대해 살펴보기로 하자.

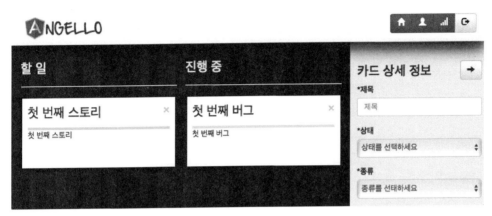

그림 3.11 상태에 따라 필터링되어 출력된 스토리들

3.4.3 표현식

간단하게 들리겠지만, 좋은 애플리케이션의 토대는 사용자의 인터랙션을 올바르게 획득하여 적절한 데이터와 문맥을 전달하는 능력에 있다. AngularJS는 사용자의 인터랙션을 획득하기 위해 ngClick, ngBlur, ngFocus, ngSubmit 등 강력한 내장 디렉티브들을 제공한다. 또한, ngModel 디렉티브를 통해 데이터 구조를 폼 요소와 바인딩함으로써 사용자 인터랙션을 획득하기도 한다. 게다가 이를 바탕으로 입력 요소와 바인딩된 속성 사이의 양방향 데이터 바인딩이 적용되어 변경 사항이 자동으로 전파된다.

다음 절에서는 AngularJS의 인터랙션 디렉티브들을 이용하여 컨트롤러가 특정 작업을 수행하도록 노출한 표현식을 호출하는 방법을 살펴본다. 이 기능을 통해 스토리보드의 표준 CRUD(Create, Read, Update, Delete) 기능을 구현한다.

스토리 상세 정보 표시하기

앞에서 우리는 ngRepeat 디렉티브와 템플릿을 이용하여 stories 컬렉션을 페이지에 출력하면서 필터까지 적용하는 과정을 살펴보았다. 그런데 개별적인 스토리 객체는 어떻게 다룰 수 있을까? 새로운 스토리를 생성하거나 기존 스토리를 수정해야 하는 경우에는 각 스토리 객체의 속성을 표시하고 수정할 수 있어야 한다.

```javascript
// client/src/angello/storyboard/controllers/StoryboardController.js
angular.module('Angello.Storyboard')
    .controller('StoryboardCtrl', function() {
        var storyboard = this;

        storyboard.currentStory = null;          // 현재 선택된 스토리 객체에 대한 참조를 저장한다.
        storyboard.editedStory = {};             // 또한, 선택된 스토리의 복사본을 저장한다. 이렇게 해서 원본 객체는 그대로 유지하면서 같은 데이터를 편집할 수 있다.

        //...

        storyboard.setCurrentStory = function(story) {   // 이 메서드는 뷰에서 스토리를 선택할 때마다 호출된다.
            storyboard.currentStory = story;             // story 매개변수를 currentStory 속성에 대입한다.
            storyboard.editiedStory =
                angular.copy(storyboard.currentStory);   // 그런 다음, angular.copy 메서드를 이용하여 currentStory 객체의 복사본을 editedStory 속성에 대입한다.
        }
    });
```

사용자가 스토리를 선택하는 동작을 획득하려면 스토리 템플릿에 ngClick 디렉티브를 적용해서 storyboard.setCurrentStory 메서드를 호출해야 한다. 이때 선택된 스토리 객체를 메서드의 매개변수로 전달한다.

```html
<!-- client/src/angello/storyboard/tmpl/storyboard.html -->
<li class="story"
    ng-repeat="story in storyboard.stories
        | filter: {status:status.name}"
    ng-click="storyboard.setCurrentStory(story)">
    <article>
        <div>
            <button type="button" class="close">×</button>
            <p class="title">{{story.title}}</p>
        </div>
        <div class="type-bar {{story.type}}"></div>
        <div>
            <p>{{story.description}}</p>
        </div>
    </article>
</li>
```

스토리보드의 오른쪽(그림 3.12 참조)을 보면 열 내부에 폼이 구성되어 있음을 알 수 있다. 스토리를 선택하면 이 폼을 선택된 스토리 객체의 개별 속성에 바인딩한다.

그림 3.12　스토리 상세 정보

storyboard.detailsForm 객체는 텍스트 입력과 드롭다운 목록 등 두 가지 종류의 입력 요소를 사용하여 구성된다. 우선, 각각의 입력 요소를 하나씩 살펴보자. 그렇게 하면 폼의 나머지 구성요소들이 어떻게 동작하는지 이해할 수 있을 것이다.

AngularJS 폼에서 가장 간단하게 사용할 수 있는 요소는 텍스트 입력 요소다. 이 요소의 값을 ngModel 객체의 속성과 바인딩하기만 하면 된다. 편집할 스토리의 제목을 표시하고 수정하려면 ng-model="storyboard.editiedStory.title"과 같이 디렉티브를 선언하면 된다. 이 입력 요소에 새로운 값을 입력하면 컨트롤러 내의 storyboard.editedStory.title 속성의 값이 즉시 수정된다.

```html
<!-- client/src/angello/storyboard/tmpl/storyboard.html -->
<div class="details">
    <h3>Card Details</h3>
    <form name="storyboard.detailsForm">
```

```
        <div class="form-group">
            <div class="controls">
                <label class="control-label" for="inputTitle">*제목</label>
                <input type="text" id="inputTitle" name="inputTitle" accept=""
                    placeholder="제목"
                    ➥ ng-model="storyboard.editedStory.title"
                    ng-required="true" ng-minlength="3"
                    ng-maxlength="30" class="form-control">
            </div>
        </div>
        <!-- ... -->
    </form>
</div>
```

드롭다운 요소에도 ngModel 디렉티브를 ng-model="storyboard.editedStory.reporter"와 같은 형
태로 적용할 수는 있다. 그러나 드롭다운 요소는 단순한 텍스트 입력 요소에 비해서는 더 복잡
한 요소이므로 단순히 문자열 값을 바인딩한다고 해서 모든 것이 동작하지는 않는다. ngRepeat
디렉티브를 사용하면 드롭다운 요소를 제어할 수는 있지만, AngularJS는 이와 유사하면서도 드
롭다운 요소 내의 아이템들을 조작할 수 있는 ngOptions라는 디렉티브를 제공한다.

```
<!-- client/src/angello/storyboard/tmpl/storyboard.html -->
<select id="inputReporter" name="inputReporter"
        ng-model="storyboard.editedStory.reporter" ng-required="true"
        ng-options="user.id as user.name for user in storyboard.users"
        class="form-control">
    <option value="">선택해주세요...</option>
</select>
```

ngOptions 디렉티브는 ngRepeat 디렉티브를 사용하는 방법과 유사해서 기본적으로 user in
storyboard.users와 같은 형태로 선언한다. 다만, 옵션 아이템의 텍스트와 값을 표현하기 위해
몇 가지를 더 선언해주어야 한다. 옵션 아이템에 표시될 텍스트를 정의하려면 user.name for
user in storyboard.users와 같이 선언해야 한다. 이 표현식은 user.name 속성을 표시될 텍스트로
사용하겠다는 것을 의미한다. 한편, 우리는 storyboard.users 배열에 존재하는 사용자 중 한 명
의 식별자를 storyboard.reporter 객체에 저장할 것이며, 이 식별자는 id 속성에 저장되어 있으므
로 드롭다운에서 선택된 아이템의 값이 이 속성을 참조하도록 명시적으로 지정해주어야 한다.
그래서 최종적으로 구성될 표현식은 ng-options="user.id as user.name for user in storyboard.
users"와 같은 형태가 된다. 이렇게 해서 드롭다운 요소의 아이템 중 storyboard.editedStory.
reporter 속성값이 storyboard.users.id 속성과 일치하는 아이템을 곧바로 선택할 수 있다.

스토리 수정하기

우리가 storyboard.detailsForm 객체의 요소들을 수정하면 그 값은 storyboard.editedStory 객체에 즉시 반영된다. 이렇게 수정된 값을 영구적으로 저장하려면 수정된 속성들을 storyboard.currentStory 속성에 다시 복사해주면 된다. 폼 아래쪽의 div 요소에는 스토리를 수정하기 위한 버튼과 변경 사항을 취소하기 위한 버튼이 정의되어 있다. 이 div 요소는 storyboard.currentStory 속성이 null 값이 아닌 경우에만 나타난다.

```html
<!-- client/src/angello/storyboard/tmpl/storyboard.html -->
<div class="details">
    <h3>카드 상세 정보</h3>
    <form name="storyboard.detailsForm">
        <!-- ... -->
    </form>
    <hr/>
    <div ng-if="storyboard.currentStory">
        <button class="btn btn-default" ng-click="storyboard.updateCancel()">
            취소
        </button>
        <button class="btn pull-right btn-default"
                ng-disabled="!storyboard.detailsForm.$valid"
                ng-click="storyboard.updateStory()">확인</button>
    </div>
    <!-- ... -->
</div>
```

편집을 취소하고자 할 때는 ngClick 디렉티브를 이용해서 storyboard.updateCancel 메서드를 호출한다. 그러면 updateCancel 메서드는 storyboard 컨트롤러의 resetForm 메서드를 호출한다. updateStory 메서드는 수정된 속성들의 배열을 전달받아 이 값들을 storyboard.currentStory 객체에 다시 복사해 넣는다. 이 작업을 완료하면 폼을 초기화하기 위해 resetForm 메서드를 호출한다.

```javascript
// client/src/angello/storyboard/controllers/StoryboardController.js
angular.module('Angello.Storyboard')
    .controller('StoryboardCtrl', function() {
        //...

        storyboard.updateStory = function () {  // ← updateStory 메서드는 스토리가 선택된 상태에서 확인 버튼을 클릭했을 때 호출된다.
            var fields = ['title', 'description', 'criteria',
                          'status', 'type', 'reporter', 'assignee'];
```

```
        fields.forEach(function (field) {
            storyboard.currentStory[field] =
          ➥  storyboard.editedStory[field];
        });

        storyboard.resetForm();
    };

    storyboard.updateCancel = function () {
        storyboard.resetForm();
    };

    storyboard.resetForm = function () {
        storyboard.currentStory = null;
        storyboard.editedStory = {};

        storyboard.detailsForm.$setPristine();
        storyboard.detailsForm.$setUntouched();
    };
});
```

속성 이름이 저장된 배열에 대해 루프를 실행하면서 **editedStory** 객체에서 속성값을 읽어 **currentStory** 객체의 같은 이름의 속성에 대입한다.

사용자가 수정을 취소하기를 원하는 경우에는 **resetForm** 메서드를 호출하기만 하면 된다.

이 메서드는 **currentStory** 객체와 **editedStory** 객체의 속성값을 되돌리는 것은 물론 **detailsForms**를 값이 변경되지 않은 원래의(pristine) 상태로 되돌린다.

스토리 생성하기

스토리를 생성하는 작업은 현재 선택된 스토리가 없다는 점을 제외하면 스토리를 수정하는 작업과 거의 유사하다. storyboard.currentStory 객체가 null 값을 가지고 있다면 수정을 위한 요소들을 숨기고 새로운 스토리를 생성하기 위한 요소들을 화면에 보이게 한다.

```html
<!-- client/src/angello/storyboard/tmpl/storyboard.html -->
<div class="details">
    <h3>카드 상세 정보</h3>
    <form name="storyboard.detailsForm">
        <!-- ... -->
    </form>
    <hr/>
    <!-- ... -->
    <div ng-if="!storyboard.currentStory">
        <button class="btn pull-right btn-default"
                ng-disabled="!storyboard.detailsForm.$valid"
                ng-click="storyboard.createStory()">
            새로 만들기
        </button>
    </div>
</div>
```

createStory 메서드에서는 storyboard.editedStory 객체의 복사본을 만들어 storyboard.stories 배열에 새로운 스토리로서 추가한다. 그런 후에 입력 창을 초기 상태로 되돌리기 위해 updateStory 메서드와 마찬가지로 resetForm 메서드를 호출한다.

```javascript
// client/src/angello/storyboard/controllers/StoryboardController.js
angular.module('Angello.Storyboard', function() {
    .controller('StoryboardCtrl', function() {
        // ...

        // 이 예제를 위한 유틸리티 함수
        function ID() {
            return '_' + Math.random().toString(36).substr(2, 9);
        };

        storyboard.createStory = function() {
            var newStory = angular.copy(storyboard.editedStory);
            newStory.id = ID();

            storyboard.stories.push(newStory);
            storyboard.resetForm();
        };
        //...
    });
```

이 유틸리티 메서드는 유일한 ID를 생성한다. 대부분 실제 애플리케이션에서는 데이터베이스에서 새로운 ID를 생성한다.

이 메서드는 editedStory 객체의 복사본을 생성한다. 이때 새로운 객체는 AngularJS의 데이터 바인딩으로 인해 폼에서 선택했거나 입력한 값들을 그대로 유지하게 된다. 새로 생성된 스토리에는 앞서 생성한 ID를 대입한 후에 stories 배열에 추가하고 resetForm 메서드를 호출하여 폼을 리셋한다.

Sugar 라이브러리 자바스크립트에서의 배열 관리는 그다지 직관적이지 않기 때문에 전체 데이터를 대신 관리해줄 서버 측 구성 요소를 도입하기 전까지는 컬렉션을 다루기 위해 유틸리티 라이브러리를 사용하기로 한다. 안젤로는 매우 직관적으로 배열을 다룰 수 있는 sugar.js 라이브러리를 사용한다. 이 라이브러리에 대한 설명에 따르면, 로다쉬 (Lodash)나 언더스코어(Underscore)와 동일한 방식으로 배열을 처리할 수 있다.

스토리 삭제하기

이제 마지막으로 storyboard.stories 컬렉션에서 스토리를 삭제하는 기능만 추가해보자. 삭제할 스토리의 ID를 매개변수로 전달받는 deleteStory 메서드를 정의하고, Sugar.js 라이브러리의 메서드를 사용하여 stories 배열에서 story 객체를 삭제한다.

deleteStory 메서드에는 삭제할 스토리의 ID를 전달한다.

```javascript
angular.module('Angello.Storyboard', function() {
    .controller('StoryboardCtrl', function() {
        // ...

        storyboard.deleteStory = fucntion(storyId) {
```

```
                        storyboard.stories.remove(function (story) {
                            return story.id == storyId;
                        });

                        storyboard.resetForm();
                    };
                });
```

Sugar.js의 remove 메서드를 이용해서 storyId 변수의 값에 따라 stories 배열에서 스토리를 삭제한다.

작업을 완료한 후 뒷정리를 위해 스토리를 삭제하고 나서는 resetForm 메서드를 호출한다. 이제 스토리를 삭제하기 위한 메서드를 정의하고 노출했으므로 ngClick 디렉티브를 이용해 이 메서드를 호출하면서 삭제할 스토리의 story.id 속성값을 전달하면 된다.

```html
<!-- client/src/angello/storyboard/tmpl/storyboard.html -->
<!-- 이 예제 코드는 실제 구현과는 다소 차이가 있다. -->
<li class="story"
    ng-repeat="story in storyboard.stories
        | filter: {status:status.name}"
    ng-click="storyboard.setCurrentStory(story)">
    <article>
        <div>
            <button type="button" class="close"
                ng-click="storyboard.deleteStory(story.id)">×</button>
            <p class="title">{{story.title}}</p>
        </div>
        <div class="type-bar {{story.type}}"></div>
        <div>
            <p>{{story.description}}</p>
        </div>
    </article>
</li>
```

3.5 모범 사례 및 테스트

지금까지 뷰와 컨트롤러를 통해 어떤 작업을 수행할 수 있는지 살펴보았으니 이제는 모범 사례와 함께 컨트롤러를 테스트할 수 있는 방법을 간략하게 살펴보기로 하자.

컨트롤러는 가볍게 구현되어야 하며, 지정된 뷰만을 제어해야 한다. 컨트롤러는 서비스로부터 데이터를 전달받은 후 이를 뷰에 표시할 수 있도록 적절한 처리를 수행하며, 로직의 처리를 위해 서비스에 데이터를 되돌려주기도 한다. 그러나 사용자의 입력에 따라 데이터를 변환하기 위한 로직을 너무 많이 수행하는 '비대해진' 컨트롤러가 생겨나는 것은 그다지 좋은 신호가 아니다. 이런 로직들은 우선적으로 간소화의 대상이 되어야 하며, 서비스 객체로 로직을 옮겨 컨트롤러가 뷰와 서비스 사이의 중재자 역할만을 수행하도록 구현해야 한다.

컨트롤러는 자신이 제어하는 뷰에 대해서는 어떤 정보도 가져서는 안 된다. 이 규칙을 잘 준수한다면 한 컨트롤러로 여러 뷰를 제어하는 것이 가능하다. 특히, 뷰가 다른 뷰의 일부만을 구현하는 경우에 유용하다. 컨트롤러를 뷰와 분리하면 자바스크립트를 실행하여 조작한 DOM 요소를 렌더링하기 위해 브라우저에 의존하지 않아도 되므로 컨트롤러의 테스트가 놀랍도록 쉬워진다.

테스트를 처음 접하는 많은 개발자들이 테스트하고자 하는 코드의 특정 부분을 초기화하는 방법을 찾는 데 어려움을 겪는다. 이 문제를 해결하기 위해 StoryboardCtrl 컨트롤러를 초기화하는 방법을 살펴보도록 하자.

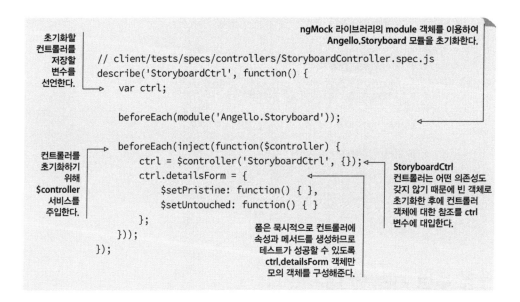

StoryboardCtrl 객체를 초기화하고 그에 대한 참조를 변수에 대입하고 나면 테스트는 계산기 버튼을 눌러 계산이 맞는지 확인하는 과정과 별반 다를 바가 없다. 예를 들어, ctrl.resetForm 메서드를 호출하면 ctrl.currentStory 속성은 null 값을 가지며, ctrl.editedStory 속성은 빈 객체를 가지게 된다. 이것이 우리가 기대하는 결과이므로 ctrl.resetForm 메서드가 올바르게 동작하는지 확인하려면 ctrl.editedStory 속성과 ctrl.currentStory 속성에 {assignee: '1'}과 같이 적당

한 값을 대입한 후에 ctrl.resetForm 메서드를 호출하여 우리가 원하는 결과가 되는지를 확인하면 된다. 이 과정에서는 자스민(Jasmine)[1]의 검증 메서드를 활용한다.

```javascript
// client/tests/specs/controllers/StoryboardController.spec.js
it('should reset the form', function() {
    ctrl.editedStory = ctrl.currentStory = {assignee: '1'};

    ctrl.resetForm();

    expect(ctrl.currentStory).toBeNull();
    expect(ctrl.editedStory).toEqual({});
});
```

비교를 위해 다른 테스트 코드를 하나 더 살펴보자. 스토리를 삭제할 때 우리가 원하는 결과는 ctrl.stories 컬렉션에 해당 스토리가 더 이상 존재하지 않는 것이다. 이를 테스트하기 위해 우선 ctrl.stories 배열의 첫 번째 스토리에 대한 참조를 변수에 저장한다. 그리고 ctrl.deleteStory 메서드를 호출할 때 이 참조 객체의 ID를 매개변수로 전달한다. 자스민에서는 검증 과정에서 not 키워드를 추가하여 부정의 의미를 갖는 결과를 검증할 수 있다. 우리는 ctrl.stories 배열에 삭제된 스토리가 더 이상 존재하지 않는다는 것을 검증할 것이므로 .not.toContain(story) 구문을 이용하여 우리가 원하는 테스트 조건을 명시하면 된다.

```javascript
// client/tests/specs/controllers/StoryboardController.spec.js
it('should delete a story', function() {
    var story = ctrl.stories[0];

    ctrl.deleteStory(story.id);

    expect(ctrl.stories).not.toContain(story);
});
```

---

1 자스민은 자바스크립트 코드의 테스트를 위한 행위 주도 개발(behavior-driven development) 프레임워크다. 자세한 내용은 http://jasmine.github.io/2.0/introduction.html을 살펴보기 바란다.

3.6 요약

AngularJS를 이해하기 위해서는 뷰와 컨트롤러의 동작 방식을 이해하는 것은 물론 그보다 더 중요한, 이 둘과 다른 컴포넌트 사이의 관계에 대해 이해하는 것이 중요하다. 이번 장을 구성하는 대부분의 설명은 간단한 뷰와 컨트롤러를 토대로 이루어졌지만, 목표했던 기능을 구현해 가면서 뷰를 디렉티브로, 그리고 컨트롤러를 서비스로 개선했다.

다음 장으로 넘어가기에 앞서 지금까지 다루었던 내용을 다음과 같이 요약해보자.

- 뷰는 AngularJS의 컴파일 과정을 거치면 HTML로 변환된다.
- 컨트롤러는 스코프 객체에 뷰에서 접근 가능한 메서드와 속성을 정의하는 역할을 담당한다.
- AngularJS에서 스코프는 뷰와 컨트롤러 사이의 동기화를 지원하기 위한 몇 개의 이벤트를 내포한 단순한 자바스크립트 객체다. 기본적으로, 뷰와 컨트롤러 사이의 접착제 역할을 담당한다.
- 새로 지원되는 controller-as 문법을 이용하면 컨트롤러의 인스턴스가 자동으로 스코프 객체에 대입되기 때문에 컨트롤러에 쉽게 접근할 수 있다.
- 스코프에 속성을 정의하면 이 속성은 뷰에서 곧바로 활용할 수 있다.
- 스코프에 메서드를 정의하면 뷰에서 호출이 가능하다.
- AngularJS는 컬렉션을 대상으로 루프를 실행하고, 템플릿을 이용해 뷰에 출력하기 위한 ngRepeat나 마우스 클릭 동작을 인지하여 컨트롤러의 메서드를 호출하기 위한 ngClick 등 몇 가지 내장 디렉티브를 제공한다.
- ngRepeat 디렉티브 내에서는 컬렉션에 필터를 적용하여 원래 배열의 일부만 화면에 표시되도록 할 수 있다. 관련된 내용은 스토리보드의 상태 열에 해당 상태의 스토리만을 출력하는 예제에서 확인했다.

모델과 서비스

컨트롤러는 가벼우면서도 자신이 다루어야 할 뷰에만 집중해야 한다면, 애플리케이션 전체에서 공유해야 할 기능이 필요할 때는 어느 부분에 구현해야 할까? 컨트롤러는 다른 컨트롤러와 직접 커뮤니케이션하면 안 된다고 했는데, 그렇다면 컨트롤러들이 정보를 공유하게 하려면 어떻게 해야 할까? AngularJS에서 컨트롤러는 특정 문맥에 집중하는 객체인 반면, 서비스는 전체 애플리케이션이 공유할 수 있는 기능을 제공하는 것에 집중하는 객체다.

이번 장에서는 서비스란 무엇이며, 어떻게 구현하는지에 관해 설명한다. 또한, 서비스를 이용하여 원격 서버와 통신을 수행하며 그 결과를 도메인 모델로서 전체 애플리케이션에 제공하는 방법에 대해 살펴본다. 그런 후에는 보다 고급 과정으로서 원격 서버 호출을 가로채는(intercept) 방법과 기존의 서비스를 데코레이트(decorate)하는 방법을 설명한다. 그림 4.1은 AngularJS의 큰 그림 내에서 서비스의 위치를 보여주고 있다.

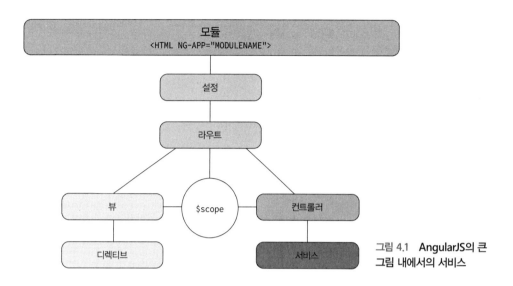

그림 4.1 **AngularJS의 큰
그림 내에서의 서비스**

4.1 모델 및 서비스의 개념

AngularJS에서 서비스가 어떻게 동작하며, 이를 통해 어떤 일들을 할 수 있는지에 대한 기술적 토대를 갖추기에 앞서서 몇 가지 개념을 살펴보고 이해해야 한다. 서비스(service)라는 단어는 AngularJS에서는 상당히 과도하게 사용되는 경향이 있어, 특히 다른 언어를 다루던 개발자들에게는 약간의 혼란을 야기할 수 있다. 사실, AngularJS에서는 전체 애플리케이션이 공유할 수 있는 공통의 기능들은 모두 서비스라고 할 수 있다. 일부 언어에서 '서비스'는 원격 서버와의 통신을 위한 메커니즘을 일컫는 말이며, '모델'은 원격 서버와의 통신은 물론 관련된 데이터까지도 관리하는 메커니즘을 의미하기도 한다.

이 책에서는 AngularJS 내에서 통용되는 개념에 따라 원격 서버와 통신을 할 수도 있고 하지 않을 수도 있지만, 일단은 애플리케이션에 공통 기능을 제공하기 위한 객체들을 서비스(service)라고 정의하기로 하자. 서비스는 애플리케이션에 기능을 제공하며, 경우에 따라 애플리케이션이 의존하는 데이터를 표현하는 모델을 정의할 수도 있다. 그러므로 우리는 원격 서버와 통신하면서 그 상태를 모델(model)로서 관리하는 객체들이라면 서비스라고 부르기로 한다.

> **팀 내에서의 의사소통(Team Talk)** 그냥 용어일 뿐이므로 이 정의에 너무 연연하지는 말자. 그러나 서비스가 정확히 무엇을 의미하는지를 이해하는 것은 여러분의 팀 구성원들과의 의사소통에 분명히 도움이 될 것이다.

4.1.1 서비스 이해하기

결과적으로 서비스는 $provide라는 내장 서비스에 의해 애플리케이션에 등록한다. 그러나 대부분의 경우는 angular.module 객체를 이용하는 방법이 훨씬 수월하다. 이 객체는 module.value, module.constant, module.service, module.factory, 그리고 module.provider 등의 편의 메서드들을 제공한다. 이번 장에서는 이 메서드들을 각각 살펴본다. 그러나 그에 앞서 StoryboardCtrl 컨트롤러에서 사용 가능한 스토리의 종류를 관리할 간단한 서비스를 먼저 구현해보자.

AngularJS 파일에서 myModule.value 메서드를 통해 애플리케이션이 서비스로서 활용할 수 있는 값을 등록하자. 이 값의 이름은 STORY_TYPES이며, 값으로는 객체의 배열을 전달하면 된다.

```
// client/src/angello/Angello.js
myModule.value('STORY_TYPES', [
    {name: '기능'},
    {name: '개선'},
    {name: '버그'},
    {name: '스파이크'},
]);
```

이제 STORY_TYPES 서비스를 안젤로 애플리케이션의 어느 곳에서도 주입이 가능하다.

```
// client/src/angello/storyboard/controllers/StoryboardController.js
angular.module('Angello.Storyboard')
    .controller('StoryboardCtrl',
            function (STORY_TYPES) {
            var myStory = this;

            //...

            myStory.types = STORY_TYPES;

            // ...
    });
```

StoryboardController.js 파일에서는 STORY_TYPES 서비스를 StoryboardCtrl 컨트롤러에 주입한다. 그런 후에 뷰에서 스토리 타입 서비스를 사용할 수 있도록 myStory.types = STORY_TYPES 코드를 통해 서비스 객체를 컨트롤러에 덧붙인다. 스토리 타입을 서비스로 분리할 경우의 장점은 이 값을 다른 어떤 컨트롤러, 디렉티브, 심지어 다른 서비스와도 공유할 수 있다는 점이다. 예를 들어, 동일한 STORY_TYPES 서비스를 그래프를 표시하는 대시보드 뷰에서도 사용할 수 있다. 일단 한 번 정의하면 어디서든 활용이 가능하다는 뜻이다.

4.1.2 서비스의 생명주기

이제 서비스가 실제로 동작하는 모습을 살펴보았으니 서비스의 생명주기(lifecycle)에 대해 살펴보도록 하자. 서비스의 생명주기는 다음의 절차를 따른다.

1. angular.module 객체가 제공하는 메서드 중 하나를 이용하거나 $provide 서비스를 직접 이용해서 서비스를 정의한다.

2. 컴파일 과정에서 서비스는 객체의 생성을 위해 인스턴스 팩토리(instance factory)에 등록된다.

3. 다른 코드가 서비스 객체를 요청하면 $injector 서비스가 객체 인스턴스 캐시(instance cache)에 필요한 서비스 객체가 존재하는지 확인한다. 만일 객체의 인스턴스가 존재하면 $injector 서비스는 캐시에 등록된 객체를 사용하여 서비스가 필요한 곳에 주입한다. 캐시에 객체가 존재하지 않으면 $injector 서비스는 인스턴스 팩토리에 새로운 객체를 요청한다. 이때 팩토리는 새로운 객체를 생성하여 리턴한 후 이 객체를 캐시에 저장하여 이후의 객체 요청에 활용한다. 지금까지의 내용은 그림 4.2에 잘 나타나 있다.

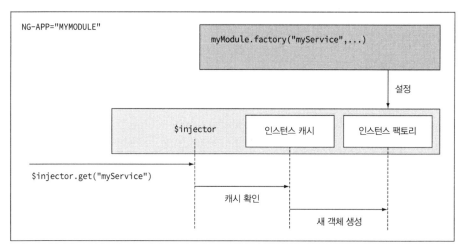

그림 4.2 서비스 객체의 생명주기

서비스의 생명주기에는 두 가지 중요한 사항이 담겨 있다. 첫 번째는 서비스는 실제로 객체가 필요해지기 전까지는 로드되지 않는다는 점이고, 두 번째는 오직 하나의 인스턴스만이 생성되어 애플리케이션 내에서 싱글턴(singleton) 객체로 활용된다는 점이다. 서비스 객체는 해당 객체를 필요로 하는 모든 컨트롤러에 참조(reference)로서 전달된다. 물론, 이를 우회하는 방법도 있기는 하지만, 서비스의 인스턴스를 여러 개 생성해야 할 필요가 생긴다면 이는 아무리 잘 봐줘도 예외적인 상황이라고밖에 보이지 않는다. 믿고 사용할 수 있는 객체는 하나의 인스턴스만을 유지하는 것이 최선이다.

4.1.3 서비스의 종류

표 4.1에서 볼 수 있듯이, 서비스는 크게 다섯 가지 방법으로 정의할 수 있다. 이후의 절에서는 이 다섯 가지 서비스의 차이점을 알아보고 어떤 상황에 어떤 종류의 서비스를 사용해야 하는지를 살펴본다.

표 4.1 **모듈별 활용법**

종류	활용법
module.value	런타임에 변경 가능성이 있는 간단한 값들을 저장한다.
module.constant	절대 변경되지 않는 간단한 값들을 저장한다.
module.service	생성자 메서드를 통해 서비스 객체의 인스턴스를 생성한다. 객체지향 스타일의 프로그래밍과 this 키워드의 사용을 선호하는 개발자에게 유용하다.
module.factory	생성자 함수를 통해 서비스 객체의 인스턴스를 생성한다. 노출식 모듈 패턴(Revealing Module pattern)을 사용하는 개발자라면 편리하게 활용할 수 있다.
module.provider	서비스를 보다 세밀하게 정의할 수 있지만 복잡하고 장황하다. 애플리케이션을 설정하는 동안 서비스의 동작을 변경해야 하는 경우에 유용하다.

값 서비스

가장 간단한 서비스는 값 서비스(value service)다. 값 서비스 메서드는 서비스의 이름과 해당 서비스의 인스턴스를 리턴할 때 사용할 값 등 두 가지 매개변수를 정의하고 있다. 값으로는 기본 자료형 값(primitive value)은 물론 객체 또는 함수 등을 사용할 수 있다.

```
// client/src/angello/Angello.js
myModule.value('STORY_TYPES', [
    {name: '기능'},
    {name: '개선'},
    {name: '버그'},
    {name: '스파이크'}
]);
```

위와 같이 정의된 STORY_TYPES 서비스는 StoryboardCtrl 컨트롤러에 다음과 같이 주입할 수 있다.

```
// client/src/angello/storyboard/controllers/StoryboardController.js
angular.module('Angello.Storyboard')
    .controller('StoryboardCtrl',
        function (STORY_TYPES) {
        var myStory = this;

        //...

        myStory.types = STORY_TYPES;

        //...
    });
```

값 서비스는 한 가지 제약을 가지고 있는데, 컴파일 과정에서 module.config 블록에서는 값 서비스에 접근할 수 없다. 그리고 애플리케이션 생명주기 동안 값의 변경도 가능하다.

상수 서비스

상수 서비스(constant service)는 값 서비스와 유사하지만, module.config 블록에서도 사용이 가능하며 런타임에 값을 변경할 수 없다는 차이점이 있다. 상수 서비스는 애플리케이션의 생명주기 동안 변경될 가능성이 없는 설정값 등을 저장할 때 특히 유용하다.

예를 들어, 아래와 같이 원격 URI를 저장할 때 상수 서비스를 사용할 수 있다.

```
// client/src/angello/app/services/EndpointConfigService.js
angular.module('Angello.Common')
    .constant('CURRENT_BACKEND', 'firebase');
```

이를 통해 백엔드의 구현 방식을 한 곳에 저장하고 필요한 곳마다 전달할 수 있다.

서비스 생성자와 서비스 팩토리

서비스의 가장 일반적인 형태는 서비스 생성자(constructor) 또는 서비스 팩토리(factory)를 이용해 객체를 생성하는 형태다. 이 두 가지 방법을 함께 살펴보는 이유는 둘 사이의 차이점이 거의 없으며 가장 실용적인 방법이기 때문이다.

서비스 문제　이 부분 역시 서비스라는 단어의 의미가 중복되어 혼란을 초래하는 부분이다. 서비스를 정의하는 서비스라니, 여러분은 어떻게 생각하는가?

module.service 메서드를 이용해서 서비스를 정의하면 서비스 객체의 인스턴스는 생성자 함수를 통해 리턴된다. 이 방식은 객체지향 코드를 지향하며 this 키워드를 이용해 메서드와 속성을 정의하는 방식을 선호하는 개발자들에게 적합하다.

```javascript
// client/src/angello/app/services/LoadingService.js
angular.module('Angello.Common')
    .service('LoadingService',
        function ($rootScope) {
            var service = this;

            service.setLoading = function (loading) {
                $rootScope.loadingView = loading;
            };
        });
```

이 코드에서는 LoadingService 객체를 정의한다. 이 서비스는 안젤로에서 모달(Modal)의 로딩을 제어하기 위해 $rootScope 객체에 loadingView 변수의 값을 적절히 설정한다. 이때 service라는 이름의 변수를 선언한 후 this 키워드를 대입하고 있는 점에 주목하자. 이렇게 한 이유는 this 키워드가 문맥에 따라 의미가 변하는 값이기 때문이다. 또한, 최상위 함수에 this 키워드에 대한 참조를 저장하여 이후의 함수 블록에서 적절한 객체를 참조할 수 있도록 구현하는 것이 일반화되어 있기 때문이기도 하다.

이번에는 같은 LoadingService 서비스를 module.factory 메서드를 이용하여 등록하는 방법을 살펴보자. 이 방법은 앞의 코드와 완전히 동일하게 동작하지만 메서드와 속성을 정의한 객체를 리턴한다.

```javascript
angular.module('Angello.Common')
    .factory('LoadingService',
        function ($rootScope) {
            var setLoading = function (loading) {
                $rootScope.loadingView = loading;
            };

            return {
                setLoading: setLoading
            }
        });
```

이 코드는 공용으로 접근이 가능한 속성과 메서드만을 정의한 객체를 리턴하므로 노출식 모듈 패턴과 매우 유사해 보인다. 이 방법은 서비스의 공개(public) 멤버와 비공개(private) 멤버를 구분할 수 있는 좋은 방법이다.

서비스를 사용하는 코드의 입장에서는 두 방식의 차이가 거의 없기 때문에 여러분이 편한 방법을 선택해서 사용해도 무방하다.

제공자 함수

제공자(provider) 함수는 서비스를 정의하는 핵심이기에 가장 복잡하게 구현된 메서드다. 대부분의 경우 module.provider 메서드를 이용하여 서비스를 정의할 필요는 없다. 다만, 애플리케이션의 설정 단계에서 서비스에 대한 추가적인 설정이 필요한 경우에는 유용하게 활용할 수 있다. 이 메서드를 사용하는 적절한 경우는 여러 애플리케이션에 걸쳐 공유가 가능한 서비스를 정의한 후, 컴파일 시점에는 특정 애플리케이션에 종속된 서비스의 동작만을 노출하고자 하는 경우다. 안젤로에서는 module.provider 메서드를 사용하지는 않지만, $http 인터셉터(interseptor)와 서비스 데코레이터(service decorator)를 정의할 때 내장된 제공자 객체를 활용한다.

> **추가 정보**   우리 필자들은 애플리케이션에 필요한 코드를 모두 담아내기 위해 최선의 노력을 했지만, 여러 종류의 서비스에 대해 더 자세히 알고 싶다면 아래의 두 링크를 참고하기 바란다.
>
> https://docs.angularjs.org/api/auto/service/$provide
>
> https://docs.angularjs.org/guide/providers

4.2 $http를 이용한 모델

애플리케이션은 데이터를 다루어야 그 진정한 의미가 있으므로 이제 서비스를 모델로 변환해 보도록 하자. 이제는 클라이언트 외부에 데이터를 영속적으로 저장할 수 있는 방법이 필요하며, 그러기 위해서는 원격 서버와 통신을 수행해야 한다. AngularJS는 내장된 $http 서비스를 통해 서버와의 원활한 통신을 지원하는데, 이번 절에서는 이 $http 서비스를 이용하여 완전히 동작하는 모델을 구현해볼 것이다.

> **백엔드**   우리 필자들은 이번 장에서는 AngularJS에 보다 집중하기 위해 실제 서버

측 코드의 노출은 최소화하고 있다. 안젤로를 최소한의 설정만으로 동작하게 하려면 Firebase를 사용할 것을 권하지만, 로컬에서 동작할 수 있는 Node.js 기반의 백엔드 코드 또한 제공한다. 이 둘을 이용하여 안젤로를 설정하고 동작하기 위한 절차는 부록을 참고하기 바란다. CURRENT_BACKEND 상수값을 적절한 값으로 바꾸고 URI만 지정하면 두 가지 종류의 백엔드를 모두 활용할 수 있으며, 이 둘은 모두 REST API를 제공하기 때문에 특별히 무언가를 변경하지 않아도 애플리케이션은 잘 동작할 것이다.

4.2.1 $http 서비스란?

$http는 브라우저의 XMLHttpRequest 객체나 JSONP를 이용하여 HTTP를 통해 원격 서버와 통신하기 위한 AngularJS의 서비스다. 서버 측 통신은 본질적으로 비동기 통신이기 때문에 $http 서비스는 $q 서비스를 바탕으로 디퍼드(deferred)/프라미스(promise) API를 지원한다. 프로미스에 대해서는 이 장의 후반부에서 살펴보기로 하자. 지금은 일률적인 비동기 동작을 처리하기 위한 명쾌한 방법이 존재한다는 사실만 알아두면 된다.

REST 방식의 API는 원격 서버의 구현 방식과는 무관하게 원격 서버와 통신하기 위한 규칙을 제공한다. AngularJS는 REST에서 활용하는 동사(verb)에 기반한 편의 메서드들을 제공하며, REST를 더욱 추상화한 $resource 서비스 역시 제공한다.

> **$resource 서비스에 대한 제약**   이 책에서는 $resource 서비스에 대해서는 언급하지 않는다. 그러나 $http 서비스의 개념을 이해한다면 $resource 서비스 역시 쉽게 이해할 수 있다.

4.2.2 첫 모델 구현하기

이제 원격 서버를 호출하여 로그인한 사용자의 모든 스토리 목록을 가져오는 StoriesModel을 구현해보자.

가장 먼저 해야 할 일은 service 메서드를 이용하여 Angello.Common 모듈에 StoriesModel을 정의하는 것이다. 이때 원격 서버와의 통신을 설정하기 위해 필요한 $http, EndpointConfig Service, 그리고 UtilsService 등 세 개의 매개변수를 전달한다. $http 서비스는 실제 원격 서버 호출을 담당하며, EndpointConfigService 서비스는 호출하고자 하는 URI를 구성한다. 마지막으로, UtilsService는 애플리케이션 전역에 걸쳐 사용할 유틸리티 함수를 제공하는 서비스다.

```
// client/src/angello/app/models/StoriesModel.js
angular.module('Angello.Common')
    .service('StoriesModel',
        function ($http, EndpointConfigService, UtilsService) {
            //...
    });
```

이제 적당한 모델을 구현하기 위해 필요한 서비스들이 준비가 되었으므로 서버의 URL을 실제로 호출하기에 앞서 몇 가지 작업을 순서대로 진행해야 한다.

```
// client/src/angello/app/models/StoriesModel.js
angular.module('Angello.Common')
    .service('StoriesModel',
        function ($http, EndpointConfigService, UtilsService) {
            var service = this,
                MODEL = "/stories/";

            //...
    });
```

먼저, service라는 이름의 변수를 선언하고 this 키워드의 값을 대입하자. 그런 후에 MODEL이라는 이름의 변수를 선언하고 호출할 URL을 정의한 문자열을 대입한다. 그러면 다음의 코드와 같이 서버의 URL을 실제로 호출할 수 있다.

```
// client/src/angello/app/models/StoriesModel.js
angular.module('Angello.Common')
    .service('StoriesModel',
        function ($http, EndpointConfigService, UtilsService) {
            var service = this,
                MODEL = "/stories/";

            service.all = function () {
                return $http.get(EndpointConfigService.getUrl(
                    MODEL + EndpointConfigService.getCurrentFormat()))
                        .then(
                            function(result) {
                                return UtilsService.objectToArray(result);
                            }
                        );
            };

            //...
    });
```

로그인한 사용자 계정에 등록된 모든 스토리 목록을 가져오기 위해서는 원격 서버에 GET 요청을 전달한다. $http는 REST 편의 메서드를 바탕으로 구현된 것이므로 $http.get(호출할 URL)과 같은 형태로 코드를 작성하면 된다. URL은 EndpointConfigService 메서드와 MODEL 변수의 값, 그리고 CURRENT_BACKEND 상수값을 이용해 구성한다. 그런 다음, StoriesModel 서비스에 all이라는 적절한 이름의 메서드를 정의하고 $http.get 메서드를 호출하여 얻은 결과를 리턴한다.

서버의 응답을 처리하는 방법에 대해서는 프라미스(promise)에 대해 설명할 때 함께 자세히 살펴보기로 하자. 우선은 StoryboardCtrl 컨트롤러에서 서비스를 호출하는 방법을 살펴보기로 하자.

```javascript
// client/src/angello/storyboard/controllers/StoryboardController.js
storyboard.getStories = function () {
    StoriesModel.all()
        .then(function (result) {
            console.log(result.data);
        });
};
```

getStories 메서드를 호출하면 StoriesModel.all 메서드가 원격 서버를 호출하며, 서버로부터 전달된 결과 데이터는 then 메서드를 이용해 처리한다. then 메서드의 첫 번째 매개변수는 원격 호출이 성공했을 경우의 응답을 처리할 핸들러 함수이며, 이 핸들러 함수의 첫 번째 매개변수는 원격 서버를 호출한 결과 데이터다. 예제에서와 같이 console.log(result.data) 코드를 실행하면 원격 서버를 호출하여 얻은 실제 데이터를 확인할 수 있다.

> **프라미스(Promise)** 프라미스는 아마도 이해하기가 다소 난해한 부분일 것이다. 이번 장의 한 절을 몽땅 할애하여 프라미스에 대해 설명하는 이유가 바로 그것이다. 일단은 $http의 호출 결과를 리턴하는 메서드를 호출하면 다음과 같은 코드를 이용하여 그 결과를 처리할 수 있다는 사실만을 알아두자.

```javascript
.then(function(result) { / 여기에서 결과를 처리한다. / });
```

4.2.3 $http 서비스의 편의 메서드들

GET 요청을 서버에 전달하고 사용자 스토리의 컬렉션을 전달받는 예제를 간단히 살펴보았다. 그러나 서버가 제공하는 다른 유용한 데이터들은 어떻게 얻어올 수 있을까? 하나의 사용자 스토리를 얻어오려면? 또는 사용자 스토리를 생성하거나, 수정 혹은 삭제하려면 어떻게 해야 할까?

이런 경우에는 $http 서비스가 제공하는 REST 기반의 편의 메서드들을 활용하면 된다. 물론, $http({method: 'GET', url:'/someUrl'})과 같이 설정 매개변수와 함께 $http 객체를 직접 호출할 수도 있다. 그러나 편의 메서드를 이용하면 보다 읽기 쉬운 코드를 작성할 수 있다.

표 4.2는 $http 서비스를 이용해 CRUD 작업을 수행할 때 사용할 수 있는 각 메서드를 나열하고 있다.

표 4.2 $http 서비스와 CRUD 작업

작업	메서드
모든 스토리 목록 가져오기	$http.get(EndpointConfigService.getUrl(MODEL + EndpointConfigService.getCurrentFormat()));
story_id에 따라 하나의 스토리만 가져오기	$http.get(EndpointConfigService.getUrlForId(MODEL, story_id));
스토리 생성하기	$http.post(EndpointConfigService.getUrl(MODEL + EndpointConfigService.getCurrentFormat()), story);
story_id에 따라 스토리 수정하기	$http.put(EndpointConfigService.getUrlForId(MODEL, story_id), story);
story_id에 따라 스토리 삭제하기	$http.delete(EndpointConfigService.getUrlForId(MODEL, story_id));

위의 표를 보면 특정 스토리와 관련된 작업을 수행할 때는 getUrlForId 함수를 호출하고 있다. 개별 스토리를 다루기 위한 URL들은 거의 동일하므로 적절한 URL을 생성하기 위해 getUrl과 getUrlForId 함수를 정의하면 서비스의 구현 코드를 줄일 수 있다. URL 구조를 변경할 필요가 있다면 EndpointConfigurationService.js 파일에서 CURRENT_BACKEND 상수의 값을 변경하고 특정 모델을 구현한 파일에서 MODEL 변수의 값을 변경하면 된다. 그러면 변경된 URL 구조가 전체 서비스에 반영된다.

```
// client/src/angello/app/services/EndpointConfigService.js
angular.module('Angello.Common')
    //.constant('CURRENT_BACKEND', 'node');
    .constant('CURRENT_BACKEND', 'firebase');

// client/src/angello/app/models/StoriesModel.js
angular.module('Angello.Common')
```

```
        .service('StoriesModel',
            function ($http, EndpointConfigService, UtilsService) {
                var service = this,
                    MODEL = "/stories/";


                    //...
        });
```

그리고 StoriesModel 서비스의 전체 코드는 다음과 같다.

```
// client/src/angello/app/models/StoriesModel.js
angular.module('Angello.Common')
    .service('StoriesModel',
        function ($http, EndpointConfigService, UtilsService) {
            var service = this,
                MODEL = "/stories/";

            service.all = function () {
                return $http.get(EndpointConfigService.getUrl(
                    MODEL + EndpointConfigService.getCurrentFormat()))
                        .then(
                            function(result) {
                                return UtilsService.objectToArray(result);
                            }
                        );
            };

            service.fetch = function (story_id) {
                return $http.get(
                    EndpointConfigService.getUrlForId(MODEL, story_id)
                );
            };

            service.create = function (story) {
                return $http.post(EndpointConfigService.getUrl(
                    MODEL + EndpointConfigService.getCurrentFormat()), story
                );
            };

            service.update = function (story_id, story) {
                return $http.put(
                    EndpointConfigService.getUrlForId(MODEL, story_id), story
                );
            };

            service.destroy = function (story_id) {
                return $http.delete(
                    EndpointConfigService.getUrlForId(MODEL, story_id)
```

```
        );
    };
});
```

정확히 40줄의 코드만으로 완벽한 CRUD 기능을 구현할 수 있다. 적절한 URL을 구성하기 위해 EndpointConfigService.js 파일에 구현한 메서드와 $http 서비스의 단축 메서드를 활용한다. 이제 원격 서버를 호출하기 위한 과정들을 살펴보았으므로 프라미스를 이용해 결과를 처리하기 위한 방법을 살펴보기로 하자.

4.3 프라미스

원격 서버의 호출은 비동기 작업이기 때문에 응답이 리턴되는 시점을 보장할 수 없다. 그렇다면 특정 작업이 완료되는 시점을 알지 못하는 상황에서 어떻게 코드를 순서대로 실행할 수 있을까? 일단, 원격 서버를 호출한 뒤 호출이 리턴될 때까지 다른 작업을 수행할 수 있고, 호출이 리턴되었을 때 다시 원래 작업으로 돌아올 수 있다면 이는 정말로 환상적인 일일 것이다. 프로미스가 바로 이런 일을 하기 위한 도구다.

4.3.1 프로미스란 무엇일까?

프로미스를 조금 더 잘 이해하기 위한 예를 들어보자. 레스토랑에 가서 친구들과 함께 식사하기 위해 자리를 예약한다고 생각해보자. 레스토랑의 직원은 여러분의 이름을 등록하고 진동 알람을 건네줄 것이다. 그리고 자리가 생기면 진동이 와서 그 사실을 우리에게 알려준다. 자리가 생겼는지 확인하기 위해 굳이 문 앞에서 서성거릴 필요가 없다. 진동 알람이 있으니 언젠가 자리가 생기면 확실히 알림을 받을 수 있기 때문이다.

프로미스는 레스토랑의 진동 알람과 같은 것이라고 생각하면 된다. 원격 서버를 호출하면 프로미스 객체가 생성되어 해당 호출이 완료되기를 기다린 후 우리가 원하는 로직을 실행해준다. 즉, 미래의 언젠가에 발생할 일을 처리해줄 것을 약속(promise)하는 객체인 것이다.

4.3.2 프로미스 활용하기

이제 실제로 코드를 구현해보자. 앞에서 구현했던 $http.get 메서드의 예제를 조금 더 다듬어보자.

먼저, GET 호출을 설정해서 로그인한 사용자의 모든 스토리 목록을 얻어와야 한다.

```javascript
// client/src/angello/app/models/StoriesModel.js
service.all = function () {
    return $http.get(EndpointConfigService.getUrl(
        MODEL + EndpointConfigService.getCurrentFormat()))
            .then(
                function(result) {
                    return UtilsService.objectToArray(result);
                }
            );
};
```

service.all 메서드는 $http.get 메서드의 결과인 프로미스 객체를 리턴한다.

```javascript
// client/src/angello/storyboard/controllers/StoryboardController.js
storyboard.getStories = function () {
    StoriesModel.all()
        .then(function (result) {
            storyboard.stories = (result !== 'null') ? result : {};
            $log.debug('결과', result);
        }, function (reason) {
            $log.debug('오류', reason);
        });
};
```

StoriesModel.all 메서드의 결과는 기본적으로 $http 서비스 호출이 리턴될 때 then 메서드를 호출하는 프로미스 객체다. then 메서드는 프로미스의 상태에 따라 적절하게 호출될 세 개의 함수를 매개변수로 정의하고 있다. 세 개의 메서드는 각각 호출이 성공했을 때의 콜백, 오류가 발생했을 때의 콜백, 그리고 알림을 위한 콜백이다. 호출이 성공했을 때의 콜백은 프로미스 객체가 성공적으로 리졸브(resolve)된 경우에 호출되는 반면, 오류 콜백은 프로미스 객체가 취소(reject)될 때 호출된다. 알림 콜백은 호출의 값이 변경될 때 호출된다.

그러면 앞의 코드를 각각의 함수로 나누어보자. StoriesModel.all 메서드를 호출한 후에 then 메서드를 이용해 프로미스를 해석한다.

```javascript
StoriesModel.all()
    .then();
```

여기에 성공 및 실패를 위한 콜백을 추가하게 된다. 성공 콜백은 서버 호출의 결과 데이터를 전달받을 하나의 매개변수를 사용한다. 오류 콜백 역시 호출이 실패한 원인에 대한 정보를 제공하는 객체를 위한 하나의 매개변수를 사용한다.

```
StoriesModel.all()
    .then(function (result) {
    }, function (reason) {
    });
```

이제 StoryboardCtrl 컨트롤러의 기능을 구현하기 위한 작업을 수행하면 된다. result 변수의 값을 storyboard.stories 배열에 대입한 후 $log.debug 메서드를 이용해 그 결과를 로그에 남긴다.

```
StoriesModel.all().then(function (result) {
    storyboard.stories = (result !== 'null') ? result : {};
    $log.debug('결과', result);
}, function (reason) {
    $log.debug('오류', reason);
});
```

그리고 뭔가 잘못된 경우는 마찬가지로 $log.debug 메서드를 이용해서 프로미스가 취소된 원인을 로그에 남긴다.

지금까지와 같이 서버로부터의 응답을 처리하기 위한 코드를 구성한 방식은 다른 메서드 호출에도 적용할 수 있는 패턴이다. 예를 들어, StoriesModel.update 메서드의 응답을 다음과 같이 처리할 수 있다.

```
StoriesModel.update(storyboard.currentStoryId, storyboard.editedStory)
    .then(function (result) {
        storyboard.getStories();
        storyboard.resetForm();
        $log.debug('결과', result);
    }, function (reason) {
        $log.debug('오류', reason);
    });
```

이처럼 완벽하게 같은 패턴을 적용하면 된다.

4.3.3 $http.success와 $http.error 메서드

지금까지 설명했듯이, $http 서비스를 호출하면 then 메서드를 가진 프로미스 객체가 리턴된다. 그러나 $http 서비스에는 HTTP에 특화된 메서드인 success와 error 메서드도 정의되어 있다.

.then(), .catch(), .finally() 메서드의 활용

Angular 1.3은 단순히 .then() 메서드만을 사용하는 것이 아니라 .then().catch().finally() 문법을 통해 프로미스를 해석하는 새로운 개념을 제시하고 있다. 어떤 방식을 사용하든 잘 동작하겠지만, 새로운 문법은 작업의 결과에 따라 필요한 후속 작업을 정확하게 정의할 수 있다. 다음의 코드를 살펴보자.

```
// 가상의 시나리오
myPromise()
    .then(function(result) {
        // 성공 콜백
    })
    .catch(function(error) {
        // 오류 콜백
    })
    .finally(function() {
        // 결과에 관계없이 실행되는 콜백
    });
```

---

success와 error 메서드는 then 메서드와 거의 똑같이 동작한다. 그러나 이 콜백 함수들은 추가 매개변수를 통해 HTTP 호출에 대한 정보를 제공한다.

```
$http.get(EndpointConfigService.getUrl(
        MODEL + EndpointConfigService.getCurrentFormat())
    )
    .success(function(data, status, headers, config) {
        // 이 콜백은 응답이 도착했을 때 비동기적으로 호출된다.
    })
    .error(function(data, status, headers, config) {
        // 이 콜백은 오류가 발생했거나 서버가 오류 응답을 리턴했을 때
        // 비동기적으로 호출된다.
    });
```

이 메서드들은 HTTP 호출의 결과 및 문맥에 따른 추가적인 로직을 실행해야 할 필요가 있을 때 편리하게 사용할 수 있다.

4.3.4 프로미스를 이용해 코드를 순차적으로 실행하기

이전 절에서는 $http 서비스의 메서드들이 프로미스 객체를 리턴하며, 이 객체들은 응답을 처리하기 위한 then 메서드를 제공한다는 사실을 알게 되었다. 그렇다면 프로미스 객체가 올바르게 해석되거나 또는 취소될 때의 동작을 제어할 수 있는 프로미스 객체를 직접 만들 수 있다면 어떨까? 아마도 결과 데이터를 애플리케이션에 전달하기 전에 다른 형태로 변형해야 하는 경우에 유용하게 활용할 수 있을 것이다. 또는 캐싱 메커니즘을 적용하여 서버에 불필요한 요청을 보내지 않도록 할 수도 있을 것이다.

응답을 캐싱해서 모델에 저장된 데이터가 이미 존재하는 경우 수동으로 프로미스를 해석하는 기법에 대해 살펴보자. 코드의 주석을 통해 코드가 실행되는 순서를 알아볼 수 있을 것이다.

이 부분이 캐싱 메커니즘이 동작하는 부분이다. **serivce.call** 메서드가 호출되면 **service.stories** 속성에 값이 존재하는지를 검사하고, 값이 존재하는 경우 이미 존재하는 값을 이용하여 프로미스를 해석한다. 값이 존재하지 않으면 코드를 계속 진행해서 서버를 호출하게 된다.

$q.defer 메서드를 호출하여 생성된 디퍼드 객체를 통해 프로미스가 시작된다. 코드 예제에는 나타나 있지 않지만, **$q** 서비스를 모델에 주입해야 한다.

다음으로 **deferred.resolve (service.stories)** 메서드를 호출하여 디퍼드 객체가 프로미스를 해석하고 그 결과를 **service. stories** 속성에 대입하도록 한다.

서버에 대한 호출이 성공했으면 결괏값을 저장한다.

```
service.all = function () {
    var deferred = $q.defer(); // $q에 대해서는 잠시 후에 설명한다.

    if(service.stories) {
        deferred.resolve(service.stories);
    } else {
        $http.get(EndpointConfigService.getUrl(
            MODEL + EndpointConfigService.getCurrentFormat())
        )
        .success(function(data, status, headers, config) {
            service.stories = data;
            deferred.resolve(service.stories);
        })
        .error(deferred.reject);
    }

    return deferred.promise;
};
```

서버에 대한 호출이 실패한 경우를 처리하기 위해 **deferred.reject** 메서드를 전달한다.

다음으로 **deferred.promise**를 리턴하여 프로미스 객체를 리턴한다.

deferred 객체를 직접 사용하면 필요한 경우에 프로미스 객체를 직접 해석할 수 있다. 이를 통해 서버를 호출하는 시점과 애플리케이션이 그 호출의 결과에 대응하는 시점 사이에 필요한 로직을 추가할 수 있다.

4.4 $http 인터셉터

이번 절에서는 provide 메서드를 통해 생성된 서비스들이 어떤 강점을 가지고 있는지를 살펴본다.

4.4.1 인터셉터가 필요한 이유

원격 서버를 호출할 때마다 또는 서버로부터 응답을 받을 때마다 특정한 행동을 수행해야 할 필요가 있다고 생각해보자. 예를 들어, 목적지 URL에 인증 토큰을 URL 매개변수에 추가해야 한다고 가정해보자. 물론, 모든 모델의 URL을 필요에 맞게 수정해도 되겠지만, 서비스의 개수가 엄청나다면 이 일 또한 쉬운 일은 아닐 것이다. 어느 한 곳만 변경하면 외부로 나가는 모든 호출에 이 사항이 적용될 수 있다면 멋지지 않겠는가? 어느 한 부분에서 외부로 나가거나 혹은 외부로부터 들어오는 서비스 호출을 가로채서 필요한 로직을 수행할 수 있다면 편리하지 않겠는가?

$httpProvider 서비스를 이용하면 여러분이 직접 인터셉터를 구현하여 $httpProvider. interceptors 배열에 추가해서 사용할 수 있다. 이때 활용할 수 있는 인터셉터의 종류는 request, requestError, response 및 responseError 등이다.

> **실무 활용 팁** 여기서는 인터셉터에 대한 광범위한 주제를 다루지는 않는다. 다만, 안젤로에 적용된 부분에 대해서만 언급한다. 인터셉터에 대한 더 자세한 내용은 https:// docs.angularjs.org/api/ng/service/$http 문서를 참고하기 바란다.

4.4.2 인터셉터의 활용

이번에는 외부의 원격 서버를 호출할 때 로딩 중 표시가 나타나게 하고, 호출이 완료되면 표시가 사라지도록 하는 방법을 확인해보자.

우선, 인터셉터를 구현해야 한다. 이 인터셉터는 loadingInterceptor라는 이름으로 구현하여 LoadingService 서비스에 주입할 예정이다.

```javascript
// client/src/angello/Angello.js
myModule.factory('loadingInterceptor', function (LoadingService) {
    var loadingInterceptor = {
        request: function (config) {
            LoadingService.setLoading(true);
```

```
            return config;
        },
        response: function (response) {
            LoadingService.setLoading(false);
            return response;
        }
    };
    return loadingInterceptor;
});
```

우리에게 필요한 부분은 request 및 response 호출을 가로채기 위해 loadingInterceptor 팩토리 객체에 관련 메서드를 구현하는 것이다. config 및 response 매개변수에 대해서는 별도의 작업을 수행하지는 않지만, 이 객체들을 올바르게 리턴해서 실제 핸들러가 이 객체들에 접근할 수 있게 해주어야 한다. 그리고 request 및 response 메서드 내에서는 LoadingService.setLoading(true) 와 LoadingService.setLoading(false) 구문을 실행하여 로딩 중 표시가 켜지거나 꺼지게 한다.

이제 인터셉터를 구현했으므로 이 객체를 $httpProvider.interceptors 배열에 다음과 같이 추가해준다.

```
// client/src/angello/Angello.js
myModule.config(function ($routeProvider, $httpProvider) {
    //...

    // 인터셉터
    $httpProvider.interceptors.push('loadingInterceptor');

    //...
});
```

myModule.config 블록에서는 $httpProvider 객체를 주입하여 이 객체의 interceptors 배열에 인터셉터를 추가해야 한다. 일단, $httpProvider 객체에 접근하게 되면 $httpProvider.interceptors.push('loadingInterceptor')와 같이 인터셉터를 추가할 수 있다.

이번 예제 코드는 매우 간단하지만, 인터셉터를 설정하는 방법을 보여줌으로써 앞으로 어떤 기능이든 구현할 수 있는 길을 열어주고 있다.

4.5 서비스 데코레이터

자바스크립트의 장점이자 단점 중 하나는 동적 언어라서 아주 저수준의 기능들도 사용자가 직접 재정의할 수 있다는 점이다. 즉, 이미 존재하는 서비스를 가져와 이를 '꾸며서(decorate)' 그 기능을 확장하거나 완전히 다르게 동작하도록 변경할 수 있다. 지금부터 관련 내용을 살펴보기로 하자.

4.5.1 왜 데코레이터가 필요할까?

진지하게 생각해보면, 우리의 목적에 더욱 부합하도록 기존 서비스를 확장해야 할 이유가 자주 있을 것이다. 정적 언어 환경에서는 기존의 기능을 보완하기 위해서 기존의 코드들을 배제하고 몇천 줄의 새로운 코드를 작성해야만 하는 어려움이 있었다. 자바스크립트와 AngularJS는 이런 면에서 이점을 제공한다. 이들은 핵심 로직과 선언적 마크업을 필요에 따라 확장할 수 있기 때문이다.

이를 증명하기 위해 다음 절에서는 $log 서비스를 확장하여 콘솔에 출력되는 로그를 개선해보기로 하자.

4.5.2 로그 개선하기

다음 절에서는 $log 서비스를 데코레이트해서 $log.debug 메서드를 호출할 때마다 로그 내용과 호출 시간이 함께 출력되도록 개선해본다.

> **데코레이터를 이용해서 AngularJS의 로깅 기능 개선하기**　필자(루카스)는 이 방법을 나의 친구이자 멘토인 토마스 버러슨(Thomas Burleson)에게서 배웠다. 이 책에서는 로깅 서비스를 개선하는 아주 기본적인 방법에 대해서만 설명하겠지만, 그보다 더 자세한 내용에 관심이 있다면 토마스가 작성한 포스트(http://solutionoptimist.com/2013/10/07/)를 읽어보기 바란다.

가장 먼저 해야 할 일은 안젤로의 설정 블록에 $provide 서비스를 주입하는 것이다. 그렇게 하면 $provide.decorator 메서드를 이용하여 서비스 데코레이터를 등록할 수 있다. 이 메서드는 데코레이트하고자 하는 서비스의 이름과 데코레이터 역할을 수행하는 함수와 같은 두 가지 매개변수를 정의한다. 데코레이터 함수의 $delegate 매개변수는 데코레이트하고자 하는 대상 서비스 객체에 대한 참조를 제공한다.

```
// client/src/angello/Angello.js
myModule.config(function ($routeProvider, $httpProvider, $provide) {
    //...

    //데코레이터
    $provide.decorator('$log', function($delegate) {
        //...
        return $delegate;
    });
});
```

$log 서비스를 데코레이트할 수
있도록 myModule.config 메서드에
$provide 서비스를 주입한다.

$provide.decorator 메서드의
첫 번째 매개변수에 $log
서비스를 전달하고 데코레이터를
두 번째 매개변수에 전달한다.

예제의 경우 $delegate 매개변수는
$log 서비스를 의미하므로
이 객체를 다시 리턴하여
애플리케이션의 나머지 코드가 해당
서비스를 활용할 수 있도록 해야 한다.
데코레이터를 적용할 때 가장
중요하게 유념해두어야 할 부분이다.

이제 실제로 서비스 객체를 데코레이트하는 방법을 살펴보자.

이 함수는
출력 결과에
시간 문자열을
덧붙이기 위한
간단한 함수다.
함수의 코드는
소스 코드를
참고하기 바란다.

```
// client/src/angello/Angello.js
myModule.config(function ($routeProvider, $httpProvider, $provide) {
    //...

    // 데코레이터
    $provide.decorate('$log', function($delegate) {
        function timestamp() {
            //...
        }

        // 원래 $log.debug 메서드를 저장한다.
        var debugFn = $log.debug;

        $delegate.debug = function() {
            // 시간을 덧붙인다.
            arguments[0] = timeStamp() + ' - ' + arguments[0];

            // 원래의 메서드를 호출한다.
            debugFn.apply(null, arguments);
        };

        return $delegate;
    });
});
```

원래 debug 메서드에 대한
참조를 저장하여 나중에 이
메서드의 apply 메서드를
호출할 때 사용한다.

$log.debug
메서드를 새로운
데코레이터 함수로
대체한다.

메서드 호출의 첫 번째
인수를 가져와 그 앞에
시간 문자열을 덧붙인다.

마지막으로, 원래 debug
메서드의 apply 함수를 호출하여
데코레이트된 인수를 적용한다.

그런 후 지금까지와 마찬가지 방법으로 $log.debug 메서드를 호출하면 된다.

```
// client/src/angello/storyboard/controllers/StoryboardController.js
storyboard.getStories = function () {
```

```
    StoriesModel.all()
        .then(function (result) {
            storyboard.stories = (result !== 'null') ? result : {};
            $log.debug('결과', result);
        }, function (reason) {
            $log.debug('오류', reason);
        });
};
```

그림 4.3 데코레이터가 적용된 콘솔의 모습

하지만 그림 4.3에서 보듯이, 출력 결과가 데코레이터를 적용하기 전과는 조금 달라진 것을 알
수 있다.

4.6 테스트에 대한 고려

항상 그렇듯이, 코드의 품질과 확장성을 보장하기 위해서는 이와 관련된 테스트가 반드시 필
요하다. 테스트 서비스를 활용할 수 있는 몇 가지 경우를 생각해보자.

4.6.1 서비스 테스트하기

먼저, 간단한 로직을 수행하는 서비스 객체를 테스트해보자. 이와 관련되어 테스트하기에 가
장 적절한 서비스 객체는 LoadingService 서비스다. 이 서비스는 $rootScope 객체의 속성값을
조정하는 간단한 로직만을 수행한다.

테스트를 위해 $rootScope와 LoadingService라는 이름의 변수들을 먼저 선언하자. 그런 후 실
제 $rootScope 객체와 LoadingService 객체를 이 변수들에 대입하여 테스트 스펙을 작성할 때
참조한다.

```
// client/tests/specs/services/LoadingService.spec.js
describe('Loading Service', function () {
```

```
    var $rootScope, LoadingService;

    beforeEach(module('Angello.Common'));

    //...
});
```

그러고서 첫 번째 beforeEach 메서드를 이용해 module('Angello.Common') 메서드를 호출하여 Angello.Common 모듈의 설정 코드를 로드한다. 여기에서 $rootScope 객체와 LoadingService 객체에 대한 참조를 스펙에 주입하고 지역 변수(Local variable)에 대입한다.

```
describe('Loading Service', function () {
    var $rootScope, LoadingService;

    beforeEach(module('Angello.Common'));

    beforeEach(inject(function (_$rootScope_, _LoadingService_) {
        $rootScope = _$rootScope_;
        LoadingService = _LoadingService_;
    }));

    //...
});
```

주의할 점은 매개변수 이름에 _$rootScope_와 _LoadingService_를 사용했다는 점이다. 이 기법은 언더스코프(_) 감싸기라는 기법으로, 이 방법을 통해 실제 서비스의 이름을 이들 변수에 대입할 수 있다. inject 메서드는 언더스코프 문자를 제거하고 실제 서비스 객체들을 리턴한다.

이제 $rootScope 객체와 LoadingService 객체에 대한 참조를 얻어왔으므로 LoadingService.setLoading 메서드를 호출하여 그 결과를 테스트할 수 있다. LoadingService.setLoading 메서드를 호출했을 때의 결과는 어떻게 되어야 할까? 이 메서드에 전달하는 매개변수의 값이 $rootScope.loadingView 속성에 설정되어야 하므로 다음과 같이 검증 코드를 작성할 수 있다.

```
// client/tests/specs/services/LoadingService.spec.js
describe('Loading Service', function () {
    var $rootScope, LoadingService;

    beforeEach(module('Angello.Common'));

    beforeEach(inject(function (_$rootScope_, _LoadingService_) {
```

```
        $rootScope = _$rootScope_;
        LoadingService = _LoadingService_;
    }));

    it('should update $rootScope to false when setLoading is set to false',
        function () {
            LoadingService.setLoading(false);
            expect($rootScope.loadingView).toEqual(false);
    });

    it('should update $rootScope to true when setLoading is set to true',
        function () {
            LoadingService.setLoading(true);
            expect($rootScope.loadingView).toEqual(true);
    });
});
```

이제 서비스 객체의 테스트를 위한 스펙을 살펴보았으므로 원격 서버에 대한 $http 호출을 실제로 실행하는 모델의 테스트를 위한 스펙을 작성해보자.

4.6.2 $httpBackend 서비스를 이용해서 원격 서버를 모의 호출하기

테스트를 작성할 때는 실제로 테스트하고자 하는 부분에 집중하는 것이 가장 중요하다. 원격 서버 호출을 실행하는 모델에 대한 스펙을 작성하는 경우에는 우리가 모델의 로직을 테스트하는 것이지, 서버로부터의 응답이나 혹은 $http 서비스 자체의 기능을 테스트하는 것이 아니라는 점을 이해하는 것이 중요하다.

우리는 StoriesModel 객체를 테스트하려고 한다. 그렇다면 우리가 첫 번째로 확인해야 할 것은 '이 서비스 내에서 어떤 로직이 발생하는가'다. 우리는 모델 자체를 상태가 없는(stateless) 객체로 구현했으므로 우리가 실제로 테스트할 로직은 모델 객체가 원하는 자원에 접근하기 위한 올바른 URL을 생성했는지의 여부다. $httpBackend 서비스를 이용하여 특정 서버를 모의 호출하고 StoriesModel 객체가 이 가상의 종단점을 호출했는지를 확인하면 된다.

동작의 검증은 afterEach 블록에서 이루어지며, $httpBackend 서비스의 verifyNoOutstanding Expectation 메서드와 verifyNoOutstandingRequest 메서드를 이용한다. 이렇게 하면 기본적으로 $httpBackend 서비스가 요청을 만족하는지를 검증할 수 있다.

```
// client/tests/specs/services/StoriesModel.spec.js
describe('Stories Model', function () {
```

```
    //...

    afterEach(inject(function($httpBackend) {
        $httpBackend.verifyNoOutstandingExpectation();
        $httpBackend.verifyNoOutstandingRequest();
    }));

    //...
});
```

이제 테스트를 수행할 준비가 되었다. 하나의 테스트 코드를 통해 패턴을 확인한 후에 나머지 테스트들에 대해서는 어느 부분이 달라졌는지만을 검토해보기로 하자. 먼저, StoriesModel.all 메서드를 테스트하기 위해 $httpBackend 서비스가 응답을 처리하도록 구성해야 한다.

```
describe('Stories Model', function () {
    //...

    it('Should get all', inject(function(StoriesModel, $httpBackend,
    $rootScope) {
        var response = [];                          ← 모의로 호출할 종단점을
        $httpBackend.when(                            정의하고 우리가 리턴하고자
            'GET', 'https://angello-angularjs.firebaseio.   하는 응답을 설정한다.
            ➡  com/clients/1/stories/.json'
        ).respond(response);

        $rootScope.$broadcast('onCurrentUserId', 1);

        var promise = StoriesModel.all();           ← $httpBackend.flush
        $httpBackend.flush();                          메서드를 호출하여
                                                       응답을 전달한다.
        promise.then(function(result) {             ← 프로미스의 then
            expect(result).toEqual(response);          메서드에서 응답을
        });                                            정의한다.
        $rootScope.$digest();←
    }));                            프로미스를 실행하기 위해
                                    $rootScope.$digest
    //...                           메서드를 호출한다.
});
```

나중에 응답을 비교하기 위해 저장할 변수를 선언한다.

StoriesModel.all 메서드를 호출하고 그 결과를 저장한다.

호출 결과가 앞서 저장된 응답과 동일한지 확인한다.

나머지 테스트는 동일한 패턴으로 구현하되 조금씩 다른 내용을 구현한다. 즉, $httpBackend 서비스의 응답을 변경하고 StoriesModel 모델의 메서드에 적절한 매개변수를 대입하여 호출하기만 하면 된다.

모든 스토리 가져오기

```
$httpBackend.when(
    'GET', 'https://angello-angularjs.firebaseio.com/clients/1/stories/.json'
).respond(response);
var promise = StoriesModel.all();
```

스토리 생성하기

```
$httpBackend.when(
    'POST', 'https://angello-angularjs.firebaseio.com/clients/1/stories/.json'
).respond(response);
var promise = StoriesModel.create({});
```

스토리 가져오기

```
$httpBackend.when(
    'GET', 'https://angello-angularjs.firebaseio.com/clients/1/stories/1.json'
).respond(response);
var promise = StoriesModel.fetch(1);
```

스토리 수정하기

```
$httpBackend.when(
    'PUT', 'https://angello-angularjs.firebaseio.com/clients/1/stories/1.json'
).respond(response);
var promise = StoriesModel.update(1, {});
```

스토리 삭제하기

```
$httpBackend.when('DELETE',
    'https://angello-angularjs.firebaseio.com/clients/1/stories/1.json'
    ).respond(response);
var promise = StoriesModel.destroy(1);
```

4.6.3 모범 사례

서비스에 대한 단위 테스트를 작성할 때의 모범 사례는 다른 것과 마찬가지로 테스트하고자 하는 것에만 집중하는 것이다. 서버에 대한 실제 호출을 테스트하거나 $http 서비스 자체를 테스트할 필요는 없다. $http 서비스는 이미 관련된 테스트 코드를 가지고 있으며, 실제 서비스 호출은 단위 테스트보다는 통합 테스트(integration test)가 더 적합하기 때문이다.

한 가지 더 말해주고 싶은 것은 $rootScope.$digest 메서드를 호출하여 다이제스트 주기를 직접 실행함으로써 프로미스를 수동으로 해석할 수 있다는 점이다.

4.7 요약

이번 장에서는 정말 많은 부분을 살펴봤다는 점에서 의의가 크다. 지금까지 살펴본 기법들의 모든 기초를 소개했으며, 이제는 여러분이 직접 업무에 이를 활용할 수 있다. 다른 것들과 마찬가지로, AngularJS는 엄청나게 복잡한 주제들로 구성된 프레임워크가 아니라 기본적인 기법들을 효과적으로 혼합하여 사용하기 위한 프레임워크다.

그러면 이번 장에서 살펴본 내용들을 간략히 요약해보자.

- 서비스는 전체 애플리케이션의 공통 기능을 정의하기 위한 개념이다.
- 서비스는 크게 다섯 가지가 존재하며, module.constant, module.value, module.service, module.factory 및 module.provider 메서드를 통해 정의할 수 있다.
- 원격 서버와의 통신은 $http 서비스를 통해 구현할 수 있으며, 이 서비스는 REST 방식에서 활용되는 동사들을 반영한 편의 메서드들을 제공한다.
- $http 서비스는 디퍼드/프로미스 API를 근간으로 구현되어 서버에 대한 비동기 호출을 처리하기 위한 메커니즘을 제공한다.
- 비동기 작업을 더욱 세밀하게 제어하려면 $q.defer 메서드가 리턴하는 디퍼드 객체를 사용하면 된다.
- $http 서비스를 이용해 발생하는 원격 서버에 대한 호출은 인터셉터를 통해 가로챌 수 있으며, 인터셉터는 module.config 블록에서 $httpProvider.interceptors 배열에 추가하면 된다.
- module.config 블록 내에서 $provide.decorator 메서드를 통해 서비스 객체를 가로채서 확장하거나 동작을 변경할 수 있다.
- $httpBackend 서비스는 서버 측 호출을 모의로 수행하고 그 응답을 정의할 수 있다.
- $rootScope 메서드를 호출하면 단위 테스트 내에서 프로미스를 수동으로 해석할 수 있다.

5

디렉티브

이 장에서 학습할 내용

- 디렉티브의 정의와 가치
- 디렉티브의 종류와 적절한 활용 방법
- 디렉티브를 구성하는 주요 컴포넌트
- 안젤로에서 활용하는 디렉티브에 대한 소개

5.1 디렉티브 소개

디렉티브는 AngularJS 프레임워크가 제공하는 가장 강력하면서도 중요한 기능 중 하나다. 이번 장에서는 안젤로 애플리케이션에서 사용할 세 가지 디렉티브를 구현해보고 각각의 디렉티브의 구현에 사용된 기법과 그 이유에 대해 알아본다. 우선, 간단한 디렉티브를 구현한 후 조금 더 복잡한 기능을 추가해나가면서 여러분의 웹 애플리케이션에도 활용할 수 있는 깔끔한 디렉티브를 완성해나갈 것이다.

5.1.1 디렉티브란 무엇인가?

AngularJS는 '웹 앱을 위해 확장된 HTML'이라고 스스로를 규정하고 있다. 확장된 HTML이라는 말이 의미하는 것은 무엇일까?

HTML은 그 당시 적합했던 인쇄용 미디어를 염두에 두고 태어났다. 브라우저의 기능은 제한

적이었으며, 그나마 기대할 수 있는 것이라고는 페이지 콘텐츠의 레이아웃을 잡지나 신문처럼 만들 수 있다는 정도였다. 그러나 현대의 브라우저와 HTML은 동적 콘텐츠, 상호작용, 애니메이션 등과 같은 작업들을 처리하게 되면서 그 한계를 빠르게 드러내기 시작했다.

AngularJS는 디렉티브를 통해 우리가 직접 HTML의 동작을 재정의할 수 있는 길을 열어줌으로써 이 문제를 해결하였다. 디렉티브는 기본적으로 사용자가 뭔가 독창적인 것을 만들어내기 위해 HTML 태그 및 특성을 직접 재정의하는 것이다. 여기서 '독창적'이라는 것은 '우리가 원하는 것이라면 무엇이든'이라는 의미로 해석하면 된다.

5.1.2 디렉티브가 필요한 이유

HTML은 정적인 언어다. 즉, 명세(spec)에 정의된 것들만 사용할 수 있으며, 명세대로 동작한다는 뜻이다. 그리고 정적 언어이기 때문에 시작할 때부터 이미 문제를 안고 있는 셈이다. 수많은 개발자가 HTML의 한계를 뛰어넘기 위해 머리를 쥐어뜯으며 일했었다. 그리고 대부분의 경우 그 해결책이란 게 HTML을 CSS나 자바스크립트 같은 다른 기술과 혼합해서 사용하는 것이었다.

그렇다면 디렉티브는 왜 필요할까? 우리가 미치지 않기 위해서다. 농담이 아니라, HTML의 한계를 극복하기 위해 HTML 자체를 멋지게 확장할 수 있는 방법을 찾는다면 지금까지의 갖은 기교들 없이도 현대적인 웹 애플리케이션을 구현할 수 있는 위치에 서게 되는 것이다.

5.1.3 왜 우리는 디렉티브를 원하는가?

HTML의 한계를 극복하네 어쩌네 하던 이야기에서 한 발짝 물러나 생각해보자. 디렉티브는 여러분이 개발 중인 업무 또는 해결하고자 하는 문제를 잘 표현할 수 있는 코드를 작성하기 위한, 수려하면서도 예술적인 방법이다. 디렉티브의 끝내주는 기능 중 하나는 HTML을 도메인 특화 언어(domain-specific language)로 탈바꿈 시켜주는 기능이다.

우리는 사용자 스토리를 추적하는 프로젝트 관리 보드를 구현하고 있다. 마크업에서 사용할 user-story라는 태그가 있다면 정말 편리할 것 같지 않은가? 이 태그가 대체 어떤 것을 표현하는지 고민할 필요 따위는 없지 않은가? 이것이 디렉티브의 최대 장점이다.

5.2 디렉티브 기초 다지기

우리가 필요로 하는 디렉티브를 최대한 빨리 구현할 수 있도록 우선 디렉티브가 어떻게 구성되는지에 대한 기초를 다져보자(그림 5.1 참조). 디렉티브는 주로 컨트롤러 함수, 링크 함수, 그리고 **디렉티브 정의 객체**(DDO, Directive Definition Object) 등 세 가지로 구성된다. DDO는 항상 존재해야 하지만, 링크나 컨트롤러 함수는 필요에 따라 존재하지 않을 수도 있다.

DDO는 디렉티브의 토대가 되는 객체다. AngularJS는 이 객체를 통해 디렉티브를 컴파일 주기에 어떻게 다루어야 하며 이 디렉티브가 어떻게 동작해야 하는지를 파악한다. DDO에는 디렉티브를 HTML 마크업으로 어떻게 표현해야 하는지, 디렉티브의 스코프는

디렉티브

링크

컨트롤러

DDO

그림 5.1 **디렉티브를 구성하는 세 가지 구성 요소**

외부와 어떻게 상호작용해야 하는지, 그리고 디렉티브 내에 기존의 HTML을 사용할지, 아니면 새로운 HTML을 로드해야 하는지 등 여러 가지를 정의하게 된다.

컨트롤러 함수는 앞서 살펴본 다른 컨트롤러와 동일한 방식으로 동작한다. 이 컨트롤러의 역할은 디렉티브의 상태를 설정하고 디렉티브의 기능을 정의한다. 또한, 외부와 연동되어 특정한 동작을 수행해야 하는 경우 서비스와 상호작용하는 역할도 담당한다.

링크 함수는 애플리케이션에 필요한 DOM 조작이 이루어지는 곳이다. 또한, 초기화 및 서드파티 플러그인과의 연동을 위한 코드를 작성하는 곳이기도 하다. 예를 들어, 두 번째 예제에서는 jQuery 플러그인을 연동하여 사용한다. 이때 링크 함수에서 해당 플러그인을 초기화하게 된다. 더불어 서드파티 플러그인이 발생하는 이벤트를 가로채서 AngularJS 애플리케이션에 적용하기 위한 처리를 수행하는 곳이기도 하다.

5.2.1 사용자 스토리 디렉티브

가장 먼저 사용자 스토리 디렉티브를 간단하게 구현해보기로 하자. 이를 위해 그림 5.2와 함께 디렉티브의 기본 구조를 살펴보자.

그림 5.2 **사용자 스토리 디렉티브**

디렉티브 생성하기

디렉티브를 정의하는 방법은 컨트롤러나 서비스를 정의하는 방법과 매우 유사하다. 디렉티브의 이름과 디렉티브가 필요할 때 정해진 순서로 객체를 리턴하는 팩토리 함수를 정의하면 된다. 아래의 코드는 컨트롤러를 생성하는 기본적인 코드다. controller 메서드를 호출할 때 첫 번째 매개변수로 이름을 지정하고, 두 번째 매개변수에는 팩토리 함수를 지정하고 있다는 것을 알아두자.

```
myModule.controller('MainCtrl', function ($scope) {
    // ...
});
```

디렉티브를 정의할 때도 같은 패턴을 따르면 된다. userstory라는 이름의 디렉티브를 정의하고 팩토리 함수를 차차 구현해나가도록 하자.

```
myModule.directive('userstory', function($scope) {
    // ...
});
```

이제 디렉티브의 나머지 기능을 구현하기 위해 링크 함수, 컨트롤러 함수, 그리고 정의 객체를 각각 정의하자. 이때 컨트롤러를 템플릿 내의 어느 곳에서도 참조할 수 있도록 디렉티브 정의 객체의 controllerAs 속성에 컨트롤러에 대한 참조를 대입하고 있다는 점에 유의하자.

```
// client/src/angello/user/directives/UserStoryDirective.js
angular.module('Angello.User')
    .directive('userstory',
        function () {
            var linker = function (scope, element, attrs) {
                // 나중에 구현한다.
            };
            var controller = function ($scope) {
                // 나중에 구현한다.
            };
            return {
                restrict: 'A',
                controller: controller,
                controllerAs: 'userStory',
                link: linker
            };
        });
```

디렉티브 정의 객체

정의 객체는 단순히 모듈 패턴을 확장한 것으로, AngularJS의 컴파일 주기가 실행될 때 객체의 인스턴스가 생성된다. 기존의 모듈 패턴과의 차이점은 AngularJS에게 디렉티브가 어떻게 동작해야 하는지를 알려주기 위한 API가 존재한다는 점이다. 앞의 예제에서 우리는 디렉티브를 HTML 요소의 특성으로서만 사용하도록 제한할 것이라고 언급했으며, 이를 위해 코드에 restrict: 'A' 구문을 사용했다. 그런 후에 linker 함수와 controller 함수를 각각 링크 함수와 컨트롤러 함수로 활용하도록 했다.

AngularJS는 필요한 것은 거의 다 구현이 가능할 정도로 강력하지만, 여기에도 80/20 규칙이 존재한다. 특히, 디렉티브에는 이 규칙이 절묘하게 맞아 떨어진다. 디렉티브 정의 객체에는 여러분이 호출할 수 있는 아주 색다른 무언가가 있지만 실제로 사용되는 경우는 드물며, 그다지 권장되지도 않는다. 우선은 우리에게 필요한 부분을 먼저 살펴보는 것에 집중하도록 하자.

링크 함수

필자가 링크 함수에 대해 설명할 때 DOM 조작에 대해 가장 먼저 언급했었다. AngularJS는 함수의 매개변수를 통해 디렉티브가 DOM을 조작하는 데 필요한 것들을 모두 제공한다. scope 매개변수는 현재 작업 중인 디렉티브 인스턴스에 할당된 스코프 객체에 대한 참조를 제공한다. 이 스코프 객체는 컨트롤러 함수의 $scope 매개변수가 참조하는 것과 동일한 스코프 객체라는 점을 알아두면 좋겠다. element 매개변수는 디렉티브가 선언된 요소에 대한 참조를 jQuery 객체로 감싸서 제공한다. attrs 매개변수는 디렉티브가 선언된 요소에 정의된 모든 특성을 배열 형태로 제공한다.

> **jQuery** AngularJS는 jQuery를 내장하고 있다. 그러나 우리가 직접 jQuery를 프로젝트에 추가하면 AngularJS는 우리가 참조한 인스턴스를 사용한다.

컨트롤러 함수

컨트롤러 함수는 애플리케이션에 정의하는 컨트롤러와 거의 동일하게 동작한다. DOM 조작과 관련된 코드를 링크 함수로 분리하는 것과 마찬가지로 컨트롤러에는 중요한 로직을 구현하면 된다. 링크 함수와 컨트롤러 함수는 동일한 스코프 객체를 공유하기 때문에 링크 함수에서 컨트롤러의 함수를 호출하는 것도 가능하다. 한 가지 알아둘 차이점은 독립된 컨트롤러에는 서비스들이 컨트롤러에 직접 주입되지만, 디렉티브의 경우에는 서비스들이 디렉티브에 주입된 후에 컨트롤러에서 접근하게 된다는 점이다.

디렉티브 활용하기

앞에서 사용자 스토리 디렉티브의 뼈대를 이미 만들어 두었으므로 이 디렉티브가 실제로 사용할 마크업을 작성해보자.

현재 사용자 스토리를 표현하기 위해 사용하고 있는 마크업은 다음의 HTML 코드와 같다.

```html
<!-- client/src/angello/storyboard/tmpl/storyboard.html -->
<li ng-repeat="story in storyboard.stories | filter:{status:status.name}"
    class="story"
    ng-click="storyboard.setCurrentStory(story)">

    <article>
        <div>
            <button type="button" class="close"
                    ng-click="userStory.deleteStoryBoard(story.id)">
                x
            </button>
            <p class="title">{{story.title}}</p>
        </div>
        <div class="type-bar {{story.type}}"></div>
        <div>
            <p>{{story.description}}</p>
        </div>
    </article>
</li>
```

userstory 디렉티브에서도 같은 HTML 마크업을 정의하고 있다.

```html
<!-- client/src/angello/storyboard/tmpl/storyboard.html -->
<li userstory
    ng-repeat="story in storyboard.stories | filter:{status:status.name}"
    class="story"
    ng-click="storyboard.setCurrentStory(story)">

    <article>
        <div>
            <button type="button" class="close"
                    ng-click="userStory.deleteStoryBoard(story.id)">
                x
            </button>
            <p class="title">{{story.title}}</p>
        </div>
        <div class="type-bar {{story.type}}"></div>
        <div>
            <p>{{story.description}}</p>
```

```
        </div>
    </article>
</li>
```

차이점은 단 하나의 특성이 더 추가되어 있다는 점이다. 게다가 이 하나의 특성을 추가함으로써 사용자 스토리 HTML을 확장하여 필요한 기능을 추가할 수 있다는 것은 (정말이지) 강력한 기능이라 하지 않을 수 없다.

디렉티브 링크 함수에 이벤트 핸들러 추가하기

이제 디렉티브의 기능적 측면을 살펴보기로 하자. 링크 함수를 통해 사용자가 사용자 스토리에 마우스를 가져가면 해당 스토리가 차츰 뚜렷해지고 마우스를 다른 곳으로 옮기면 다시 살짝 흐릿해지는 페이드(fade) 효과를 적용해보자.

jQuery 웹사이트에서 .mouseover() 함수에 대해 살펴보면 아래와 같은 예제 코드를 발견할 수 있을 것이다.

```
$('#outer').mouseover(function() {
  $('#log').append('<div>Handler for .mouseover() called.</div>');
});
```

우리가 하고자 하는 것은 이 예제와 비슷한 기능을 구현하는 것이다. 그러나 링크 함수를 통해 더욱 쉽게 구현할 수 있다는 점을 알 수 있을 것이다.

```
// client/src/angello/user/directives/UserStoryDirective.js
angular.module('Angello.User')
    .directive('userstory',
        function () {
            var linker = function (scope, element, attrs) {
                element
                    .mouseover(function () {
                      element.css({ 'opacity': 0.9 });
                    })
                    .mouseout(function () {
                      element.css({ 'opacity': 1.0 })
                    });
            };
            var controller = function ($scope) {
                // 나중에 구현한다.
            };
```

```
        return {
            restrict: 'A',
            controller: controller,
            controllerAs: 'userStory',
            link: linker
        };
    });
```

element 객체는 이미 jQuery 객체이므로 DOM에 jQuery 라이브러리를 추가하지 않고도 element 객체에 이벤트 핸들러를 추가할 수 있다. 또한, 해당 요소가 페이지에 추가되고 컴파일 주기가 실행되기 전까지는 디렉티브가 호출되지 않으므로 대상 DOM 요소를 조작할 준비가 되었는지 여부에 대해 걱정할 필요도 없다. 마치 DOM을 위한 프리미엄 발렛(valet) 서비스 같지 않은가?

게다가 아래와 같이 두 개의 이벤트를 연결해서 처리할 수도 있다.

```
element.mouseover(function () {
  // ...
}).mouseout(function () {
  // ...
});
```

그리고 이벤트 핸들러들을 구현하면서 적당한 투명도를 지정하기만 하면 된다.

스토리 삭제 기능을 추가하여 디렉티브 확장하기

이제 조금 속도를 올려 사용자 스토리의 삭제 버튼을 클릭해서 해당 스토리를 삭제하는 기능을 구현해보자. 삭제 버튼은 요약 상자의 오른쪽 상단에 있는 X 버튼이다.

통상적으로 각각의 객체는 자신이 속해 있는 컬렉션 내에서의 이동에 대해서는 어떠한 책임도 가져서는 안 된다. 따라서 이 기능을 구현하려면 애플리케이션의 모든 스토리를 보관하고 있는 StoriesModel 객체를 디렉티브에 주입해야 한다. 또한, 콜백 함수 내에서 $rootScope와 $log 서비스도 참조하므로 이 객체들도 주입되어야 한다.

```
// client/src/angello/user/directives/UserStoryDirective.js
angular.module('Angello.User')
    .directive('userstory',
        function ($rootScope, StoriesModel, $log) {
```

```
            //...
       });
```

스토리 삭제 함수를 디렉티브 컨트롤러에 구현하기

이제 디렉티브가 호출할 deleteStory 메서드를 구현해야 한다. 그러려면 (userStory 디렉티브의) $scope 객체에 deleteStory 메서드를 추가하고, 이 메서드에서 StoriesModel 객체의 destroy 메서드를 호출하면 된다. 물론, 이때 id 매개변수에 삭제할 스토리의 ID를 전달해주어야 한다. 또한, this 키워드가 참조하는 값을 미리 변수에 대입해두었기 때문에 컨트롤러에 $scope 객체를 전달할 필요가 없다.

```javascript
// client/src/angello/user/directives/UserStoryDirective.js
angular.module('Angello.User')
    .directive('userstory',
        function ($rootScope, StoriesModel, $log) {
            //...
            var controller = function () {
                var userStory = this;
                userStory.deleteStory = function (id) {
                    StoriesModel.destroy(id)
                        .then(function (result) {
                            $rootScope.$broadcast('storyDeleted');
                            $log.debug('결과', result);
                        }, function (reason) {
                            $log.debug('오류', reason);
                        });
                };
            };
            return {
                //...
                controller: controller,
            };
        });
```

StoryboardCtrl 컨트롤러에서와 마찬가지로 StoriesModel 서비스의 destroy 메서드를 호출한 후에 .then 메서드를 이용하여 작업이 성공 혹은 실패했을 경우에 따라 각각 적절한 함수를 호출한다. $rootScope.$broadcast 메서드가 하는 일은 StoryboardCtrl 컨트롤러에게 스토리가 삭제된 사실을 알려서 컨트롤러가 스토리 컬렉션을 수정하고 폼을 재설정할 수 있도록 하는 일이다.

스토리를 삭제하는 버튼 추가하기

마지막으로 할 일은 userStory 컨트롤러의 deleteStory 메서드를 실제 뷰에 연결하는 일이다. 이제는 독자들에게 비교적 익숙한 작업이 되었을 것이다. 아래와 같이 버튼에 **ng-click** 디렉티브를 적용하여 deleteStory 메서드를 호출하도록 정의하고 story.id 속성값을 매개변수로 전달하면 된다.

```html
<!-- client/src/angello/storyboard/tmpl/storyboard.html -->
<li userstory
    ng-repeat="story in storyboard.stories | filter:{status:status.name}"
    class="story"
    ng-click="storyboard.setCurrentStory(story)">
    <article>
        <div>
            <button type="button" class="close"
            ➥ ng-click="userStory.deleteStoryBoard(story.id)">
                x
            </button>
            <p class="title">{{story.title}}</p>
        </div>
        <div class="type-bar {{story.type}}"></div>
        <div>
            <p>{{story.description}}</p>
        </div>
    </article>
</li>
```

이것으로 사용자 스토리 디렉티브의 구현을 모두 마쳤다. 지금까지의 내용을 간략하게 요약해보자.

- 디렉티브는 링크 함수, 컨트롤러 함수, 그리고 디렉티브 정의 객체로 구성된다.
- 링크 함수에 정의된 매개변수를 통해 DOM 조작이 매우 간편하게 이루어질 수 있다.
- 디렉티브의 컨트롤러 함수는 애플리케이션 컨트롤러와 거의 유사하게 동작하지만, 링크 함수와 $scope 객체를 공유한다.
- 디렉티브 정의 객체는 디렉티브를 정의하며, 더 중요한 것은 80/20 법칙이 분명하게 적용된다.

이제 조금 더 어려운 주제에 대해 이야기해보자.

5.3 고급 기능들

마우스의 위치에 따라 HTML 요소에 페이드 효과를 적용하는 것은 초보자를 위한 예제로는 충분했으니 조금 더 의욕적인 예제를 다뤄보도록 하자. 필자의 생각에 적당한 예제는 그림 5.3과 같이 사용자 스토리를 다른 상태 열로 드래그할 수 있는 기능을 구현하는 것이다. 이를 통해 세 개의 디렉티브를 구현함으로써 DOM의 부담을 덜어줄 것이다.

그림 5.3 드래그 앤 드롭 기능이 동작하는 모습

5.3.1 드래그 앤 드롭 기능

드래그 앤 드롭 기능을 구현하기 위해서는 drag-container, drop-container, 그리고 drop-target 등 세 개의 디렉티브를 구현한다. 기본적으로, drag-container 디렉티브는 우리가 드래그할 요소이며, drop-container 디렉티브는 drag-container 디렉티브를 드롭하게 될 요소를 의미한다. 그리고 drop-target 디렉티브는 drop-container 디렉티브 내의 어느 곳에 drag-container 디렉티브를 드롭할 것인지를 결정하는 역할을 담당한다. 또한, drag-container 디렉티브와 dropcontainer 디렉티브가 데이터를 공유할 수 있도록 서비스 객체를 추가로 구현해야 한다. 이 서비스를 $dragging 서비스라 부르자.

파일 생성하기

시작하기에 앞서 우선 client/src/angello/storyboard/directives 디렉터리에 DragAndDrop.js라는 이름의 파일을 생성하자. 이 파일은 boot.js 파일에도 반드시 추가해야 한다는 것을 잊지 말자!

```
// client/assets/js/boot.js
{ file: 'src/angello/storyboard/directives/DragAndDrop.js' },
```

drag-container 디렉티브 구현하기

가장 먼저 해야 할 일은 드래그할 수 있는 컨테이너를 만드는 것이다. 물론, 지금까지 해왔던 패턴대로 하면 된다. 즉, dragContainer라는 이름의 디렉티브를 선언하고 링크 함수와 디렉티브 정의 객체를 정의한 팩토리 함수를 다음과 같이 구현한다.

```
// client/src/angello/storyboard/directives/DragAndDrop.js
angular.module('Angello.Storyboard')
    .directive('dragContainer', function () {
        return {
            restrict: 'A',
            controller: 'DragContainerController',
            controllerAs: 'dragContainer',
            link: function ($scope, $element, $attrs, dragContainer) {
                dragContainer.init($element);

                $element.on('dragstart',
                ⟼   dragContainer.handleDragStart.bind(dragContainer));
                $element.on('dragend',
                ⟼   dragContainer.handleDragEnd.bind(dragContainer));

                $scope.$watch($attrs.dragContainer,
                ⟼   dragContainer.updateDragData.bind(dragContainer));
                $attrs.$observe('mimeType',
                ⟼   dragContainer.updateDragType.bind(dragContainer));

                $attrs.$set('draggable', true);
            }
        };
    })
```

```
.controller('DragContainerController', function ($dragging) {
});
```

참고 이번 예제에서는 링크 함수를 인라인 함수로 정의하고, 컨트롤러 함수는 디렉티브의 바깥에 정의했다. 다소 의미론적이기는 하지만, 여러분에게 가장 적절한 스타일을 선택하면 된다.

링크 함수를 먼저 살펴보자. 이 함수에는 $scope, $element, $attrs 및 dragContainer 등 네 개의 매개변수를 정의했다. 처음 세 개의 매개변수는 이미 확인한 바 있다. 그리고 네 번째 매개변수는 실제로는 DragContainerController 컨트롤러에 관한 참조 변수다. 코드의 일관성을 위해 DDO에서는 controllerAs 속성을 통해 같은 이름으로 컨트롤러를 참조한다.

가장 먼저 한 일은 DragContainerController 객체의 init 메서드를 호출하고 여기에 디렉티브가 정의된 요소를 전달한 것이다. DragContainerController 객체의 메서드는 잠시 후에 살펴보기로 하자.

$element 매개변수는 jQuery로 감싸진 DOM 요소이기 때문에 브라우저 이벤트를 손쉽게 가로챌 수 있다. 바로 HTML5가 지원하는 드래그 관련 이벤트를 가로채야 한다. 우리에게 필요한 작업은 dragstart와 dragend 이벤트를 가로챈 후, 컨트롤러에 정의된 적당한 콜백 메서드를 호출하는 것이다. 이때 bind 메서드를 호출해서 두 콜백 메서드가 DragContainerController 객체의 컨텍스트 내에서 실행될 수 있도록 해야 한다. 그렇지 않으면 this 키워드는 호출되는 링크 함수가 아니라 DragContainerController 객체 자체를 참조하게 된다.

다음으로, $scope.$watch 메서드를 이용하여 $attrs.dragContainer 속성이 변경되는지를 감시한다. 잠시 후에 살펴보겠지만, $attrs.dragContainer 속성에는 story 데이터 모델이 대입되어 데이터가 변경될 때마다 컨트롤러의 updateDragData 메서드를 호출하게 된다.

그런 후에 mimeType 특성값의 변경 여부를 감시하여 그 값이 변경될 때마다 컨트롤러의 updateDragType 메서드를 호출한다. 이때 $watch 메서드 대신 $observe 메서드를 사용한 이유는 감시하고자 하는 값이 실제 Angular의 표현식이 아니라 텍스트로 평가되는 값이기 때문이다.

마지막으로, 모든 초기화 작업을 마친 후에는 디렉티브의 draggable 특성에 true 값을 지정한다. 이렇게 하면 브라우저는 이 요소를 드래그가 가능한 요소로 인식하게 된다.

5.3.2 drag-container 디렉티브 적용하기

이제 drag-container 디렉티브를 구현했으므로 HTML에 직접 적용해보자.

```html
<!-- client/src/angello/storyboard/tmpl/storyboard.html -->
<li userstory
    ng-repeat="story in storyboard.stories | filter: {status:status.name}"
    drag-container="story" mime-type="application/x-angello-status"
    class="story my-repeat-animation"
    ng-click="storyboard.setCurrentStory(story)">
```

위에서 보듯이, userstory 디렉티브를 적용한 li 요소에 drag-container 디렉티브도 적용했다. 그런 후에 드래그하고자 하는 데이터 모델, 즉 story 객체를 지정하고 mime-type 특성에 application/x-angello-status라는 값을 지정했다. 이 특성에는 어떤 값이든 사용할 수 있다. 다만, drag-container 디렉티브의 accepts 특성값(또는 배열)에 mime-type 특성값과 같은 값(또는 값의 배열)이 정의되어 있어야 한다.

5.3.3 컨트롤러 구현하기

이제 디렉티브를 생성하여 HTML에 적용했으므로 다음 단계인 컨트롤러를 구현해보자.

```javascript
// client/src/angello/storyboard/directives/DragAndDrop.js
angular.module('Angello.Storyboard')
    .controller('DragContainerController', function ($dragging) {
        var dragContainer = this;

        dragContainer.init = function (el) {
            dragContainer.el = el;
        };
    });
```

늘 그랬듯이, 가장 먼저 하는 일은 this 키워드에 대한 참조를 컨트롤러 내 최상위 변수에 저장하는 것이다. 그러고서 링크 함수로부터 제어 중인 요소에 대한 참조를 전달받는 init 함수를 정의한 후 컨트롤러에 추가한다.

```javascript
// client/src/angello/storyboard/directives/DragAndDrop.js
angular.module('Angello.Storyboard')
    .controller('DragContainerController', function ($dragging) {
```

```
//...

    dragContainer.handleDragStart = function (e) {
        if (e.originalEvent) e = e.originalEvent;

        e.dataTransfer.dropEffect = 'move';
        e.dataTransfer.effectAllowed = 'move';

        dragContainer.el.addClass('drag-container-active');
        dragContainer.dragging = true;

        $dragging.setData(dragContainer.data);
        $dragging.setType(dragContainer.type);
    };
});
```

이 예제에서는 e.originalEvent 속성에 객체가 존재할 때 이 속성값을 다시 e 변수에 대입하여 원래 이벤트를 참조할 수 있도록 한다. 그런 다음, e.dataTransfer 객체의 effectAllowed 속성과 dropEffect 속성값을 설정해서 브라우저에게 해당 요소에 어떤 효과가 지정되었으며 드래그 중이던 요소를 드롭할 때 어떤 시각적 효과를 적용해야 하는지를 전달한다.

다음으로, 클래스를 추가한 후 컨트롤러의 dragging 속성에 true 값을 설정한다. 그리고 $dragging 서비스에 data 속성과 type 속성값을 각각 설정한다.

```
// client/src/angello/storyboard/directives/DragAndDrop.js
angular.module('Angello.Storyboard')
    .controller('DragContainerController', function ($dragging) {

    //...

    dragContainer.handleDragEnd = function (e) {
        if (e.originalEvent) e = e.originalEvent;

        angular.element(e.target).removeClass('drag-active');

        dragContainer.el.removeClass('drag-container-active');
        dragContainer.dragging = false;

        $dragging.setData(null);
        $dragging.setType(null);
    };
});
```

이제 e 변수에 originalEvent 속성값을 다시 대입한 후, 몇 가지 클래스를 제거하고 컨트롤러의 dragging 속성값에 false를 대입한 다음, $dragging 서비스의 두 속성에 null 값을 대입한다.

```
// client/src/angello/storyboard/directives/DragAndDrop.js
angular.module('Angello.Storyboard')
    .controller('DragContainerController', function ($dragging) {

        //...

        dragContainer.updateDragData = function (data) {
            dragContainer.data = data;

            if (dragContainer.dragging) $dragging.setData(dragContainer.data);
        };
    });
```

전달된 데이터를 컨트롤러에 대입한 다음, 컨트롤러의 dragging 속성이 true 값을 가지고 있으면(또는 요소가 아직 드래그되는 중이면) $dragging 서비스의 data 속성값을 변경한다.

```
// client/src/angello/storyboard/directives/DragAndDrop.js
angular.module('Angello.Storyboard')
    .controller('DragContainerController', function ($dragging) {

        //...

        dragContainer.updateDragType = function (type) {
            dragContainer.type = type || 'text/x-drag-and-drop';

            if (dragContainer.dragging) $dragging.setType(dragContainer.type);
        };
    });
```

type 매개변수에 값이 전달된 경우에는 이 값을 컨트롤러의 type 속성에 대입하고, 그렇지 않은 경우에는 text/x-drag-and-drop 값을 대입한다. 그런 다음, 요소가 아직 드래그 중이라면 $dragging 서비스의 type 속성값을 변경한다.

5.3.4 drop-container 디렉티브 구현하기

다음으로, drag-container 디렉티브가 드래그되어 어딘가로 옮겨질 때 이 drag-container 디렉티브를 받아줄 다른 컨테이너가 필요하다. 이 디렉티브는 자연스럽게 drop-container라는 이름을 갖게 된다.

```
// client/src/angello/storyboard/directives/DragAndDrop.js
angular.module('Angello.Storyboard')
    .directive('dropContainer', function ($document, $parse) {
        return {
            restrict: 'A',
            controller: 'DropContainerController',
            controllerAs: 'dropContainer',
            link: function ($scope, $element, $attrs, dropContainer) {
                var bindTo = function (event) {
                    return function (e) {
                        return $scope.$apply(function () {
                            return dropContainer['handle' + event](e);
                        });
                    };
                };

                var dragEnd = dropContainer.handleDragEnd.bind(dropContainer);
                var handleDragEnter = bindTo('DragEnter');
                var handleDragOver = bindTo('DragOver');
                var handleDragLeave = bindTo('DragLeave');
                var handleDrop = bindTo('Drop');

                dropContainer.init($element, $scope, {
                    onDragEnter: $parse($attrs.onDragEnter),
                    onDragOver: $parse($attrs.onDragOver),
                    onDragLeave: $parse($attrs.onDragLeave),
                    onDrop: $parse($attrs.onDrop),
                });

                $element.on('dragenter', handleDragEnter);
                $element.on('dragover', handleDragOver);
                $element.on('dragleave', handleDragLeave);
                $element.on('drop', handleDrop);

                $scope.$watch($attrs.accepts,
                ➥    dropContainer.updateMimeTypes.bind(dropContainer));

                $document.on('dragend', dragEnd);

                $scope.$on('$destroy', function () {
                    $document.off('dragend', dragEnd);
                });
            }
        };
    });
```

이번 예제 역시 인라인 함수로 정의된 링크 함수에 네 개의 매개변수를 정의하고, 마지막 네 번째 매개변수에 디렉티브 외부에서 생성된 컨트롤러에 대한 참조를 전달하는 패턴이 동일하게 적용되어 있다.

링크 함수 내부에서는 bindTo 메서드를 정의하고 있다. 이 메서드는 매개변수에 전달된 이벤트 이름을 이용하여 해당 이벤트를 처리할 이벤트 핸들러 함수를 찾아 호출하는 익명 함수를 리턴한다. 이 익명 함수에는 브라우저에서 발생한 DOM 이벤트가 전달된다. $scope.$apply 메서드는 AngularJS 프레임워크 외부(DOM 이벤트나 XHR 객체 등)로부터 표현식을 전달받아 프레임워크의 컨텍스트 내에서 실행해준다($digest 주기를 실행하기 때문에 모든 감시 표현식(watcher)들이 올바르게 실행된다).

다음으로, 컨트롤러의 handleDragEnd 함수에 대한 참조를 생성한다(이때 .bind 메서드를 사용했기 때문에 이 메서드는 링크 함수가 아닌 컨트롤러의 컨텍스트 내에서 실행된다). 그런 후 앞서 정의했던 bindTo 함수를 이용하여 각기 다른 DOM 이벤트를 처리할 네 개의 서로 다른 콜백 메서드를 생성한다.

그러고서 DropContainerController 컨트롤러의 init 메서드를 호출하고 세 개의 매개변수를 전달한다. 이 세 매개변수는 각각 디렉티브가 선언된 DOM 요소를 jQuery 함수로 감싼 참조 객체, 링크 함수의 스코프, 그리고 컨트롤러가 접근하여 실행할 수 있는 콜백의 목록 등이다. $parse 서비스는 $attrs 서비스로부터 AngularJS의 표현식을 읽어 이를 호출 가능한 함수로 변환하는 서비스다.

jQuery 덕분에 일이 한결 수월해졌다! 이제는 dragenter, dragover, dragleave 및 drag 등 네 개의 이벤트를 가로채서 컨트롤러에 등록된 적당한 메서드들을 콜백 함수로 등록하기만 하면 된다.

바로 다음에는 세 개의 서로 다른 이벤트를 리스닝한다. 먼저, 디렉티브의 accepts 특성값을 리스닝하여 이 값이 변경될 때마다 컨트롤러의 updateMimeType 메서드를 호출한다. 그런 다음, $document 객체(window.document 객체와 동일한 객체)의 dragend 이벤트를 리스닝해서 이벤트가 발생하면 컨트롤러의 dragEnd 메서드를 호출하도록 한다. 마지막으로, 스코프 객체의 $destroy 이벤트를 리스닝해서 이 이벤트가 발생할 때마다 앞서 등록한 $document 객체에 대한 핸들러를 삭제하도록 한다.

5.3.5 drop-container 디렉티브 활용하기

다음의 예제에서는 ngRepeat 디렉티브에 의해 생성된 목록 아이템에 drop-container 디렉티브를 선언한다.

```
<!-- client/src/angello/storyboard/tmpl/storyboard.html -->
<li userstory
    ng-repeat="story in storyboard.stories | filter: {status:status.name}"
    drag-container="story" mime-type="application/x-angello-status"
    drop-container="" accepts="['application/x-angello-status']"
    class="story my-repeat-animation"
  ng-click="storyboard.setCurrentStory(story)">

<!-- ... -->

<div class="emptystatus" drop-container=""
    accepts="['application/x-angello- status']"
    on-drop="storyboard.finalizeDrop(data)"
    on-drag-enter="storyboard.changeStatus(data, status)"
    ng-if="storyboard.isEmptyStatus(status)">
</div>
```

여기서 drop-container 디렉티브가 두 군데에 정의되어 있음을 주목할 필요가 있다. userstory li 요소와 각 상태 열에서 카드가 사용하지 않는 잉여 공간을 표현하는 div 요소에 디렉티브를 적용했다. 특히, userstory 요소에는 on-drop과 on-drag-enter 특성을 지정하지 않았는데, 그 이유는 userstory 요소의 자식 요소에 drop-target 디렉티브를 추가하고 여기에 두 특성을 정의할 것이기 때문이다.

그리고 accepts라는 특성에 드래그가 가능한 MIME 타입의 배열을 대입하고 있다. 예제의 경우에는 ['application/x-angello-status']라는 하나의 값만을 사용한다. 그 이유는 우리가 드래그해야 하는 요소의 종류가 그것 한 가지뿐이기 때문이다.

마지막으로, StoryboardCtrl 컨트롤러에 정의한 적절한 콜백 메서드를 on-drop과 on-drag-enter 특성에 지정하여 디렉티브가 이 두 메서드를 호출할 수 있도록 했다.

5.3.6 컨트롤러 구현하기

자, 이제 잘 모르는 부분에 관해 설명할 예정이니 여러분은 정신을 바짝 차려주기 바란다. 약간 드라마틱하게 보일 수도 있지만, 집중해서 살펴볼 가치가 충분할 것이다.

```
// client/src/angello/storyboard/directives/DragAndDrop.js
angular.module('Angello.Storyboard')
    .controller('DropContainerController', function ($dragging) {
        var dropContainer = this;
        var targets = {};
        var validAnchors = 'center top top-right right bottom-right
            bottom bottom-left left top-left'.split(' ');

        dropContainer.init = function (el, scope, callbacks) {
            dropContainer.el = el;
            dropContainer.scope = scope;
            dropContainer.callbacks = callbacks;
            dropContainer.accepts = ['text/x-drag-and-drop'];
            dropContainer.el.addClass('drop-container');
        };
    });
```

위의 코드에서는 this 키워드에 대한 참조를 저장할 최상위 수준의 변수와 함께 드롭이 가능한
대상 객체들을 보관할 targets 객체와 유효한 모든 종류의 앵커를 표현하는 validAnchors 배열
을 추가로 선언한다. 그런 후에 $element, $scope 및 callbacks 등 세 개의 매개변수를 사용하
는 init 메서드를 정의한다. 이 메서드는 매개변수에 전달된 값들을 컨트롤러에 대입한다. 또한,
accepts 특성에 기본값으로 ['text/x-drag-and-drop'] 값을 대입하고 디렉티브가 선언된 요소에
drop-container 클래스를 추가한다.

```
// client/src/angello/storyboard/directives/DragAndDrop.js
angular.module('Angello.Storyboard')
    .controller('DropContainerController', function ($dragging) {

        //...

        dropContainer.addDropTarget = function (anchor, dropTarget) {
            if (validAnchors.indexOf(anchor) < 0)
        ➥       throw new Error('지원되지 않는 형식의 앵커입니다: ' + anchor);
            if (targets[anchor])
        ➥       throw new Error('앵커에 대한 드롭 대상이 이미 지정되어 있습니다: ' + anchor);

                targets[anchor] = dropTarget;
        };

        dropContainer.removeDropTarget = function (anchor) {
            if (targets[anchor] && targets[anchor] === anchor) {
                dropContainer.activeTarget = null;
            }

            delete targets[anchor];
```

다음으로 살펴볼 메서드는 addDropTarget 메서드다. 나중에 살펴보겠지만, 이 메서드는 drop-target 디렉티브가 호출하며 앵커와 drop-target 디렉티브의 인스턴스에 대한 참조가 매개변수로 전달된다. 만일 전달된 앵커가 유효한 종류의 앵커가 아니거나 지정된 종류의 앵커를 처리할 drop-target 인스턴스가 이미 등록되어 있다면 적절한 오류를 발생한다. 그 외의 경우에는 지정된 앵커를 키로 사용하고 drop-target 인스턴스를 값으로 사용하는 특성을 targets 객체에 추가한다.

다음은 removeDropTarget 메서드(마찬가지로 drop-target 디렉티브가 호출한다)를 살펴보자. 이 메서드는 targets 객체에서 지정된 앵커에 적용된 drop-target 디렉티브의 인스턴스를 제거하는 역할을 담당한다.

```
// client/src/angello/storyboard/directives/DragAndDrop.js
angular.module('Angello.Storyboard')
    .controller('DropContainerController', function ($dragging) {

        //...

        dropContainer.updateMimeTypes = function (mimeTypes) {
            if (!mimeTypes) mimeTypes = ['text/x-drag-and-drop'];
            if (!angular.isArray(mimeTypes)) mimeTypes = [mimeTypes];

            dropContainer.accepts = mimeTypes;
        };
    });
```

mimeTypes 매개변수에 빈 값이 전달된 경우에는 text/x-drag-and-drop이라는 하나의 값을 가진 배열로 초기화한다. 마찬가지로, 같은 매개변수가 배열이 아닌 경우에는 해당 변수를 배열로 변환한다. 그런 후 이 변수의 값을 나중에도 활용할 수 있도록 컨트롤러에 등록한다.

```
// client/src/angello/storyboard/directives/DragAndDrop.js
angular.module('Angello.Storyboard')
    .controller('DropContainerController', function ($dragging) {

        //...

        dropContainer.updateDragTarget = function (e, skipUpdateTarget) {
```

```
        if (e.originalEvent) e = e.originalEvent;

    var activeTarget = null;
    var activeAnchor = null;
    var minDistanceSq = Number.MAX_VALUE;

    var prevAnchor = dropContainer.activeAnchor;
    var prevTarget = dropContainer.activeTarget;

    if (!skipUpdateTarget) {
        angular.forEach(targets, function (dropTarget, anchor) {
            var width = dropContainer.el[0].offsetWidth;
            var height = dropContainer.el[0].offsetHeight;
            var anchorX = width / 2;
            var anchorY = height / 2;

            if (anchor.indexOf('left') >= 0) anchorX = 0;
            if (anchor.indexOf('top') >= 0) anchorY = 0;
            if (anchor.indexOf('right') >= 0) anchorX = width;
            if (anchor.indexOf('bottom') >= 0) anchorY = height;

            var distanceSq = Math.pow(anchorX - e.offsetX, 2)
                           + Math.pow(anchorY - e.offsetY, 2);

            if (distanceSq < minDistanceSq) {
                activeAnchor = anchor;
                activeTarget = dropTarget;
                minDistanceSq = distanceSq;
            }
        });
    }

    dropContainer.activeAnchor = activeAnchor;
    dropContainer.activeTarget = activeTarget;

    var eventData = {
        $event: e,
        data: $dragging.getData(),
        anchor: activeAnchor,
        target: activeTarget,
        prevAnchor: prevAnchor,
        prevTarget: prevTarget
    };

    if (prevTarget !== activeTarget) {
        if (prevTarget) {
            dropContainer.el.
            ➥ removeClass('drop-container-active-' + prevAnchor);
            prevTarget.handleDragLeave(eventData);
        }
```

```
            if (activeTarget) {
                dropContainer.el.
            ➥   addClass('drop-container-active-' + activeAnchor);
                activeTarget.handleDragEnter(eventData);
            }
        }

        return eventData;
    };
});
```

자, 이제 재미있는 부분에 접어든다. 먼저, e.originalEvent 속성값을 e 변수에 대입한다. 그런 후에 activeTarget 변수와 activeAnchor 변수를 생성하고 null 값으로 초기화한 다음, minDistanceSq 변수를 생성하고 Number.MAX_VALUE 값을 대입한다. Number.MAX_VALUE 속성은 '자바스크립트에서 표현할 수 있는 가장 큰 숫자'를 의미한다(자세한 내용은 https://developer.mozilla.org 참조). 사실, 이 값은 가능한 한 큰 값의 범위를 허용하기 위해 사용한 것이므로 그냥 '엄청 큰 숫자'의 의미로 사용한 것이라고 이해하면 된다.

그 다음 코드를 보면 추가로 prevAnchor와 prevTarget이라는 두 개의 변수를 선언한다. 이 두 변수는 dropContainer.activeAnchor 속성과 dropContainer.activeTarget 속성에 대한 참조를 저장하기 위한 변수다.

경우에 따라서는 drop-target 인스턴스들을 변경할 필요가 없을 수도 있다. 그러나 이 인스턴스들을 변경해야 하는 경우라면 각 인스턴스들에 대해 루프를 돌면서 여분의 작업을 수행해야 한다. 여분의 작업이란, 현재 요소의 너비와 높이를 가져와 저장한 후에 결합할 지점을 찾기 위해 두 값을 2로 나눈 값을 찾는 것을 말한다. 이 두 개의 결합 지점(anchor point)은 초기화 단계를 거치면서 drop-container 디렉티브가 정의된 요소의 '가운데'로 초기화된다. 따라서 anchor 매개변수의 키워드들을 확인하여 결합 지점을 적절히 수정한다.

이후에는 수학에 대한 개념이 약간 필요하다. 이 예제에서는 피타고라스의 정리(Pythagorean Theroem)을 활용하고 있다. 즉, anchorX로부터 e.offsetX 속성값을 빼서 anchorX로부터 마우스 포인터까지의 거리를 구하고, 같은 방식으로 anchorY에서 e.offsetY 속성값을 빼서 anchorY로부터 마우스 포인터까지의 거리를 구한다. 그런 다음, 구해진 두 값을 제곱한 후 결괏값을 합한다. 이 과정을 통해 얻어진 결괏값은 두 결합 지점의 위치로부터 마우스 포인터까지의 거리의 제곱이다. 다음으로, 구해진 거리가 minDistanceSq 변수의 값보다 작다면 현재 결합 지점과 결합 대상을 저장한 후 minDistanceSq 변숫값을 조금 전에 계산한 distanceSq 변수의 값으로 교체한다. 그런 다음, 컨트롤러의 activeAnchor 속성과 activeTarget 속성값을 갱신한다.

다음으로, eventData 객체를 정의하고 현재 발생한 이벤트와 $dragging 서비스로부터 얻을 수 있는 데이터, 현재 결합 지점, 현재 결합 대상, 이전 결합 지점, 이전 결합 대상을 eventData 객체의 속성에 대입한다.

이제 이전 결합 대상과 현재 결합 대상을 비교하여 이 두 객체가 서로 다르고 이전 결합 대상이 존재한다면, 클래스를 제거하고 이전 결합 대상의 handleDragLeave 메서드를 호출하고 새로 구성한 eventData 객체를 매개변수로 전달한다. 그리고 현재 결합 대상에는 적절한 클래스를 추가한 후에 handleDragEnter 메서드를 호출하면서 eventData 객체를 매개변수로 전달한다. 그리고 마지막으로 eventData 객체를 리턴하면 된다!

```javascript
// client/src/angello/storyboard/directives/DragAndDrop.js
angular.module('Angello.Storyboard')
    .controller('DropContainerController', function ($dragging) {

        //...

        dropContainer.handleDragEnter = function (e) {
            if (e.originalEvent) e = e.originalEvent;

            if (!dropContainer.accepts
                || dropContainer.accepts.indexOf($dragging.getType()) >= 0) {
                e.preventDefault();
            } else {
                return;
            }

            var eventData = dropContainer.updateDragTarget(e);

            dropContainer.el.children().css({'pointer-events': 'none'});
            dropContainer.el.addClass('drop-container-active');

            if (dropContainer.callbacks.onDragEnter) {
                dropContainer.callbacks.onDragEnter(dropContainer.scope, eventData);
            }
        };
    });
```

우선, 다른 예제 코드와 마찬가지로 e 변수에 최초 발생한 이벤트를 대입한다. 만약 컨트롤러의 accepts 속성이 정의되지 않았거나 현재 사용 중인 $dragging 서비스의 타입이 accepts 배열에 포함되어 있지 않다면, 기본 DOM 동작을 취소하고 메서드의 나머지 부분을 실행하게 한다. 우리가 원하는 기능을 구현하려면 DOM의 기본 동작을 반드시 취소해야 한다. 그렇지 않으면 drop-container 디렉티브가 dragenter 이벤트에 반응하지 못하게 된다.

이제 updateDragTarget 메서드를 호출하고 매개변수로 현재 이벤트를 전달한 후에 메서드의 리턴값을 eventData 변수에 대입한다. 또한, drop-container 디렉티브가 선언된 요소의 모든 자식 요소에서 pointer-events CSS 속성을 제거한 후, 디렉티브가 선언된 요소에는 새로운 클래스를 추가한다.

마지막으로, 콜백 함수가 등록되어 있으면 이 콜백 함수를 호출하고 매개변수로는 현재 스코프 객체와 evnetData 객체를 전달한다.

```javascript
// client/src/angello/storyboard/directives/DragAndDrop.js
angular.module('Angello.Storyboard')
    .controller('DropContainerController', function ($dragging) {

        //...

        dropContainer.handleDragOver = function (e) {
            if (e.originalEvent) e = e.originalEvent;

            if (!dropContainer.accepts
                || dropContainer.accepts.indexOf($dragging.getType()) >= 0) {
                e.preventDefault();
            } else {
                return;
            }

            var eventData = dropContainer.updateDragTarget(e);

            if (eventData.target) {
                eventData.target.handleDragOver(eventData);
            }

            if (dropContainer.callbacks.onDragOver) {
                dropContainer.callbacks.onDragOver(dropContainer.scope, eventData);
            }
        };
    });
```

다시 한 번, 최초에 발생한 이벤트 객체를 e 변수에 보관하고 나서 컨트롤러의 accepts 배열에 올바른 MIME 타입이 저장되어 있으면 updateDragTarget 메서드를 호출하여 이벤트 데이터를 얻어낸다. 리턴된 eventData 객체가 target 속성에 값을 가지고 있으면 target 속성의

handleDragOver 메서드(DropTargetController 컨트롤러에 정의된 handleDragOver 메서드다)를 호출한다. 그런 다음, 컨트롤러에 onDragOver 콜백이 정의되어 있으면 이 콜백 함수를 호출하고 현재 스코프 객체와 eventData 객체를 매개변수로 전달한다.

```javascript
// client/src/angello/storyboard/directives/DragAndDrop.js
angular.module('Angello.Storyboard')
    .controller('DropContainerController', function ($dragging) {

        //...

        dropContainer.handleDragLeave = function (e) {
            if (e.originalEvent) e = e.originalEvent;

            var eventData = dropContainer.updateDragTarget(e, true);

            dropContainer.el.children().css({'pointer-events': null});
            dropContainer.el.removeClass('drop-container-active');

            if (dropContainer.callbacks.onDragLeave) {
                dropContainer.callbacks.onDragLeave(dropContainer.scope, eventData);
            }
        };
    });
```

이제는 어느 정도 패턴을 파악했을 것이다. 앞의 예제와 비교하여 이번 예제의 유일한 차이점은 drop-container 디렉티브가 선언된 요소의 모든 자식 요소의 pointer-events CSS 속성에 null 값을 지정하고 디렉티브가 선언된 요소에서 클래스를 제거했다는 것이다.

```javascript
// client/src/angello/storyboard/directives/DragAndDrop.js
angular.module('Angello.Storyboard')
    .controller('DropContainerController', function ($dragging) {

        //...

        dropContainer.handleDragEnd = function (e) {

            dropContainer.el.children().css({'pointer-events': null});
            dropContainer.el.removeClass('drop-container-active');
        };
    });
```

여기서도 마찬가지로, 디렉티브가 선언된 요소의 모든 자식 요소의 pointer-events CSS 특성에 null 값을 대입하고 디렉티브가 선언된 요소에서 클래스를 제거한다.

```
// client/src/angello/storyboard/directives/DragAndDrop.js
angular.module('Angello.Storyboard')
    .controller('DropContainerController', function ($dragging) {

        //...

        dropContainer.handleDrop = function (e) {
            if (e.originalEvent) e = e.originalEvent;

            if (!dropContainer.accepts
                || dropContainer.accepts.indexOf($dragging.getType()) >= 0) {
                e.preventDefault();
            } else {
                return;
            }

            var eventData = dropContainer.updateDragTarget(e);

            if (eventData.target) {
                eventData.target.handleDrop(eventData);
            }

            if (dropContainer.callbacks.onDrop) {
                dropContainer.callbacks.onDrop(dropContainer.scope, eventData);
            }

            dropContainer.handleDragEnd(e);
        };
    });
```

handleDrop 메서드는 handleDragOver 메서드와 거의 동일하다. 바뀐 부분만 설명하면, eventData.taget 속성의 객체가 제공하는 handleDrop 메서드를 호출하고 컨트롤러에 정의된 콜백 함수 중 onDrop 콜백을 호출한다. 그리고 마지막으로 handleDragEnd 메서드를 호출하면 된다.

5.3.7 drop-target 디렉티브 구현하기

drop-container 디렉티브는 drop-target 디렉티브를 중첩해서 사용함으로써 drag-container 디렉티브가 drop-container 디렉티브에 드롭될 때 이를 처리할 영역을 drop-target 디렉티브에 분산시킨다. drop-target 디렉티브를 구현한 코드는 다음과 같다.

```
// client/src/angello/storyboard/directives/DragAndDrop.js
angular.module('Angello.Storyboard')
```

```
.directive('dropTarget', function ($parse) {
    return {
        restrict: 'A',
        require: ['^dropContainer', 'dropTarget'],
        controller: 'DropTargetController',
        controllerAs: 'dropTarget',
        link: function ($scope, $element, $attrs, ctrls) {
            var dropContainer = ctrls[0];
            var dropTarget = ctrls[1];
            var anchor = $attrs.dropTarget || 'center';
            var destroy = dropContainer.removeDropTarget.bind(
   ➡        dropContainer, anchor);

            $element.addClass('drop-target drop-target-' + anchor);

            dropTarget.init($element, $scope, {
                onDragEnter: $parse($attrs.onDragEnter),
                onDragOver: $parse($attrs.onDragOver),
                onDragLeave: $parse($attrs.onDragLeave),
                onDrop: $parse($attrs.onDrop)
            });

            dropContainer.addDropTarget(anchor, dropTarget);

            $scope.$on('$destroy', destroy);
        }
    };
})

.controller('DropTargetController', function () {
});
```

코드에서 알 수 있듯이, 이 디렉티브는 다른 디렉티브들과는 조금 다르다. 우선, DDO 객체에 require 특성을 추가하고 drop-target 디렉티브의 기능을 구현한 디렉티브의 배열을 값으로 대입하고 있다. dropContainer 이름 앞의 ^ 기호는 디렉티브의 부모 객체를 컨트롤러로 활용하겠다는 것을 의미한다. 또한, dropTarget 디렉티브 역시 필수 의존 객체로 등록해야 한다. 그 다음에는 link 함수에 ctrls라는 이름으로 네 번째 매개변수를 추가한다. 이 매개변수는 앞서 정의한 두 개의 컨트롤러를 가진 배열이며, 이 두 컨트롤러는 link 함수 내에서 각각 ctrls[0]과 ctrls[1] 형태로 접근하여 사용할 수 있다.

link 함수에서 처음 두 줄의 코드는 ctrls 매개변수를 통해 전달된 컨트롤러들을 함수 내에서 편하게 사용할 수 있도록 지역 변수에 대입하는 코드다. 그런 다음, anchor 변수에 dropTarget 특성의 값을 설정하고, 만일 이 값이 빈 값이면 center 값을 기본값으로 사용한다. 그 다음에는 dropContainer 컨트롤러의 removeDropTarget 메서드를 가져와 destroy라는 변수에 대입한다. 이때 bind 함수의 두 번째 매개변수는 bind 함수를 호출했을 때 다른 매개변수와 함께 전달될 인수를 전달하기 위한 매개변수다. 예를 들어, destory 함수를 destroy(x, y)와 같이 호출했다면 이 메서드는 실제로는 destory(anchor, x, y)와 같이 호출된다.

전체적으로 이 코드가 수행하는 일은 어떤 디렉티브를 다른 디렉티브와 함께 등록하기 위한 표준적인 절차라고 할 수 있는 일이다. 중요한 것은 drop-container 디렉티브는 drop-target 디렉티브에 접근할 수 있도록 설정되어 있다. 그 이유는 drop-container 디렉티브의 updateDropTarget 메서드가 자신의 기능을 drop-target 디렉티브를 통해 실행하기 때문이다.

다음으로, 드롭 대상 영역에 적절한 CSS 스타일을 추가하기 위해 클래스를 추가한다.

그런 후 dropTarget 컨트롤러의 init 메서드를 세 개의 매개변수와 함께 호출한다. 이 세 개의 매개변수는 각각 디렉티브가 선언된 DOM 요소를 jQuery 함수로 둘러싼 객체, 링크 함수에 적용된 스코프 객체, 그리고 컨트롤러에 정의된 콜백 함수의 목록 등으로 이루어져 있다.

마지막 두 가지 작업은 DropContainerCtrl 컨트롤러의 addDropTarget 메서드를 호출하고 anchor 변수(또는 dropTarget 디렉티브의 위칫값)와 drop-taget 디렉티브의 인스턴스를 매개변수로 전달하는 것이다. 마지막으로, $scope 객체의 $destroy 이벤트가 발생하면 우리가 작성한 destroy 함수를 호출하는 이벤트 리스너를 등록한다. destroy 메서드를 정의할 때 이미 인수를 바인딩해두었으므로 destory()와 같이 호출하면 실제로는 destroy(anchor)와 같이 호출될 것이다.

5.3.8 drop-target 디렉티브의 활용

이제 drop-target 디렉티브를 구성할 HTML 코드를 살펴보도록 하자.

```html
<!-- client/src/angello/storyboard/tmpl/storyboard.html -->
<li userstory
    ng-repeat="story in storyboard.stories | filter: {status:status.name}"
    drag-container="story" mime-type="application/x-angello-status"
    drop-container="" accepts="['application/x-angello-status']"
    class="story my-repeat-animation"
    ng-click="storyboard.setCurrentStory(story)">
<div drop-target="top"
    on-drag-enter="storyboard.insertAdjacent(story, data, true)"
    on-drop="storyboard.finalizeDrop(data)"></div>
<div drop-target="bottom"
    on-drag-enter="storyboard.insertAdjacent(story, data, false)"
```

```
    on-drop="storyboard.finalizeDrop(data)"></div>
    <!-- ... -->
</li>
```

HTML 코드 중간중간에 drop-target 디렉티브를 정의하고 위칫값을 'top' 또는 'bottom' 등으로 지정한 것을 볼 수 있다. 위칫값에 'top'을 지정한 디렉티브에 스토리를 드래그하면 스토리가 위쪽으로 들러붙게 되며, 'bottom' 값이 지정된 디렉티브에는 아래쪽으로 들러붙게 된다. 결합 자체는 insertAdjacent 메서드의 세 번째 매개변수에 의해 결정되며, 이 매개변수에 대해서는 잠시 후에 다시 살펴보기로 하자.

그런 다음, on-drag-enter와 on-drop 등 두 개의 특성을 통해 drag-container 디렉티브가 drop-target 디렉티브의 영역으로 들어올 때, 그리고 drag-container 디렉티브가 drop-target 디렉티브에 드롭될 때 호출될 콜백 함수를 각각 지정한다.

5.3.9 컨트롤러 구현하기

이번에는 컨트롤러를 구현해보자.

```
// client/src/angello/storyboard/directives/DragAndDrop.js
angular.module('Angello.Storyboard')
    .controller('DropTargetController', function () {
        var dropTarget = this;

        dropTarget.init = function (el, scope, callbacks) {
            dropTarget.el = el;
            dropTarget.scope = scope;
            dropTarget.callbacks = callbacks;
        };
    });
```

늘 그랬듯이, this 키워드가 참조하는 값을 dropTarget 변수에 저장하여 컨트롤러의 나머지 코드에서 사용하도록 하자. 그리고 init 메서드는 전달된 요소, 스코프 객체, 그리고 콜백 함수를 매개변수로 받아들여 이 값들을 컨트롤러에 저장해둔다.

```
// client/src/angello/storyboard/directives/DragAndDrop.js
angular.module('Angello.Storyboard')
    .controller('DropTargetController', function () {
```

```
//...
    dropTarget.handleDragEnter = function (eventData) {
        dropTarget.el.addClass('drop-target-active');

        if (dropTarget.callbacks.onDragEnter) {
            dropTarget.callbacks.onDragEnter(dropTarget.scope, eventData);
        }
    };

    dropTarget.handleDragOver = function (eventData) {
        if (dropTarget.callbacks.onDragOver) {
            dropTarget.callbacks.onDragOver(dropTarget.scope, eventData);
        }
    };

    dropTarget.handleDragLeave = function (eventData) {
        dropTarget.el.removeClass('drop-target-active');

        if (dropTarget.callbacks.onDragLeave) {
            dropTarget.callbacks.onDragLeave(dropTarget.scope, eventData);
        }
    };

    dropTarget.handleDrop = function (eventData) {
        if (dropTarget.callbacks.onDrop) {
            dropTarget.callbacks.onDrop(dropTarget.scope, eventData);
        }
    };
});
```

컨트롤러의 나머지 메서드들은 모두 동일한 규칙을 따른다. 즉, 호출할 수 있는 콜백 함수가 정의되어 있으면 해당 함수를 곧바로 실행하는 것이다. 그리고 handleDragEnter 메서드와 handleDragLeave 메서드는 drop-target-active 클래스를 추가하거나 제거하는 역할을 추가로 수행하고 있다.

5.3.10 $dragging 서비스 구현하기

$dragging 서비스는 drag-container 디렉티브와 drop-container 디렉티브의 컨트롤러들이 서로 간에 데이터를 공유할 수 있도록 지원하기 위한 서비스다.

```
// client/src/angello/storyboard/directives/DragAndDrop.js
    angular.module('Angello.Storyboard')
        .factory('$dragging', function () {
```

```
        var data = null;
        var type = null;

        return {
            getData: function () {
                return data;
            },
            getType: function () {
                return type;
            },
            setData: function (newData) {
                data = newData;
                return data;
            },
            setType: function (newType) {
                type = newType;
                return type;
            }
        };
    });
```

이 예제에서는 data와 type이라는 두 개의 변수를 정의하고 각각에 대해 값을 가져오는 API와 값을 설정하는 API들, 즉 getData, getType, setData, 그리고 setType 메서드를 제공하는 객체를 리턴한다. 이 메서드들의 역할은 각각 data 변수의 값을 리턴하는 것, type 변수의 값을 리턴하는 것, data 변수에 값을 설정하고 리턴하는 것, 그리고 type 변수의 값을 설정하고 리턴하는 것 등이다. 여러분이 쉽게 이해할 수 있으리라 생각한다.

5.3.11 StoryboardCtrl 컨트롤러 수정하기

마지막으로 둘러볼 부분은 drop-container/drop-target 디렉티브와 StoryboardCtrl 컨트롤러 사이의 연계 동작이다. 앞서 언급한 두 디렉티브는 on-drag-enter 및 on-drop 특성을 통해 각 디렉티브의 컨트롤러에 정의된 메서드를 호출한다. 그러면 drop-target 디렉티브에 전달되는 insertAdjacent와 finalizeDrop 메서드를 살펴보기로 하자.

```
// client/src/angello/storyboard/controllers/StoryboardController.js
angular.module('Angello.Storyboard')
    .controller('StoryboardCtrl',
        function ($scope, $log, StoriesModel, UsersModel,
                        STORY_STATUSES, STORY_TYPES) {

        //...
```

```
storyboard.insertAdjacent = function (target, story, insertBefore) {
    if (target === story) return;

    var fromIdx = storyboard.stories.indexOf(story);
    var toIdx = storyboard.stories.indexOf(target);

    if (!insertBefore) toIdx++;

    if (fromIdx >= 0 && toIdx >= 0) {
        storyboard.stories.splice(fromIdx, 1);

        if (toIdx >= fromIdx) toIdx--;

        storyboard.stories.splice(toIdx, 0, story);
        story.status = target.status;
    }
};

storyboard.finalizeDrop = function (story) {
    StoriesModel.update(story.id, story)
        .then(function (result) {
            $log.debug('결과', result);
        }, function (reason) {
            $log.debug('오류', reason);
        });
};

storyboard.changeStatus = function (story, status) {
    story.status = status.name;
};

//...
});
```

스토리를 다른 스토리로 드래그할 때마다 해당 drop-target 디렉티브의 on-drag-enter 특성
에 지정된 메서드(예제의 경우, insertAdjacent 메서드)가 호출된다. 이 메서드는 target, story, 그리
고 insertBefore 등 세 개의 매개변수를 전달받아 드롭된 스토리를 적절한 상태 열에 삽입한다
(target과 story 매개변수는 사실 dropContainer.updateDragTarget 메서드에서 생성한 eventData 객체를 통
해 얻어낼 수 있다). 이미 존재하는 스토리 또는 드롭 대상 스토리가 현재 드래그 중인 스토리와
같은 객체가 아니라면, 스토리의 인덱스와 불리언(boolean) 형식인 insertBefore 매개변수를 이
용해서 상태 열의 배열에 스토리 데이터를 추가하기 위한 적절한 위치를 계산한다.

drop-container 디렉티브와 drop-target 디렉티브의 on-drop 특성에 지정된 메서드는 모두 스
토리가 해당 디렉티브에 드롭될 때 호출된다. 이 메서드는 드롭된 스토리 데이터를 매개변수로

전달받아 스토리의 ID를 확인하여 백엔드 시스템의 데이터를 수정[1]한 후 상태가 변경되었음을 알린다.

한 가지 예외적인 상황은 emptystatus 클래스가 지정된 drop-container 디렉티브의 on-drag-enter 특성에 지정된 메서드가 호출되는 경우다. 이 디렉티브는 아직 등록된 스토리가 존재하지 않기 때문에 배열의 어느 위치에 새로 드롭된 스토리를 저장할 것인지를 굳이 판단할 필요가 없다. 즉, 이 경우에는 스토리의 상태만 변경하면 된다.

이것으로 드래그 앤 드롭 기능의 구현을 모두 마친다. 이번 절에서는 상당히 많은 내용을 다루었으므로 지금까지의 내용을 간략히 정리해보자.

- drag-container, drop-container, 그리고 drop-target 등 세 개의 디렉티브를 구현했다.
- DragContainerController와 DropContainerController 컨트롤러가 데이터를 교환할 수 있도록 $dragging이라는 이름의 서비스 객체를 구현했다.
- 자바스크립트의 .bind 메서드를 이용해서 특정 객체를 기준으로 메서드를 호출하는 방법을 학습했다.
- 디렉티브의 특성값이 변경되는지 여부를 모니터링하기 위해 $scope.$watch 메서드와 $attrs.$observe 메서드를 활용했다.
- AngularJS 데이터를 변경할 때는 해당 코드를 $scope.$apply 메서드로 감싸서 AngularJS가 다이제스트 주기를 적절히 실행할 수 있도록 지원했다.
- require 함수를 이용해서 다른 디렉티브에 정의된 컨트롤러를 가져오는 방법과 link 함수 내에서 여러 컨트롤러를 활용하는 방법에 대해 알아보았다.
- drop-container와 drop-target 디렉티브가 StoryboardCtrl 컨트롤러와 상호작용하는 과정을 살펴보았다.

5.4 서드파티 라이브러리 다시 활용하기

지금까지 우리는 jQuery 및 jQuery UI 라이브러리를 이용하여 두 개의 디렉티브를 구현했다. 그 과정에서 재미있는 경험을 하긴 했지만, 이번에는 그보다 조금 더 어려운 주제에 도전해보자.

---

1 **역주** Firebase 또는 몽고DB에 저장된 데이터를 수정한다는 것을 의미한다.

이번에는 Flot 라이브러리를 이용해서 그림 5-4와 같이 사용자 스토리의 통계를 표시하는 기능을 구현할 예정이다.

> **Flot** Flot은 자바스크립트로 구현된 그래프 라이브러리다. 자세한 내용은 http://www.flotcharts.org를 참고하기 바란다.

5.4.1 Flot 설치하기

먼저 애플리케이션에 Flot 라이브러리를 설치해보자. Flot은 핵심 라이브러리 위에 원하는 시각 효과를 위한 플러그인을 추가하는 형태로 구성된다. 우리는 데이터를 카테고리 단위로 나누어 보여줄 것이므로 카테고리 플러그인이 필요하다.

아래와 같이 적절한 파일 참조를 추가해서 애플리케이션이 Flot 라이브러리를 참조하도록 하자.

```
// client/assets/js/boot.js
{ file: 'vendor/flot/jquery.flot.js' },
{ file: 'vendor/flot/jquery.flot.categories.js' },
```

다음으로, 두 가지 과정이 더 필요하다. 이 과정들은 반드시 필요한 과정이기는 하지만 지금까지 살펴본 내용을 토대로 빠르게 훑어볼 수 있다.

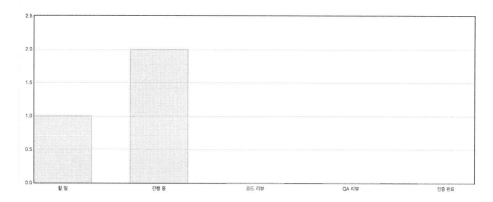

그림 5-4 **Flot 라이브러리를 이용해 구성한 그래프**

5.4.2 디렉티브 구현하기

너무 습관처럼 몰아가는 것은 아닌지 모르겠지만, 이번에 작성할 디렉티브 역시 앞서 작성한 두 개의 디렉티브와 마찬가지로 동일하게 구현할 수 있다. 다음의 코드는 기본적인 뼈대 코드다.

```javascript
// client/src/angello/dashboard/directives/ChartDirective.js
angular.module('Angello.Dashboard')
    .directive('chart',
        function () {
            var linker = function (scope, element, attrs) {
                // 링크 함수 본문을 여기에 작성한다.
            };

            var controller = function($scope) {
                // 컨트롤러 함수 본문을 여기에 작성한다.
            };

            return {
                restrict: 'A',
                link: linker,
                controller: controller
            };
        });
```

5.4.3 디렉티브 활용하기

차트 디렉티브는 두 군데에서 사용할 예정이므로 다음의 코드 역시 두 군데에 삽입해야 한다.

```html
<!-- client/src/angello/dashboard/tmpl/dashboard.html -->
<div class="container chart-wrapper">
    <h3>상태별 사용자 스토리</h3>
    <hr/>
    <div class="chart-container">
        <div chart class="chart-placeholder"></div>
    </div>
    <h3>종류별 사용자 스토리</h3>
    <hr/>
    <div class="chart-container">
        <div chart class="chart-placeholder"></div>
    </div>
</div>
```

5.4.4 데이터 처리하기

이제 디렉티브의 코드는 동작하기 시작한 상태이지만 실질적으로는 아직 아무런 작업을 수행할 수 없다. Flot 라이브러리를 통합할 때 가장 고려해야 할 점은 Flot 라이브러리가 정의하고 있는 구조에 맞추어 데이터를 전달해야 차트가 올바르게 렌더링된다는 점이다.

다음의 코드는 Flot 라이브러리의 예제 코드에서 발췌한 것으로, Flot 라이브러리가 정의한 데이터 구조다.

```
var data = [
  ["1월", 10],
  ["2월", 8],
  ["3월", 4],
  ["4월", 13],
  ["5월", 17],
  ["6월", 9]
];
```

사용자 스토리 데이터를 이 구조에 맞추어 전달하려면 다음의 배열과 같은 데이터 구조를 갖추어야 한다.

```
var data = [
  ["로그", 1],
  ["할 일", 2],
  ["진행 중", 0],
  ["코드 리뷰", 1],
  ["QA 리뷰", 0],
  ["검증 완료", 1],
  ["완료", 1]
];
```

이제 이 데이터 구조를 만들어내는 다소 무거운 유틸리티 함수를 살펴보자. 코드가 다소 길지만 나름 괜찮게 구현된 코드이므로 참을성 있게 살펴보도록 하자.

이제 Flot 라이브러리 맞춤형 데이터 구조를 생성하는 유틸리티 함수를 나누어 살펴보기로 하자. 코드를 살펴보기에 앞서 이 코드가 어떻게 동작하는지를 나누어 설명하는 것이 아마도 이해를 돕는 가장 쉬운 방법일 것이다. 한 마디로 말하면, parseDataForCharts 메서드에게 '배열 A를 대상으로 루프를 수행하면서 속성 A의 값을 가져온 후, 이 값이 존재하면 배열 B에서 속성 B에 같은 값을 가진 아이템이 몇 개인지를 세어봐'라고 지시하는 코드를 작성하려는 것이다.

```
// client/src/angello/dashboard/directives/ChartDirective.js
angular.module('Angello.Dashboard')
    .directive('chart',
        function () {
            var parseDataForCharts = function(sourceArray, sourceProp,
                referenceArray, referenceProp) {

                var data = [];
                referenceArray.each(function (r) {
                    var count = sourceArray.count(function (s) {
                        return s[sourceProp] == r[referenceProp];
                    });
                    data.push([r[referenceProp], count]);
                });
                return data;
            };
            //...
        });
```

이 함수에서 중요한 부분은 두 군데인데, 하나는 referenceArray 배열에 루프를 실행하는 each 메서드이며, 다른 하나는 sourceArray[sourceProp]과 referenceArray[referenceProp] 속성값이 일치하는 아이템의 개수를 세는 count 메서드다. 그런 다음, return 구문이 리턴하는 값을 올바른 형식으로 data 배열에 추가하면 된다. Flot 라이브러리는 [['속성', 숫자]], ['속성', 숫자],...] 형식의 데이터를 필요로 하므로 다음의 코드를 통해 이 형식을 맞는 데이터를 구성한다.

```
data.push([r[referenceProp], count]);
```

바로 이 부분이 이 디렉티브를 작성할 때 의도한 가장 중요한 점이다. 또한, 이제 필요한 형식의 데이터를 갖추었으므로 이 데이터를 나머지 코드와 연동만 하면 된다.

5.4.5 이제는 '격리된 스코프'에 대해 살펴볼 시간

기본적으로 스코프는 그 부모로부터 프로토타입을 상속받으며, 우리는 그동안 자식 스코프를 통해 속성을 참조해왔다. 그러면 AngularJS는 지정된 속성을 찾을 때까지 대상 스코프 및 그 부모 스코프에 대한 탐색을 수행한다. 대부분의 경우 이런 동작은 아무런 문제가 되지 않지만, 간혹 디렉티브의 스코프를 부모 스코프로부터 완전히 격리하여 잠재적인 부작용을 완화시켜야 하는 경우도 있다.

AngularJS는 격리된 스코프(isolated scope)라는 개념을 통해 이를 지원한다. 격리된 스코프는 디렉티브의 스코프 주변에 방어막을 설치하는 것이며, 이때 다른 컴포넌트들과 어떻게 통신할 것인지를 정의하는 것은 온전히 개발자의 몫이다. 격리된 스코프는 기본적으로 디렉티브가 외부와 소통하기 위한 채널을 명확하게 정의할 수 있는 API를 제공한다.

격리된 스코프는 크게 세 가지 종류로 구분한다. 각각 특성이 격리된 스코프(attribute-isolated scope), 바인딩이 격리된 스코프(binding-isolated scope), 표현식이 격리된 스코프(expression-isolated scope)이다. **특성이 격리된 스코프**는 하나의 특성에 바인딩되며, 부모로부터 자식으로의 단방향 통신만 가능하다. 우리가 정의하는 값은 문자열로 해석되며, 따라서 단순한 값을 사용할 때만 적합하다. **바인딩이 격리된 스코프**는 부모와 자식 스코프 사이의 양방향 통신이 가능하다. 또한, 단순한 값뿐만 아니라 컬렉션과 객체도 바인딩할 수 있다. 따라서 바인딩이 격리된 스코프가 가장 일반적으로 활용되며, AngularJS의 내장 디렉티브의 대부분이 이와 같은 종류다. **표현식이 격리된 스코프**는 자식 스코프가 부모 스코프에 정의된 표현식을 실행하도록 허용한다. 일반적이지는 않지만, 자식 스코프가 격리된 스코프 내에 정의된 표현식을 호출하면 부모에 정의된 표현식을 실행하도록 함으로써 애플리케이션의 동작을 동적으로 제어할 수 있다.

> **추가 정보** 지금까지 우리는 격리된 스코프의 일부만을 살펴본 셈이다. 물론, 이 주제에 관해 심도 있게 논의한 자료들도 존재한다. 격리된 스코프에 대한 전반적인 설명과 그 동작 원리에 대한 자세한 내용은 http://onehungrymind.com/infographic-understanding-angularjs-isolated-scope를 참고하기 바란다.

그러면 다음 내용을 진행하기에 앞서서 우리 프로젝트에서 격리된 스코프의 인스턴스를 어떻게 사용하고 있는지 확인해보자.

```js
// client/src/angello/dashboard/directives/ChartDirective.js
angular.module('Angello.Dashboard')
    .directive('chart',
        function () {
            //...
            return {
                restrict: 'A',
                link: linker,
                controller: controller,
                scope: {
                    sourceArray: '=',
                    referenceArray: '='
                }
            };
        });
```

우리는 sourceArray와 referenceArray 배열을 바인딩하여 이 두 배열에 변경 사항이 발생하면 디렉티브 내에서 이를 인지할 수 있도록 구현해야 한다. 반대로, 디렉티브 내에서 배열을 수정하면 디렉티브 외부에도 이 변경 사항을 알려주어야 한다. 이를 위해서는 격리된 스코프 내에 원하는 격리 형식을 표현하는 특별한 문법을 활용해 외부에 노출하고자 하는 속성을 정의해야 한다. 예제의 경우에는 = 표시를 이용해 바인딩이 격리된 스코프를 정의했다.

> **격리된 스코프** 특성이 격리된 스코프는 @ 기호를 이용해 정의하며, 바인딩이 격리된 스코프는 등호 기호(=)를 사용한다. 표현식이 격리된 스코프는 앰퍼샌드(&)를 사용한다. 만일 격리하고자 하는 속성의 이름이 외부에서 사용하는 이름과 같다면 이 기호들 외에 다른 설정은 필요하지 않다. 그리고 어떤 이유로 다른 이름의 속성을 사용하고자 한다면 externalProperty: '=internalProperty'와 같은 형식으로 정의하면 된다.

이제 격리된 스코프를 HTML 내에서 다음과 같이 사용하게 된다.

```html
<!-- client/src/angello/dashboard/tmpl/dashboard.html -->
<div class="container chart-wrapper">
    <h3>상태별 사용자 스토리</h3>
    <hr/>
    <div class="chart-container">
        <div chart class="chart-placeholder"
            source-array="dashboard.stories" source-prop="status"
            reference-array="dashboard.statuses" reference-prop="name">
        </div>
    </div>
    <h3>종류별 사용자 스토리</h3>
    <hr/>
    <div class="chart-container">
        <div chart class="chart-placeholder"
            source-array="dashboard.stories" source-prop="type"
            reference-array="dashboard.types" reference-prop="name">
        </div>
    </div>
</div>
```

이제 외부에서 source-array 특성에 어떤 배열도 전달이 가능하며, 디렉티브는 내부적으로 이 배열을 sourceArray라는 이름으로 참조하게 된다.

> **카멜 케이스(Camel Case)와 스네이크 케이스(Snake Case)** AngularJS는 자바스크립트의 카멜 케이스를 HTML의 스네이크 케이스로 변환한다. 이 때문에 디렉티브에서 sourceArray로 표기하는 것을 HTML에서는 source-array로 표기하는 것이다.

아마도 디렉티브를 선언한 요소에 source-prop과 reference-prop 특성도 함께 정의했다는 점을 눈치챘을 것이다. 그러나 이 속성들에 대한 격리된 스코프는 아직 정의하지 않았다. 격리된 스코프를 정의하지 않은 디자인상의 이유는, 이 값들은 단 한 번 읽기만 하면 되므로 어느 방향으로든 바인딩을 수행하기 위한 비용을 낭비할 필요가 없기 때문이다. 이 속성값들은 다음 절에서 attrs 배열을 통해 읽어들이게 된다.

5.4.6 최종 마무리: Flot 통합하기

이제 필요한 데이터와의 통신 채널을 모두 확보했으므로 구현을 마무리 지어 보자. Flot 라이브러리와의 실질적인 통합은 다음의 코드를 통해 이루어진다.

```
// client/src/angello/dashboard/directives/chartDirective.js
angular.module('Angello.Dashboard')
    .directive('chart', function () {
        //...
        var linker = function (scope, element, attrs) {
            scope.$watch('sourceArray', function () {
                scope.data = parseDataForCharts(
                    scope.sourceArray,
                    attrs['sourceProp'],
                    scope.referenceArray,
                    attrs['referenceProp']
                );

                if(element.is(':visible')){
                    $.plot(element, [ scope.data ], {
                        series: {
                            bars: {
                                show: true,
                                barWidth: 0.6,
                                align: "center"
                            }
                        },
                        xaxis: {
                            mode: "categories",
                            tickLength: 0
                        }
                    });
                }
            });
        };

        //...
    });
```

가장 먼저 할 일은 parseDataForCharts 메서드를 호출하여 데이터를 파싱하는 일이다. 이때 격리된 스코프의 배열과 attrs 배열에서 읽어들인 속성값을 매개변수로 전달하면 된다. 이 메서드의 리턴값은 스코프 객체의 data 속성에 대입하여 나중에 Flot 차트에 연동할 때 사용한다.

Flot 라이브러리의 특징 중 하나는 라이브러리가 차트를 그리는 요소는 반드시 화면에 보여져야 한다는 점이다. 그렇지 않으면 분명히 오동작을 하게 된다. 그런 이유로 element.is(':visible') 조건식을 이용해서 차트를 그리기에 앞서 요소가 필요한 조건을 만족하고 있는지를 확인한다. 그런 다음, $.plot(element, [scope.data], { }); 코드를 통해 Flot 라이브러리의 인스턴스를 생성한다. 이때 전달되는 매개변수는 차트를 그리게 될 요소와 scope.data 속성, 그리고 적절한 설정 객체 등이다.

> **호기심을 가져보자** 우리는 이 디렉티브를 구현하면서 Flot의 예제 파일에서 발췌한 설정 객체를 사용했고 큰 문제 없이 동작하고 있다. 하지만 약간의 재미를 위해 마우스 통합이나 색상 등 Flot이 지원하는 다른 옵션들도 함께 살펴보기를 권한다.

이쯤에서 지금까지 배운 내용들을 다시 리뷰하는 시간을 가져보자.

- Flot 라이브러리가 필요로 하는 형식의 데이터를 구성하기 위해 배열의 기능을 응용했다.
- 격리된 스코프에 대해 소개하고 그 장점을 설명했다.
- 두 개의 서로 다른 데이터를 시각화하기 위해 Flot 라이브러리를 활용했다.

5.5 디렉티브 테스트하기

디렉티브를 테스트하기 위한 스펙은 실제로는 매우 간단하다. Angular 요소를 생성하고 이 요소를 $rootScope 객체와 함께 컴파일하면 된다. 그러면 userstory 디렉티브를 이용해 테스트를 구현해보자.

먼저, 디렉티브의 스코프를 저장하기 위한 userStory 변수와 Angular 요소를 저장할 element 변수, 그리고 StoriesModel 서비스 객체를 참조할 StoriesModel 변수, 마지막으로 이미 예상했겠지만 루트 스코프 객체를 저장할 $rootScope 변수를 각각 선언한다. 디렉티브는 Angello. User 모듈에 선언되어 있으므로 이 모듈도 로드해야 한다.

```
//client/tests/specs/directives/UserStoryDirective.spec.js
'use strict';

describe('userstory Directive', function () {
    var userStory,
        element,
        StoriesModel,
        $rootScope;

    beforeEach(module('Angello.User'));
});
```

이제 필요한 의존성을 주입해야 한다. beforeEach 메서드를 호출할 때 $q, $compile, $rootScope 및 StoriesModel에 대한 참조들을 주입한다. 이때 전역 $rootScope 객체에 대한 참조를 대입하고 HTML 마크업을 이용해 Angular 요소를 생성한 후에 $rootScope와 함께 요소를 컴파일한다.

이 시점에서 controller-as 구문이 어떻게 동작했는지 기억을 상기시켜 보자. 이 구문은 $scope 객체에 최상위 객체를 생성한다. 따라서 디렉티브에 controllerAs 속성이 정의되어 있으면 컴파일된 요소의 스코프 객체의 메서드를 호출하여 디렉티브의 컨트롤러에 정의된 메서드와 속성을 사용할 수 있다. 그리고 디렉티브의 controllerAs 속성에는 userStory라는 값이 지정되어 있으므로 스코프의 userStory 속성값을 가져와 변수에 대입한다.

그런 다음에는 StoriesModel.destroy 메서드를 감시해야 한다. 사실, 우리는 서비스를 테스트하는 것이 아니므로 이 메서드가 정확히 어떤 일을 하는지는 지금은 중요하지 않다. 따라서 .and.callFake 메서드를 호출해서 StoriesModel.destroy 메서드를 대신해 호출될 모의 함수를 정의한다. 이 모의 함수는 프로미스 객체를 리턴하는 간단한 함수다. 디렉티브 내에서는 StoriesModel.destroy 메서드가 성공적으로 호출되면 storyDeleted 이벤트를 브로드캐스팅한다. 따라서 $rootScope 객체의 $broadcast 메서드도 감시하도록 한다.

```
//client/tests/specs/directives/UserStoryDirective.spec.js
'use strict';

describe('userstory Directive', function () {

    //...

    beforeEach(inject(function($q, $compile, _$rootScope_, _StoriesModel_) {
        $rootScope = _$rootScope_;
```

```
        var directiveMarkup = angular.element('<li userstory></li>');
        element = $compile(directiveMarkup)($rootScope);
        userStory = element.scope().userStory;

        StoriesModel = _StoriesModel_;

        spyOn(StoriesModel, 'destroy').and.callFake(function() {
            var deferred = $q.defer();
            deferred.resolve('data');
            return deferred.promise;
        });

        spyOn($rootScope,'$broadcast').and.callThrough();
    }));
});
```

늘 그랬듯이, 실제 테스트는 훨씬 직관적으로 정의할 수 있다. 디렉티브의 스코프 객체에 정의된 deleteStory 메서드를 호출하고 매개변수로 0이라는 값을 전달한 후, 이 메서드가 실제로 0이라는 값으로 호출되었는지만 확인하면 된다. 그런 다음, $rootScope.$digest() 메서드를 이용해 프로미스 객체를 해석하여 이벤트가 올바르게 브로드캐스트되었는지를 확인하면 된다.

```
//client/tests/specs/directives/UserStoryDirective.spec.js
it('should delete a story', function() {
    userStory.deleteStory('0');
    expect(StoriesModel.destroy).toHaveBeenCalledWith('0');
    $rootScope.$digest();
    expect($rootScope.$broadcast).toHaveBeenCalledWith('storyDeleted');
});
```

bindToController 문법의 활용

우리는 앞서 controller-as 구문의 용법에 대해 알아본 바 있다. 이 과정에서 디렉티브 DDO 객체의 controllerAs 속성과 격리된 스코프 간의 약간의 단절이 존재한다는 것을 알 수 있었다. 두 기능을 동시에 사용하려면 $scope 객체를 감시해서 컨트롤러 내부에 어떤 변화가 발생하는지를 감지한 후 격리된 스코프의 특성이 변경될 때마다 이 속성을 수정해주어야 한다. 하지만 이는 controllerAs 속성의 목적에 완전히 어긋나는 동작이다. Angular 1.3에서는 DDO 객체에 bindToController: true와 같이 속성을 정의해주면 된다. 그러면 격리된 스코프가 업데이트될 때마다 특성값도 알아서 업데이트된다.

5.6 모범 사례

DOM 조작은 반드시 링크 함수 내에서 수행되어야 하며, 주요 로직은 컨트롤러 내에서 수행되어야 한다. Angular와 같은 자바스크립트 프레임워크들의 장점 중 하나는 관심사를 분리(seperation of concerns)할 수 있다는 점이다. 특히, 주요 로직에서 DOM 조작을 분리해낼 수 있다. 우리는 DOM 조작과 관련된 로직은 디렉티브의 link 함수에 구현하고 비즈니스 로직은 디렉티브의 컨트롤러에 구현함으로써 이 장점을 지속적으로 활용할 것을 권한다.

디렉티브를 분류해서 구현하는 접근법을 활용하자. 종종 디렉티브를 이용해 기능을 구현한 후 몇 주가 지나면 디렉티브의 크기가 엄청나게 커지는 일이 발생한다. 이는 우리 코드가 잘못된 것이 아니다. 단지 디렉티브가 너무 많은 일을 한 번에 처리하고 있는 것뿐이다. 이런 현상이 발생한 경우에는 디렉티브를 독립적이며 논리적인 컴포넌트로 분리한 후에 이들을 결합하여 활용할 것을 권한다. 이 방법은 일석이조의 효과를 낳는다. 깔끔하고 유지보수가 쉬운 코드를 작성할 수 있을 뿐만 아니라 애플리케이션의 다른 부분에서도 동일한 컴포넌트를 재사용할 수 있다.

5.7 요약

지금까지 세 개의 디렉티브를 구현해보면서 마지막 결승점을 통과했다. 예시를 통한 설명과 실제로 동작하는 예제를 통해 디렉티브에 대한 전체적인 내용을 다루는 과정에서 독자 여러분이 디렉티브를 더 잘 이해하고 그 강력한 힘을 충분히 만끽했기를 바란다. 이번 장에서 다루었던 내용들을 요약해보자.

- 디렉티브를 이용하면 HTML을 원하는 대로 확장할 수 있다.
- 디렉티브의 정의와 용도에 대해 학습했다.
- 디렉티브는 디렉티브 정의 객체(DDO, Directive Definition Object), 링크 함수, 그리고 컨트롤러 등 세 가지 부분으로 구성된다. 각각의 구성요소의 목적과 활용법 또한 살펴보았다.
- 격리된 스코프에 대해 소개하고 이를 활용해 디렉티브의 기능을 극대화하는 방법을 학습했다.
- DDO에 정의한 디렉티브의 컨트롤러에 다른 컨트롤러를 통합하는 방법과 이 컨트롤러를 디렉티브의 컨트롤러에 주입하는 방법을 알아보았다.

- 디렉티브를 이용하여 드래그 앤 드롭 기능과 멋진 그래프를 표현하기 위해 jQuery 플러그인을 이용한 서드 파티 통합 등 복잡한 기능을 구현해보았다.

애니메이션

이 장에서 학습할 내용

- AngularJS가 애니메이션을 처리하는 방식
- 애니메이션의 이름 규칙에 대한 이해
- 애니메이션의 세 가지 종류
- 안젤로에서 사용하는 애니메이션에 대한 예제

6.1 애니메이션 소개

AngularJS는 원래 엔터프라이즈 CRUD 애플리케이션을 위한 프레임워크를 목표로 만들어졌다. 그러나 새로운 애니메이션 API를 소개하면서 AngularJS는 디자이너와 개발자들이 좋아할 만한 것들을 제공할 수 있는 가능성을 넓히게 되었다.

AngularJS의 가장 강력한 기능은 디렉티브이며, AngularJS의 애니메이션은 기본적으로 클래스를 기반으로 한 디렉티브다. 즉, 디렉티브의 힘을 빌어 마크업에 하나의 클래스를 추가하면 복잡한 애니메이션도 쉽게 적용할 수 있다.

이번 장의 목표는 구체적인 예제를 통해 AngularJS의 애니메이션 관련 이벤트와 이 이벤트에 적용될 이름 규칙, 그리고 AngularJS 내에서 사용 가능한 세 종류의 애니메이션에 대해 설명하는 것이다. 물론, 이를 통해 CSS 애니메이션 또는 자바스크립트 애니메이션에 대해 심도 있게 다루지는 못하겠지만, 독자들의 상상력을 현실화할 수 있는 탄탄한 기반을 다질 수는 있을 것이다.

6.1.1 AngularJS가 애니메이션을 처리하는 방식

AngularJS의 애니메이션은 다섯 가지 이벤트와 클래스에 기반한 이름 규칙만으로 동작하도록 구성되어 있다. 일단, 이벤트와 이름 규칙을 이해하고 나면 AngularJS 애니메이션의 특성보다는 애니메이션 자체에 대한 비중이 더 커진다.

AngularJS를 통해 처리할 수 있는 애니메이션의 종류는 CSS 트랜지션(transition), CSS 애니메이션, 그리고 자바스크립트 애니메이션 등 세 가지다. 각각의 애니메이션은 종류별로 적합한 사용 방법이 존재하므로 이 장의 후반부에서 하나씩 살펴보도록 하자.

사실, AngularJS는 애니메이션 자체는 전혀 수행하지 않는다. 다만, 적절하게 애니메이션을 적용할 수 있는 길을 제공하는 것뿐이다. 애니메이션은 이벤트(event)를 통해 적용할 수 있으며, 사용 가능한 이벤트의 종류는 다섯 가지뿐이다.

애니메이션을 적용할 수 있는 이벤트는 enter, leave, move, addClass 및 removeClass이다(표 6.1을 참조하기 바란다).

표 6.1 AngularJS의 애니메이션을 적용할 수 있는 다섯 가지 이벤트

이벤트	함수	설명
enter	$animate.enter(element, parent, after, callback)	element 객체를 after 매개변수에 지정된 노드의 다음 노드로 추가하거나, 부모 노드에 자식 노드로 추가한 후 해당 요소에 대해 enter 애니메이션을 실행한다.
leave	$animate.leave(element, callback)	지정된 요소에 대해 leave 애니메이션을 실행한 후에 해당 요소를 DOM에서 제거한다.
move	$animate.move(element, parent, after, callback)	element 매개변수에 지정된 요소 노드를 after 매개변수의 노드의 다음 노드로 추가하거나 부모 노드의 자식 노드로 추가한 후, 해당 요소에 대해 move 애니메이션을 실행한다.
addClass	$animate.addClass(element, className, callback)	className 매개변수의 값에 따라 addClass 애니메이션을 실행한 후에 지정된 클래스를 요소에 적용한다.
removeClass	$animate.removeClass(element, className, callback)	removeClass 매개변수의 값에 따라 addClass 애니메이션을 실행한 후에 지정된 클래스를 요소에서 제거한다.

enter와 leave 이벤트는 DOM 요소가 DOM 트리에 추가되거나 제거될 때 발생하는 이벤트다. move 이벤트는 DOM 요소의 위치가 DOM 트리 내에서 변경되는 경우에 발생한다. 끝으로, addClass와 removeClass 이벤트는 요소에 클래스 이름을 적용하거나 해제할 때 발생한다.

6.1.2 애니메이션의 이름 규칙

AngularJS의 애니메이션은 완전히 클래스 기반이다. 덕분에 서드파티 라이브러리와 쉽게 통합할 수 있다. 게다가 자바스크립트 애니메이션 역시 일관성을 위해 클래스 기반 이름 규칙을 동일하게 준수하고 있다.

애니메이션의 이름 규칙은 그림 6.1에서 보듯이 [클래스]-[이벤트]-[상태] 패턴을 따르고 있다. 이 그림을 통해 알 수 있듯이, .mute-add와 .mute-remove를 이용해 애니메이션을 위한 클래스를 추가하거나 제거할 수 있다. 애니메이션은 시작 상태에서 실행되어 활성 상태로 전환이 완료되면, 즉 '지정된 클래스가 요소에 적용되면' 종료된다. 시작 상태는 .mute-add 클래스로 표현하며, 활성화된 상태 또는 완료된 상태는 .mute-add-active 클래스로 표현한다.

.[클래스]-[이벤트]-[상태]
.mute-add
.mute-add-active
.mute-remove
.mute-remove-active

그림 6.1 디렉티브에 적용되는 애니메이션 이름 규칙

만일 애니메이션이 CSS 내에 정의되어 있고 AngularJS의 ng-if나 ng-repeat 등의 디렉티브를 통해 이벤트가 발생했다면, 클래스 이름은 ng-enter나 ng-leave처럼 ng-라는 접두어를 이용해 지정해주어야 한다.

6.1.3 애니메이션 활성화하기

우선, AngularJS 애플리케이션 내에서 어떻게 애니메이션을 활성화하는지에 관해 살펴보기로 하자. AngularJS 애니메이션은 AngularJS 코어 모듈에 포함되어 있지 않다. 따라서 별도의 파일을 페이지에 포함해야 한다. 우리는 자바스크립트 애니메이션 프레임워크인 GreenSock Animation Platform(GSAP)을 사용할 것이다. 또한, GreenSock 라이브러리가 제공해야 할 모든 기능을 포함하고 있는 TweenMax 라이브러리도 필요하다.

```
// client/assets/js/boot.js
{ file:
    '//cdnjs.cloudflare.com/ajax/libs/angular.js/1.3.3/angular-animate.min.js'
},
```

```
{ file:
    '//cdnjs.cloudflare.com/ajax/libs/gsap/latest/TweenMax.min.js'
},
```

GreenSock　　보다 자세한 내용은 http://www.greensock.com/gsap-js/를 참고하기 바란다.

이제 angular-animate.min.js 파일을 추가했으므로 다음과 같이 애플리케이션의 서브 모듈로 추가해주어야 한다.

```
// client/src/angello/Angello.js
var myModule = angular.module('Angello', [
    //...
    'ngAnimate',
    //...
]);
```

이상의 두 단계를 완료하면 애플리케이션 내에 애니메이션을 적용할 준비가 된 것이다.

6.2 CSS 트랜지션

CSS 트랜지션은 가장 구현이 손쉬운 애니메이션 기법이다. 그 이유는 애니메이션의 동작 과정을 CSS로만 정의하므로 잠시 후에 살펴볼 CSS 애니메이션 기법에 비해 표현하기가 간편하기 때문이다.

그러면 my-face라는 이름의 애니메이션을 생성하고 div 요소에 적용하여 div 요소가 ng-if 디렉티브에 의해 DOM에 추가되거나 제거될 때 애니메이션이 실행되는 예제를 구현해보자. 이 애니메이션은 안젤로 애플리케이션이 스토리보드 모드로 실행될 때 오른쪽의 스토리 상세 정보 열이 보여지거나 숨겨질 때 적용할 예정이다(표 6.2 참조).

표 6.2 **애니메이션의 이름 규칙**

이벤트	시작 클래스	완료 클래스	애니메이션을 실행할 디렉티브
enter	.ng-enter	.ng-enter-active	ngRepeat, ngInclude, ngIf, ngView
leave	.ng-leave	.ng-leave-active	ngRepeat, ngInclude, ngIf, ngView
move	.ng-move	.ng-move-active	ngRepeat

6.2.1 기본 트랜지션 구현하기

AngularJS 내에서 CSS 트랜지션을 구성할 때 가장 먼저 해야 할 일은 기본 트랜지션을 구성하는 일이다. 이 애니메이션은 ng-if 디렉티브에 의해 실행되며, 이벤트가 AngularJS의 디렉티브에 의해 발생하기 때문에 클래스 이름을 ng-enter와 ng-leave로 정의해야 한다.

```
/* client/assets/css/animations.css */
.my-fade-animation.ng-enter, .my-fade-animation.ng-leave {
    -webkit-transition: 0.5s linear all;
    -moz-transition: 0.5s linear all;
    -o-transition: 0.5s linear all;
    transition: 0.5s linear all;
}
```

이 코드는 my-face-animation 클래스 하위의 ng-enter와 ng-leave 클래스들이 0.5초에 걸쳐 모든 속성에 대해 선형(linear) 트랜지션을 실행하도록 정의했다.

6.2.2 ng-enter 트랜지션 정의하기

다음으로 해야 할 일은 ng-enter 클래스를 위한 시작 및 완료 상태를 정의하는 것이다. 이 애니메이션은 투명도 0에서 시작하여 투명도를 1까지 높이는 과정을 수행한다. 즉, 요소가 DOM에 추가되면 완전히 투명해서 보이지 않는 상태로 추가된 후, 완전히 불투명해져서 또렷하게 보이는 상태로 전환되는 것이다.

```
/* client/assets/css/animations.css */
.my-fade-animation.ng-enter {
    opacity: 0;
}

.my-fade-animation.ng-enter.ng-enter-active {
    opacity: 1;
}
```

6.2.3 ng-leave 트랜지션 정의하기

이번에는 ng-leave 클래스를 위한 트랜지션을 정의해보자. 이 트랜지션은 ng-enter 클래스에 정의한 트랜지션과는 반대로 동작하여 투명도를 1에서 0으로 전환한다.

```
.my-fade-animation.ng-leave {
    opacity:1;
}

.my-fade-animation.ng-leave-active {
    opacity:0;
}
```

예시를 위해 ng-enter와 ng-leave 클래스를 분리했지만, 원한다면 간단하게 이 둘을 하나로 결합할 수도 있다.

```
.my-fade-animation.ng-enter,
.my-fade-animation.ng-leave.ng-leave-active {
    opacity: 0;
}

.my-fade-animation.ng-leave,
.my-fade-animation.ng-enter.ng-enter-active {
    opacity: 1;
}
```

6.2.4 이동 애니메이션 구현하기

이제 클래스들을 정의했으므로 이 클래스들을 DOM에 적용하면 된다. AngularJS 트랜지션이 애니메이션 기능을 캡슐화하기 위해 기본적으로 클래스에 기반한 디렉티브를 활용한다는 것이 어떤 의미인지를 볼 수 있게 될 것이다.

먼저, 애니메이션이 적용되지 않은 HTML 코드는 다음과 같다.

```
<!-- client/src/angello/storyboard/tmpl/storyboard.html -->
<div class="details">
    <!-- ... -->

    <div ng-if="storyboard.detailsVisible">
        <!-- ... -->
    </div>
</div>
```

그리고 애니메이션이 적용된 HTML 코드는 다음과 같다.

```html
<!-- client/src/angello/storyboard/tmpl/storyboard.html -->
<div class="details">
    <!-- ... -->

    <div ng-if="storyboard.detailsVisible" class="my-fade-animation">
        <!-- ... -->
    </div>
</div>
```

실제로 구현해야 할 코드는 ng-if를 이용해서 이 섹션을 토글(toggle)하는 코드다.

```javascript
// client/src/angello/storyboard/controllers/StoryboardController.js
angular.module('Angello.Storyboard')
    .controller('StoryboardCtrl',
        function ($scope, $log, StoriesModel, UsersModel,
                    STORY_STATUSES, STORY_TYPES) {
            //...
            storyboard.detailsVisible = true;
            //...
            storyboard.setDetailsVisible = function (visible) {
                storyboard.detailsVisible = visible;
            };
        });
```

StoryboardCtrl 컨트롤러에서는 $scope 객체에 ng-if 디렉티브를 바인딩할 detailsVisible이라는 이름의 속성을 추가한다. 또한, visible 매개변수를 통해 detailsVisible 변수에 true나 false 값 중 하나를 설정할 setDetailsVisible 메서드도 추가한다.

HTML 마크업에서는 ng-if="storyboard.detailsVisible" 구문을 통해 detailsVisible 속성을 바인딩한다.

```html
<!-- client/src/angello/storyboard/tmpl/storyboard.html -->
<div class="details">
    <div class="details-nav">
        <div ng-if="!storyboard.detailsVisible">
            <button class="btn pull-left btn-default"
                    ng-click="storyboard.setDetailsVisible(true)">
                <span class="glyphicon glyphicon-arrow-left"></span>
            </button>
        </div>
        <div ng-if="storyboard.detailsVisible">
            <button class="btn pull-right btn-default"
                    ng-click="storyboard.setDetailsVisible(false)">
```

```
            <span class="glyphicon glyphicon-arrow-right"></span>
        </button>
    </div>
</div>

<div ng-if="storyboard.detailsVisible"
    class="my-fade-animation">
    <!-- ... -->
</div>
</div>
```

눈치챘겠지만, detailsVisible 속성값에 의해 토글되는 두 개의 div 태그가 추가로 선언되어 있다. detailsVisible 속성값이 true이면 detailsVisible 속성값을 false로 바꾸는 버튼(코드의 두 번째 버튼)이 보여지고, 그렇지 않으면 그 반대의 버튼(코드의 첫 번째 버튼)이 보여지게 된다.

이것으로 애플리케이션에 CSS 트랜지션을 적용하는 기능을 살펴보았다. 다음 절에서는 CSS 애니메이션에 관해 살펴보기로 하자.

6.3 CSS 애니메이션

지금까지 CSS 트랜지션을 활용한 AngularJS 애니메이션에 대해 알아보았다. 이번에는 CSS 애니메이션을 이용한 다른 종류의 애니메이션에 대해 살펴보도록 하자. CSS 애니메이션은 CSS 트랜지션에 비해 조금 더 긴 코드가 필요하지만 더욱 강력한 기능을 구현힐 수 있다.

이번에는 앞서 구현한 것과 다른 페이드(fade) 애니메이션을 ng-repeat 디렉티브와 함께 적용해볼 예정이다. 표 6.2에서 살펴봤듯이, ng-repeat 디렉티브는 ng-enter, ng-leave 및 ng-move 등 세 개의 이벤트를 정의하고 있으므로 이 이벤트들에 대한 스타일을 정의해야 한다.

6.3.1 기본 애니메이션 클래스 정의하기

가장 먼저 해야 할 일은 기본 애니메이션 클래스를 정의하는 일이다. 다음의 코드를 살펴보자.

```
/* client/assets/css/animations.css */
.my-repeat-animation.ng-enter {
    -webkit-animation: 0.5s repeat-animation-enter;
    -moz-animation: 0.5s repeat-animation-enter;
    -o-animation: 0.5s repeat-animation-enter;
    animation: 0.5s repeat-animation-enter;
```

```
}

.my-repeat-animation.ng-leave {
    -webkit-animation: 0.5s repeat-animation-leave;
    -moz-animation: 0.5s repeat-animation-leave;
    -o-animation: 0.5s repeat-animation-leave;
    animation: 0.5s repeat-animation-leave;
}

.my-repeat-animation.ng-move {
    -webkit-animation: 0.5s repeat-animation-move;
    -moz-animation: 0.5s repeat-animation-move;
    -o-animation: 0.5s repeat-animation-move;
    animation: 0.5s repeat-animation-move;
}
```

먼저, my-repeat-animation이라는 클래스를 정의한 후에 ng-enter, ng-leavel, 그리고 ng-move 애니메이션 클래스를 각각 정의한다. 그런 후 animation 속성을 이용해 0.5초의 실행 시간과 적절한 애니메이션 키프레임을 정의한다.

벤더 접두사(Vendor Prefixes)   CSS 애니메이션을 사용할 경우 더 많은 코드가 필요한 이유는 애니메이션에 대해 브라우저 벤더를 고려해야 하기 때문이다. Sass나 Less 같은 CSS 전처리기를 이용하면 이런 부분을 직접 처리할 필요가 없어 편리하다.

6.3.2 애니메이션 키프레임 정의하기

이제 기본 애니메이션 클래스들을 정의했으므로 나머지는 애니메이션의 시작 상태와 종료 상태를 정의하고 그들 사이의 키프레임을 정의하는 일만 남았다. 또한, CSS 애니메이션을 이용하는 경우에는 CSS 트랜지션을 이용할 때처럼 활성/비활성 규칙을 적용하지 않아도 된다.

지금부터 살펴볼 코드는 상당히 긴 코드이지만 패턴 자체는 매우 단조롭다. ng-enter 애니메이션은 투명도 0에서 시작하여 투명도가 1이 될 때까지 실행되며, ng-leave 애니메이션은 그 반대로 동작한다. 그리고 ng-move 애니메이션은 투명도를 0.5에서 1로 변화시킨다.

```
/* client/assets/css/animations.css */
@keyframes repeat-animation-enter {
    from {
        opacity:0;
    }
    to {
```

```
        opacity:1;
    }
}

@-webkit-keyframes repeat-animation-enter {
    from {
        opacity:0;
    }
    to {
        opacity:1;
    }
}

@-moz-keyframes repeat-animation-enter {
    from {
        opacity:0;
    }
    to {
        opacity:1;
    }
}

@-o-keyframes repeat-animation-enter {
    from {
        opacity:0;
    }
    to {
        opacity:1;
    }
}

@keyframes repeat-animation-leave {
    from {
        opacity:1;
    }
    to {
        opacity:0;
    }
}

@-webkit-keyframes repeat-animation-leave {
    from {
        opacity:1;
    }
    to {
        opacity:0;
    }
}

@-moz-keyframes repeat-animation-leave {
    from {
```

```
        opacity:1;
    }
    to {
        opacity:0;
    }
}

@-o-keyframes repeat-animation-leave {
    from {
        opacity:1;
    }
    to {
        opacity:0;
    }
}

@keyframes repeat-animation-move {
    from {
        opacity:0.5;
    }
    to {
        opacity:1;
    }
}

@-webkit-keyframes repeat-animation-move {
    from {
        opacity:0.5;
    }
    to {
        opacity:1;
    }
}

@-moz-keyframes repeat-animation-move {
    from {
        opacity:0.5;
    }
    to {
        opacity:1;
    }
}

@-o-keyframes repeat-animation-move {
    from {
        opacity:0.5;
    }
    to {
        opacity:1;
    }
}
```

6.3.3 요소에 이동 애니메이션 적용하기

다음의 예제 코드에서는 AngularJS 애니메이션의 이식성(portability)을 보여주기 위해 같은 애니메이션을 두 개의 서로 다른 ng-repeat 디렉티브에 적용했다.

```html
<!-- client/src/angello/storyboard/tmpl/storyboard.html -->
<div class="list-area-animation"
    ng-class="{'list-area-expanded':!storyboard.detailsVisible}">
    <div class="list-wrapper">
        <ul class="list my-repeat-animation"
            ng-repeat="status in storyboard.statuses">
            <h3 class="status">{{status.name}}</h3>
            <hr/>
            <li userstory
                ng-repeat="story in storyboard.stories
                ➥ | filter:{status:status.name}"
                drag-container="story"
                ➥ mime-type="application/x-angello-status"
                drop-container=""
                ➥ accepts="['application/x-angello-status']"
                class="story my-repeat-animation"
                ng-click="storyboard.setCurrentStory(story)">

                <!-- ... -->
            </li>
        </ul>
    </div>
</div>
```

위의 코드에서 보듯이, 새로운 애니메이션은 사용자 스토리를 각각의 상태 열에 추가하기 위한 ul 요소와 사용자 스토리 자체를 반복해서 출력하는 li 요소에 적용하였다.

이번 장을 시작하면서 AngularJS 애니메이션은 몇 개의 이벤트와 이름 규칙으로 구성된다고 설명한 바 있다. 이번 절에서 뭔가 새로운 개념에 관한 설명 없이 CSS 애니메이션 문법 자체에 대해서만 설명했다는 점이 이 사실을 반증하고 있다고 본다. 이제는 이런 애니메이션 요소들이 비교적 익숙하게 느껴지기 시작했을 것이기 때문에 오히려 절의 내용 자체에서 큰 감흥을 느끼지는 못했다.

6.4 자바스크립트 애니메이션

AngularJS 애니메이션 삼총사 중 마지막으로 살펴볼 기법은 자바스크립트 애니메이션이다. 이번 예제에서는 상세 보기 섹션에 애니메이션을 적용하여 보이거나 보이지 않게 토글하는 기능을 구현해볼 것이다. ng-class 디렉티브를 이용해서 details-visible 클래스를 동적으로 요소에 적용하는 것이 이번 예제의 핵심이다.

그림 6.2는 상세 보기 섹션이 화면에 표시된 모습이고, 그림 6.3은 숨겨진 상태의 모습이다.

자바스크립트를 이용한 애니메이션을 구현하기 위해서는 원하는 어떤 라이브러리를 사용해도 무방하지만, 이번 예제에서는 GreenSock Animation Platform의 일부인 TweenMax 라이브러리를 사용한다. TweenMax 라이브러리는 엄청나게 강력하고 풍부한 기능을 제공하는 애니메이션 라이브러리로, 데스크톱 브라우저와 모바일 브라우저 모두를 지원한다.

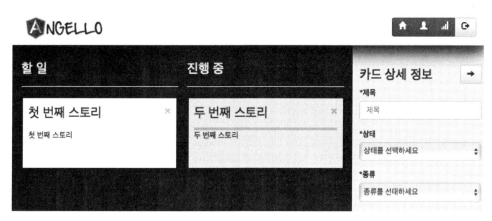

그림 6.2 **상세 보기가 표시된 상태**

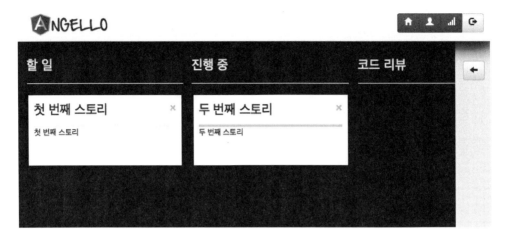

그림 6.3 상세 보기가 숨겨진 상태

6.4.1 자바스크립트 애니메이션 정의하기

자바스크립트 애니메이션은 animation 서비스를 이용해 정의한다.

```
// client/src/angello/app/animations/DetailsAnimation.js
angular.module('Angello.Common')
    .animation('.details-animation',
        function () {
            //...
        });
```

애니메이션을 정의하는 방법은 AngularJS의 서비스나 컨트롤러를 정의하는 방법과 유사하다. 단, 한 가지 차이점은 애니메이션은 클래스를 바탕으로 동작하기 때문에 details-animation 대신 .details-animation이라는 이름을 사용하게 된다는 점이다.

6.4.2 자바스크립트 애니메이션 이벤트

이제 애니메이션을 정의했으므로 애니메이션 이벤트를 처리하기 위한 설정이 필요하다. 예제의 경우 애니메이션이 ng-class 디렉티브를 통해 호출되므로 addClass와 removeClass 이벤트를 리스닝해야 한다.

```
// client/src/angello/app/animations/DetailsAnimation.js
angular.module('Angello.Common')
    .animation('.details-animation',
        function () {
            return {
                addClass: function (element, className, done) {
                    //...
                },
                removeClass: function (element, className, done) {
                    //...
                }
            };
        });
```

이벤트 핸들러는 리턴되는 객체에 인라인 함수로 정의되어 있다. 각 이벤트 핸들러에는 element, className, 그리고 done 등 세 개의 매개변수가 정의되어 있다. element 매개변수에는 이벤트가 발생한 DOM 요소가 전달되며, className 매개변수는 이벤트가 발생한 요소에 적용된 클래스 이름이 전달된다. 마지막으로, done 매개변수에는 애니메이션 실행이 완료될 때 호출될 콜백 함수에 관한 참조가 전달된다.

6.4.3 자바스크립트 애니메이션 클래스

요소에 하나 이상의 애니메이션을 정의하는 것이 가능하다. 따라서 다음의 코드와 같이 이벤트가 발생한 클래스가 우리가 정의한 클래스인 경우에만 애니메이션이 동작하도록 하기 위해서는 약간의 로직이 필요하다.

```
// client/src/angello/app/animations/DetailsAnimation.js
angular.module('Angello.Common')
    .animation('.details-animation',
        function () {
            return {
                addClass: function (element, className, done) {
                    if (className == 'details-visible') {
                        //...
                    }
                    else {
                        done();
                    }
                },
                removeClass: function (element, className, done) {
                    if (className == 'details-visible') {
                        //...
```

```
                }
                else {
                    done();
                }
            }
        };
    });
```

예제에서 보듯이, className 매개변수의 값이 details-visible인 경우에는 애니메이션을 실행하고, 그렇지 않은 경우에는 done 콜백 함수를 호출하면 된다.

6.4.4 TweenMax 라이브러리

이제 details-visible 클래스를 처리하는 방법을 알았으므로 TweenMax 라이브러리를 이용하여 실제로 애니메이션을 구현해보도록 하자.

```
// client/src/angello/app/animations/DetailsAnimation.js
angular.module('Angello.Common')
    .animation('.details-animation',
        function () {
            return {
                addClass: function (element, className, done) {
                    if (className == 'details-visible') {
                        TweenMax.to(element, 0.5, {right: 0, onComplete: done });
                    }
                    else {
                        done();
                    }
                },
                removeClass: function (element, className, done) {
                    if (className == 'details-visible') {
                        TweenMax.to(element, 0.5, {
                            right: -element.width() + 50,
                            onComplete: done
                        });
                    }
                    else {
                        done();
                    }
                }
            };
        });
```

details-visible 클래스가 추가되면 TweenMax 라이브러리를 이용하여 요소가 오른쪽 0픽셀의 절대 좌표로부터 애니메이션을 실행하도록 한다. details-visible 클래스가 제거되는 경우에는 right 속성에 element.width() 메서드가 리턴하는 값의 음수 값에 50을 더한 값을 이용하여 요소를 화면 바깥으로 숨기되, 보이기 버튼은 화면에 남아있도록 한다.

6.4.5 애니메이션을 실제로 적용하기

상세 보기 애니메이션이 실제로 동작하기 위한 마지막 절차는 details-visible 클래스를 토글할 수 있도록 DOM에 ng-class 디렉티브를 적용하는 것이다.

다음의 코드는 앞서 우리가 사용했던 것과 같은 코드이지만, 바깥쪽의 div 요소에 약간의 내용이 추가되었다. 이 요소의 클래스에 details-animation 특성을 적용하여 애니메이션을 DOM에 적용했다. 그리고 ng-class="{'details-visible':storyboard.detailsVisible}" 코드를 이용하여 details-visible 클래스가 동적으로 요소에 추가되거나 제거되도록 했다.

```html
<!-- client/src/angello/storyboard/tmpl/storyboard.html -->
<div class="details details-animation"
    ng-class="{'details-visible':storyboard.detailsVisible}">
    <div class="details-nav">
        <div ng-if="!storyboard.detailsVisible">
            <button class="btn pull-left btn-default"
                    ng-click="storyboard.setDetailsVisible(true)">
                <span class="glyphicon glyphicon-arrow-left"></span>
            </button>
        </div>
        <div ng-if="storyboard.detailsVisible">
            <button class="btn pull-right btn-default"
                    ng-click="storyboard.setDetailsVisible(false)">
                <span class="glyphicon glyphicon-arrow-right"></span>
            </button>
        </div>
    </div>

    <div ng-if="storyboard.detailsVisible" class="my-fade-animation">
    <!-- ... -->
    </div>
</div>
```

결과적으로 이 애니메이션은 우리가 정의한 CSS 트랜지션 애니메이션과 함께 동작하므로 상세 보기 요소가 화면의 바깥으로 사라질때는 페이드 아웃(fade-out) 효과가 적용되며, 화면 안쪽에 나타날 때는 페이드 인(fade-in) 효과가 적용된다.

애니메이션의 수동 실행 $animation 서비스를 이용하면 필요할 때 애니메이션을 수동으로 실행할 수도 있다. 자세한 내용은 http://docs.angularjs.org/api/ngAnimate.$animate 를 참고하기 바란다.

6.5 테스트

애니메이션은 애플리케이션의 기능이라기보다는 시각적인 측면이 강한 부분이므로 애니메이션에 대해서는 대체로 단위 테스트를 작성하지 않는 편이다. 그러나 애니메이션을 테스트 해보고 싶다면 http://www.yearofmoo.com/2013/08/remastered-animation-in-angularjs-1-2. html#testing-animations를 살펴보기 바란다.

전체 페이지 애니메이션

전환 효과를 페이지 전체에 적용하는 가장 간단한 방법은 ng-view 디렉티브가 적용된 요소에 애니메이션 클래스를 지정하는 방법이다. 안젤로의 경우는 index.html 파일에서 <div ng-view=""></div> 요소를 찾아 class="my-fade-animation" 특성을 추가하면 각 라우트를 이동할 때마다 페이드 인 및 페이드 아웃 효과가 적용된다.

6.6 모범 사례

AngularJS 애니메이션에서 사용되는 이름 규칙은 외워두도록 하자. 어쩌면 애니메이션에 심취해서 끝내주는 애니메이션을 뚝딱 적용할 수 있게 될지도 모른다.

가능하다면 CSS 트랜지션/애니메이션을 사용하자. 우리 필자들은 간단한 시각적 효과를 위해서는 CSS 트랜지션과 애니메이션을 사용하는 것을 선호한다. 자바스크립트를 사용하는 경우는 여러 개의 애니메이션을 적용하거나 복잡한 전환 효과가 필요한 경우에만 사용한다. 이렇게 하면 스타일은 CSS 파일에 유지하고 자바스크립트는 비즈니스 로직에 집중하는 구성을 유지할 수 있다.

6.7 요약

이번 장을 통해 사용할 수 있는 도구 세 가지가 더 늘었다. 모쪼록 AngularJS 애니메이션에 적용된 이벤트와 이름 규칙을 어려움 없이 이해할 수 있었기를 바란다. 시간이 흐르면서 AngularJS가 기능적인 것을 구현하는 데 있어서는 더할 나위 없는 프레임워크라는 점은 충분히 입증되었다. 여기에 애니메이션이 더해지면서 CSS와 자바스크립트만으로 상상할 수 있는 모든 종류의 애니메이션을 매우 편리한 API를 이용해 구현할 수 있게 되었다. 이 장에서 학습했던 내용들을 간단히 살펴보도록 하자.

- AngularJS에서는 enter, leave, move, addClass 및 removeClass 등의 이벤트에 애니메이션을 적용할 수 있다.
- 어떤 디렉티브가 어떤 이벤트를 발생시키는지 알아보았다.
- 애니메이션에 적용되는 이름 규칙에 대해 살펴보았다.
- CSS 트랜지션, CSS 애니메이션, 그리고 자바스크립트 애니메이션을 구현하는 예제를 살펴보았다.
- TweenMax 라이브러리와 AngularJS를 통합하는 방법을 간략한 예제를 통해 학습했다.

7

라우트로 웹사이트 구성하기

이 장에서 학습할 내용

- AngularJS 라우팅 구성 요소
- 라우트 생성하기
- 라우트 매개변수
- 라우트 내에서 의존성 생성 및 해석하기
- 라우트 이벤트

사용자 관리나 사용자 스토리 관리, 그리고 데이터의 시각화 등 기능적인 측면에서 안젤로의 복잡도가 증가하기 시작했다. 그렇다면 사용자를 표시해야 할 때와 사용자 스토리를 표시해야 할 때를 어떻게 구분할 수 있을까? 아마 가능한 모든 경우의 수를 고려해서 이를 처리하려면 꽤나 복잡한 코드가 필요할 것이다.

모든 웹 애플리케이션은 URL을 가지고 있으므로 이를 잘 활용하면 애플리케이션의 상태를 정의할 수 있다. 즉, 실제 사용자가 보고자 하는 애플리케이션의 특정 영역을 URL로 표현할 수 있다. 이런 기법을 **URL 라우팅**(routing)이라고 하며, AngularJS는 URL 라우팅을 구현하기 위한 **ngRoute** 서브 모듈을 제공한다. 라우트를 이용하면 애플리케이션의 URL을 기준으로 어떤 내용을 보이고 숨길 것인지를 현명하게 결정할 수 있다. 이 장의 나머지 부분에서는 AngularJS 내에서 라우팅을 정의하는 방법과 안젤로에서 라우팅을 활용하는 방법에 대해 살펴보기로 하자.

7.1 AngularJS 라우팅 구성 요소

AngularJS의 라우팅은 URL 라우트를 이용해 애플리케이션의 상태를 제어하기 위한 네 가지 컴포넌트로 구성된다. 그림 7.1과 표 7.1을 통해 어떤 구성 요소들이 정의되어 있으며, 이들이 어떻게 연결되어 동작하는지를 파악할 수 있다.

표 7.1 **ngRoute 구성 요소**

컴포넌트	역할
$routeProvider	라우트의 설정을 담당한다.
$route	URL의 변경을 감지하여 ng-view 인스턴스를 제어한다.
ng-view	현재 라우트를 처리할 컨트롤러와 뷰를 생성하고 제어한다.
$routeParams	URL 매개변수를 해석하고 컨트롤러에 전달한다.

이 컴포넌트들이 어떻게 서로 연계되어 동작하는지는 잠시 후에 살펴보겠지만, 일단은 특정 사용자에게 할당된 사용자 스토리의 목록을 보고자 하는 경우를 생각해보자. 이 경우는 $routeProvider 객체를 이용해서 $route 서비스가 /users/123과 같이 사용자를 특정하는 URL을 인지하도록 구성해야 한다. 여기서 123은 사용자의 ID다. $route 서비스가 라우트를 인지하면 ng-view를 이용하여 사용자의 스토리 목록을 보여줄 적절한 컨트롤러와 뷰를 생성한다. 컨트롤러는 자신에게 주입된 $routeParams 서비스를 통해 URL에서 사용자 ID를 획득하여 필요한 작업을 수행할 수 있게 된다.

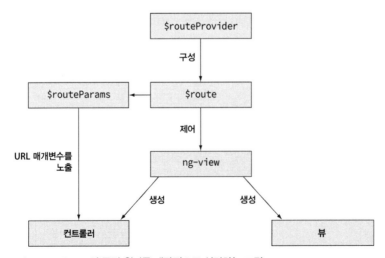

그림 7.1 **ngRoute의 동작 원리를 개략적으로 설명하는 그림**

7.2 AngularJS에서 라우트 생성하기

이제 ngRoute의 주요 컴포넌트를 살펴봤으므로 안젤로 애플리케이션에 몇 개의 라우트를 생성해서 페이지 간 이동 기능을 구현해보자. 우선, 가장 기본적인 라우트를 구성한 후에 이를 바탕으로 나머지 라우트들을 차례대로 정의해나가도록 하자.

7.2.1 ngRoute와 ngView를 이용해서 첫 번째 라우트 정의하기

ngRoute는 AngularJS 핵심 컴포넌트에 포함되어 있지 않으므로 가장 먼저 ngRoute 소스 파일을 페이지에 추가해야 한다. 소스 파일은 AngularJS 웹사이트에서 직접 다운로드해도 되고, CDN을 이용하거나 bower를 이용해 angular-route 패키지를 내려받아도 된다.

```
// client/assets/js/boot.js
{ file: '//cdnjs.cloudflare.com/ajax/libs/angular.js/1.3.3/angular-route.min.js' },
```

이제 소스 파일을 추가했으므로 서브 모듈을 참조하도록 애플리케이션의 모듈 목록을 다음과 같이 수정한다.

```
// client/src/angello/Angello.js
var myModule = angular.module('Angello',
    [
        'ngRoute',
        //...
    ]);
```

7.2.2 ngView 추가하기

라우트를 정의하기 위해 필요한 마지막 작업은 안젤로 애플리케이션이 라우트의 렌더링된 템플릿을 어디에 표시할 것인지를 알려주는 일이다.

```
<!-- client/index.html -->
<body ng-controller="MainCtrl as main" ng-class="{loading:loadingView}">
    <!-- ... -->
    <div ng-view=""></div>
    <!-- ... -->
</body>
```

그러기 위해서는 앞의 예제와 같이 <div ng-view=""></div> 코드를 레이아웃 파일에 추가해야 한다. ngView는 라우트 템플릿을 가져와 라우트의 컨트롤러 내에서 컴파일한 후, 컴파일이 완료된 뷰를 사용자에게 표시하는 역할을 담당한다.

복잡한 레이아웃 라우트와 뷰 사이에는 일대일 관계가 존재한다. 이 관계는 뷰가 중첩되는 등 복잡한 레이아웃을 구현할 경우에는 오히려 단점으로 작용한다. 이 문제를 해결하기 위한 탁월한 방법은 AngularUI 라우터를 이용하는 것이다. 자세한 내용은 https://github.com/angular-ui/ui-router를 참고하기 바란다.

7.2.3 $routeProvider를 이용해서 라우트 설정하기

우리가 구현할 첫 번째 라우트는 전체 애플리케이션의 진입점 역할을 할 수 있는 루트에 대한 라우트다. 이 라우트에 대한 경로는 웹 표준 규칙을 따라 하나의 슬래시(/) 문자로 구성된다. 이제 뷰에서 사용할 템플릿과 이 뷰를 제어할 컨트롤러를 정의하면 된다.

라우트 구성 팁 라우트는 항상 모듈의 config 블록에 작성한다. 그 이유는 애플리케이션이 실행되자마자 사용이 가능해야 하기 때문이다.

라우트는 $routeProvider가 제공하는 when 메서드를 이용해서 구성한다. when 메서드는 path 매개변수와 라우트 구성 객체와 같은 두 개의 매개변수를 사용한다. path 매개변수는 라우트가 동작할 URL 패턴을 정의하며, 라우트 구성 객체는 라우트를 처리할 방법들을 설정한다.

라우트는 config 블록에 설정하기 때문에 여기서 작업을 시작하면 된다.

$routeProvider.when() 메서드를 호출해서 애플리케이션의 루트를 의미하는 / 경로에 대한 새로운 라우트를 설정한다.

라우트를 위한 템플릿을 정의해야 하므로 라우트 설정 객체의 templateUrl 속성에 tmpl/storyboard.html 파일에 대한 경로를 지정한다.

```
//client/src/angello/Angello.js
myModule.config(function($routeProvider, $httpProvider, $provide) {
    $routeProvider
        .when('/', {
            templateUrl: 'src/angello/storyboard/tmpl/storyboard.html',
            controller: 'StoryboardCtrl',
            controllerAs: 'storyboard'
        });
});
```

두 번째로, 라우트 설정 객체에 뷰를 제어할 컨트롤러를 정의해야 한다. controller 속성에 StoryboardCtrl 값을 지정하고 뷰에서 이 컨트롤러를 어떤 이름으로 참조할 것인지를 지정한다(예제의 경우 storyboard라는 이름을 사용하도록 지정했다).

이제 안젤로를 위한 기본 라우트를 구성했으므로 사용자가 대시보드 및 사용자 뷰에 접근하기 위한 라우트 역시 설정해야 한다. 앞의 예제와 마찬가지로 라우트 설정 객체에 templateUrl 속성과 controller 속성에 각각 템플릿 파일의 경로와 컨트롤러의 이름을 지정하면 된다. 다음의 코드를 살펴보자.

```javascript
// client/src/angello/Angello.js
myModule.config(function ($routeProvider, $httpProvider, $provide) {
    $routeProvider
        .when('/', {
            templateUrl: 'src/angello/storyboard/tmpl/storyboard.html',
            controller: 'StoryboardCtrl',
            controllerAs: 'storyboard'
        })
        .when('/dashboard', {
            templateUrl: 'src/angello/dashboard/tmpl/dashboard.html',
            controller: 'DashboardCtrl',
            controllerAs: 'dashboard'
        })
        .when('/users', {
            templateUrl: 'src/angello/user/tmpl/users.html',
            controller: 'UsersCtrl',
            controllerAs: 'users'
        })
        .otherwise({redirectTo: '/'});    ← ❶
});
```

만일 사용자가 정의되지 않은 라우트에 접근하려고 하면 어떤 일이 벌어질까? $routeProvider는 URL과 일치하는 라우트를 찾지 못하는 경우를 위해 otherwise라는 추가 메서드를 제공한다. 앞에서 ❶로 표시된 코드를 보면 otherwise 메서드에 redirectTo 속성값을 통해 라우트를 발견하지 못하는 경우에는 애플리케이션의 루트로 이동하도록 설정하고 있다.

7.2.4 라우트 탐색 설정하기

이제 애플리케이션에 라우트를 설정했으므로 이 라우트들을 탐색할 수 있도록 탐색 경로를 수정해보자. 기본적으로, AngularJS는 #/users와 같은 해시(#) 기호를 이용해서 라우트를 참조한다. 그래서 사이트의 루트를 탐색하려면 <a href="#/"></a>와 같이 탐색 경로를 설정해야 한다.

```html
<!-- client/index.html -->
<div class="navbar navbar-fixed-top navbar-default">
    <div class="navbar-header">
```

```
        <a class="logo navbar-brand" href="#/">
            <img src="assets/img/angello.png">
        </a>
    </div>
    <div class="btn-group pull-right" ng-show="main.currentUser">
        <a class="btn btn-danger" href="#/">
            <span class="glyphicon glyphicon-home"></span>
        </a>
        <a class="btn btn-danger" href="#/users">
            <span class="glyphicon glyphicon-user"></span>
        </a>
        <a class="btn btn-danger" href="#/dashboard">
            <span class="glyphicon glyphicon-signal"></span>
        </a>
        <button class="btn btn-default" ng-click="main.logout()">
            <span class="glyphicon glyphicon-log-out"></span>
        </button>
    </div>
</div>
```

$location 서비스를 이용하면 앵커(<a>) 태그에 코드를 이용해 라우트를 설정할 수도 있다. 그러나 코드를 이용해 설정된 라우트는 링크를 클릭했을 때 새로운 탭을 여는 등의 다양한 UX 패턴을 수용하지 못한다.

7.2.5 리뷰

이제 안젤로 애플리케이션에 세 개의 라우트를 설정했으므로 스토리보드 뷰와 대시보드 뷰, 그리고 사용자 뷰를 탐색할 수 있게 되었다. 그러려면 $routeProvider를 이용해서 라우트에 설정한 것과 같이 애플리케이션에 ngRoute를 추가하고 ngView를 설정해야 한다. ngRoute는 안젤로에 이미 포함되어 있으므로 전에 애플리케이션에 라우팅 기능이 이미 정의되어 있다. 따라서 ngRoute가 각 라우트 템플릿을 렌더링할 위치를 알려주기 위해 ngView를 추가해주었다. 그런 다음, module.config 블록에 $routeProvider를 이용해서 라우트를 정의했다. 마지막으로, 지금까지 정의했던 라우트를 활용할 수 있도록 탐색 경로를 수정해주었다.

7.3 라우트에 매개변수 사용하기

우리는 라우트를 활용하여 애플리케이션의 상태를 정의하지만, 종종 애플리케이션 상태의 동적인 영역을 정의하기 위해 라우트를 활용하기도 한다. 안젤로에서는 특정 사용자에게 할당된 사용자 스토리를 보여주기 위한 뷰를 가지고 있으므로 이 뷰가 어떤 사용자의 데이터를 보여줄 것인지를 알아야 한다(그림 7.2 참조).

그림 7.2 상세 정보를 알아내기 위해 라우트 매개변수를 사용하는 경우

라우트 경로에는 콜론을 이용해서 :userID와 같이 이름이 지정된 매개변수 그룹을 정의할 수 있다. $route는 $location.path 속성을 통해 알아낸 경로에서 일치하는 매개변수를 찾아 $routeParams 서비스에 저장하고 이를 적절한 컨트롤러에 주입한다. 그림 7.3을 살펴보자.

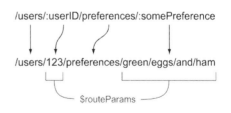

그림 7.3 라우트 매개변수의 원리

만일 현재 URL이 /users/123이라면 $routeParams 서비스에는 userId 속성이 123이라는 값과 함께 생성된다.

그러면 안젤로에 어느 한 사용자를 위한 라우트를 생성해서 이 예시와 완전히 동일한 기능을 구현해보도록 하자.

```
// client/src/angello/Angello.js
myModule.config(function ($routeProvider, $httpProvider, $provide) {
    $routeProvider
        //...
        .when('/users/:userId', {
            templateUrl: 'src/angello/user/tmpl/user.html',
            controller: 'UserCtrl',
            controllerAs: 'myUser'
        })
        //...
        .otherwise({redirectTo: '/'});
});
```

위의 예제에서는 /users/:userId 경로를 지정하여 $routeParams 서비스가 userId 속성을 UserCtrl 컨트롤러에 제공할 수 있도록 구성한 예제다.

이제 사용자 라우트에 변수를 정의했으므로 이 값을 UserCtrl 컨트롤러의 $scope 객체에 변수로 추가해준다.

```
// client/src/angello/user/controllers/UserController.js
angular.module('Angello.User')
    .controller('UserCtrl', function ($routeParams) {
        var myUser = this;

        myUser.userId = $routeParams['userId'];
    });
```

라우트 매개변수의 값을 읽기 위해 컨트롤러에 $routeParams 서비스를 주입했다. 그리고 $routeParams 서비스의 userId 속성을 $routeParams['userId']와 같이 읽어와 myUser.userId 속성에 대입한다.

지금까지 생성된 라우트 매개변수의 값을 읽어 처리하는 방법을 살펴보았다. 그렇다면 라우트 매개변수에 값은 어떻게 지정할 수 있을까? 즉, userId 변숫값을 어떻게 지정해서 users 뷰에서 사용할 수 있을까? 이는 단순히 URL 링크를 적절하게 만들어내는 방법의 문제이며, AngularJS는 올바른 URL을 손쉽게 만들어낼 수 있는 방법을 제공한다.

```
<!-- client/src/angello/user/tmpl/users.html -->
<tr ng-repeat="user in users.users">
    <!-- ... -->
    <td>
```

```
        <button type="button" class="btn btn-link"
               ng-click="users.removeUser(user.id)">삭제</button>
        <a class="btn btn-link" href="#/users/{{user.id}}">보기</a>
    </td>
</tr>
```

users 뷰의 진입점은 user 뷰이며, 이 페이지에서 등록된 모든 사용자와 그들의 ID를 파악할 수 있다. 따라서 ng-repeat 디렉티브 내에서 #/users/를 가리키는 새로운 링크를 생성하면 된다. 이때 사용자의 ID에 접근이 가능하므로 {{user.id}}와 같이 사용자 ID를 바인딩하여 href="#/users/{{user.id}}"라는 링크를 최종적으로 완성하게 된다.

7.3.1 리뷰

지금까지 하나의 뷰에서 다른 뷰로 값을 전달하기 위한 메커니즘으로서 애플리케이션의 URL을 활용하는 방법에 대해 알아보았다. 안젤로는 이 기법을 통해 userId 변수의 값을 users 뷰에서 user 뷰로 전달하고 user 뷰는 지정된 사용자에 대한 정보만을 표시하도록 구현하고 있다. 또한, 데이터 바인딩을 통해 users 뷰가 user 뷰에 대한 링크를 동적으로 생성하는 과정에서 각 사용자별로 올바른 userId 값을 참조하는 방법도 확인할 수 있었다.

7.4 라우트에서 의존성 해석하기

안젤로를 구현할 때 어려웠던 것 중 하나는 user 뷰를 표시하기 전에 해당 사용자에 대한 정보 및 할당된 스토리 목록을 가져오는 부분이었다. AngularJS에서는 이처럼 라우트에 지정된 컨트롤러의 인스턴스를 생성하기 전에 반드시 해석되어야 할 의존성들을 라우트에 정의할 수 있다.

개략적으로 살펴보면, 우리는 user 뷰가 users 뷰에서 전달된 사용자를 올바르게 표시하는 것은 물론 사용 가능한 모든 스토리 목록을 모두 가져와서 그중 지정된 사용자에게 할당된 스토리들을 대입해야 한다. 그러기 위해서는 라우트 설정 객체($routeProvider.when 메서드의 두 번째 매개변수로 전달하는 객체)의 resolve 속성을 이용해서 필요한 의존성을 정의하면 된다. resolve 속성은 여러 개의 의존성을 정의할 수 있는 객체 맵(map)이다.

```
// client/src/angello/Angello.js
myModule.config(function ($routeProvider, $httpProvider, $provide) {
    $routeProvider
```

```
//...
    .when('/users/:userId', {
        templateUrl: 'src/agello/user/tmpl/user.html',
        controller: 'UserCtrl',
        controllerAs: 'myUesr',
        resolve: {
            user: function($route, $routeParams, UsersModel) {
                var userId = $route.current.params['userId']
                             ? $route.current.params['userId']
                             : $routeParams['userId'];
                return UsersModel.fetch(userId);
            },
            stories: function(StoriesModel) {
                return StoriesModel.all();
            }
        }
    })
//...
    .otherwise({redirectTo: '/'});
});
```

컨트롤러에서는 $route나 $routeParams 중 원하는 것을 이용하여 userId 변숫값을 추출해낼 수 있다.

user 속성을 정의하고 $route, $routeParams, 그리고 UsersModel 객체를 각각 주입한다.

UsersModel.fetch 메서드를 호출하여 userId 변수에 지정된 사용자 정보를 얻어온다.

stories 속성을 정의하고 StoriesModel 객체를 주입한다.

stories 속성은 StoriesModel.all 메서드를 통해 얻어온 값들을 갖게 된다.

이 코드에서 흥미로운 부분은 UsersModel.fetch(userId)와 StoriesModel.all() 메서드가 각각 프로미스 객체를 리턴한다는 점이다. 따라서 프로미스 객체를 해석하기 위해 then 메서드를 호출하면 된다. 그러면 컨트롤러 내에서 이 두 값에 접근이 가능하다.

이제 UserCtrl 컨트롤러로 넘어가서 user 및 stories 의존성을 어떻게 활용하는지 살펴보자.

```
// client/src/angello/user/controllers/UserController.js
angular.module('Angello.User')
    .controller('UserCtrl',
        function ($routeParams, user, stories) {
            //...
            myUser.user = user.data;

            myUser.getAssignedStories = function (userId, stories) {
                var assignedStories = {};

                Object.keys(stories, function(key, value) {
                    if (value.assignee == userId) {
                        assignedStories[key] = stories[key];
                    }
                });

                return assignedStories;
            };
```

```
        myUser.stories = myUser.getAssignedStories(myUser.userId, stories);
    });
```

라우트 설정 객체에 정의된 의존성은 다른 서비스와 마찬가지 방식으로 주입된다. 컨트롤러 내부에서는 필요에 따라 이 속성들을 활용하면 된다. 앞 예제의 경우, 요청된 사용자의 데이터를 myUser.user 속성에 대입하여 뷰에서 활용한다. 그런 후에 같은 데이터와 주입된 stories 컬렉션을 이용하여 요청된 사용자에게 할당된 스토리 목록을 모두 가려낸다.

> **유연성** 눈치가 빠른 독자라면 라우트 설정 객체의 user 속성을 해석할 때와 UserCtrl
> 컨트롤러에서 같은 값을 해석할 때 모두 $routeParams 서비스를 사용하고 있다는 사실
> 을 알았을 것이다. 이는 AngularJS가 얼마나 다재다능한 프레임워크인지를 보여주기 위
> 한 것이었다. 실제 코드에서는 가능한 최선의 방식을 활용하면 된다.

만일 라우트 설정 객체의 resolve 속성에 의해 리턴된 값이 원격 서버를 호출하는데, 이 호출이 실패하는 경우에는 어떤 일이 벌어질까? resolve 속성이 리턴한 값이 프로미스 객체라면, 이 프로미스가 올바르게 해석되면 $routeChangeSuccess 이벤트가 발생해서 ngView가 컨트롤러의 인스턴스를 생성하고 템플릿을 렌더링한다. 반면, 프로미스가 거부(reject)되면 $routeChangeError 이벤트가 발생하므로 추가적인 처리가 필요하다.

7.4.1 리뷰

지금까지 라우트 정의에서 resolve 속성을 이용하여 라우트 컨트롤러에 주입될 의존성을 정의하는 방법에 대해 알아보았다. 예제의 경우, 우리는 usersModel 서비스를 이용해 사용자 정보를 UserCtrl 컨트롤러에 user라는 이름으로 전달하였다. 뿐만 아니라 StoriesModel 서비스를 이용해서 모든 스토리 목록을 가져와 UserCtrl 컨트롤러에 stories라는 이름으로 전달했다.

7.5 라우트 이벤트

이제 안젤로는 기능적인 측면에서는 실제로 모양새를 갖추어 나가기 시작했지만 UX 측면에서는 아직 개선의 여지가 남은 부분이 있다. 우리는 애플리케이션이 로딩 중인지 아닌지를 표시하는 LoadingService를 로딩 중 이미지를 표시하는 모달 뷰에 바인딩하고 있다.

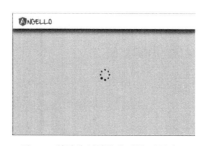

그림 7.4 화면에 시각적 효과를 더하기 위해 라우트 이벤트를 활용하는 모습

이를 통해 사용자는 그림 7.4와 같이 안젤로가 백그라운드 작업을 수행하는 동안에는 로딩 중 이미지를 보게 된다.

우리는 안젤로가 라우트를 변경할 때 로딩 중 애니메이션을 표시하려고 한다. 그러려면 $routeChangeStart와 $routeChangeSuccess 이벤트를 리스닝해야 한다. 그래서 라우트의 변경 이 시작되면 로딩 중 표시에 true를 지정하고 라우트의 변경이 완료되면 다시 false 값으로 되돌린다.

그러면 실제 코드를 살펴보자.

이 동작은 애플리케이션 전체에 적용되기 때문에 **module.run** 블록에 추가한다. 라우트 변경 이벤트를 리스닝하기 위한 **$rootScope** 객체와 로딩 표시의 상태를 조정하기 위한 **LoadingService** 서비스를 주입한다.

$rootScope.$on 메서드를 이용해서 **$routeChange Start** 이벤트에 대한 리스너를 등록한다.

```
// client/src/angello/Angello.js
myModule.run(function ($rootScope, LoadingService) {
    $rootScope.$on('$routeChangeStart', function(e, curr, prev) {
        LoadingService.setLoading(true);
    });

    $rootScope.$on('$routeChangeSuccess', function(e, curr, prev) {
        LoadingService.setLoading(false);
    });
});
```

이벤트 핸들러에서 **LoadingService**에 **true** 값을 지정한다.

$rootScope.$on 메서드를 이용해서 **$routeChange Success** 이벤트에 대한 리스너를 등록한다.

로딩 중 표시를 숨기기 위해 **false** 값을 대입한다.

7.5.1 리뷰

지금까지 $routeChangeStart와 $routeChangeSuccess 이벤트를 이용하여 안젤로의 뷰가 변경되는지 여부를 감지하는 방법을 확인했다. 그리고 LoadingService 서비스의 속성값을 설정하여 라우트가 로딩되고 해석되는 동안 애니메이션을 보이거나 숨기는 기능을 구현했다.

7.6 테스트

이제 테스트 코드에서 일종의 패턴이 보이기 시작했을 것이다. 그 패턴이란, 테스트를 위한 전역 변수를 정의하고 필요한 모듈과 의존성을 주입한 뒤, 주입된 의존성 객체들을 전역 변수에 대입하고 나서 검증할 내용을 테스트하는 것이다. 라우트를 테스트하는 코드 역시 이와 동일한 패턴을 따른다. (테스트하고자 하는 라우트의 URL을 저장할 변수를 포함한) 전역 변수를 정의하고 $location, $route, $templateCache 및 $rootScope 의존성 객체들을 모두 주입한 후에 이 객체들을 모듈에서 활용하기 위해 변수에 대입해둔다. 한 가지 더 말해주고 싶은 것은 테스트를 시작하기 전에 올바른 템플릿을 선택해서 $templateCache 객체에 넣어두어야 한다는 점이다.

```javascript
//client/tests/specs/routes/UserRoute.spec.js
describe('User Route', function () {
    var $route,
        $rootScope,
        $location,
        url = 'login';

    // $route와 $rootScope 서비스를 주입하여 변수에 대입한다.
    // 템플릿을 템플릿 캐시에 저장한다.

    beforeEach(module('Angello'));

    beforeEach(inject(function(_$location_, _$route_, $templateCache, _$rootScope_) {
        $route = _$route_;
        $rootScope = _$rootScope_;
        $location = _$location_;

        $templateCache.put('src/angello/login/tmpl/login.html', '');
    }));
});
```

우리가 테스트해야 할 부분은 설정 객체에 올바른 설정 정보가 담겨 있는지의 여부다. 그러려면 $location 서비스를 이용해서 URL을 탐색하고 나서 $rootScope.$digest 메서드를 통해 다이제스트 주기를 실행한 후, 현재의 라우트가 앞서 우리가 처음 정의한 라우트 객체와 동일한 controller, controllerAs 및 templateUrl 속성값을 가지고 있는지를 확인하면 된다.

```javascript
//client/tests/specs/routes/UserRoute.spec.js

describe('User Route', function () {

    //...

    it('should be defined with correct controller and templateUrl', function() {
        $location.path(url);
        $rootScope.$digest();

        expect($route.current.controller).toEqual('LoginCtrl');
        expect($route.current.controllerAs).toEqual('login');
        expect($route.current.templateUrl)
```

```
    ➥ .toEqual('src/angello/login/tmpl/login.html');
    });
});
```

7.7 모범 사례

라우트의 구조는 파일 구조와 동일하게 맞추는 것이 좋다. 제2장에서 우리는 좋은 파일 구조는 코드의 구조를 반영할 수 있는 것이라고 정의했는데, 라우트 구조 역시 마찬가지다. 만일 개발자가 라우트 설정을 확인했을 때 그 설정이 파일 구조와 일치한다면, 그 개발자는 애플리케이션 전체의 구조를 더 빨리 학습할 수 있을 뿐만 아니라 애플리케이션 개발에 참여하는 것 자체가 즐거울 것이다. 모름지기 즐거운 개발자가 생산성이 좋은 개발자라고 했다.

가능하다면 resolve 속성을 이용해 $routeParams 서비스를 통해서 리소스를 얻어낸다. 모델에서 많은 기능을 구현하고 컨트롤러를 가볍게 유지하기 위해서는 $routeParams의 사용을 특정 라우트의 resolve 블록으로 국한할 필요가 있다. 엄격하게 적용되어야 할 규칙이라기보다는 우리 필자들이 선호하는 방식이다.

다중 뷰(multiple view)와 사이드 뷰(side view)

ngRoute를 이용하면서 AngularJS의 라우팅에 대해 잘 이해할 수 있었다. 그러나 이 서비스는 다중 뷰(multiple view)나 중첩 뷰(nested view) 등의 고급 기능을 지원하지 않는다. 이를 지원하는 고급 라우팅을 구현한 라이브러리가 ui.router 라이브러리다. 우리 필자들은 이 라이브러리를 학습해볼 것을 강력하게 권하는 바다. 자세한 내용은 https://github.com/angular-ui/ui-router/wiki를 살펴보기 바란다.

7.8 요약

이 장에서 학습한 내용은 다음과 같다.

- AngularJS에서 라우팅을 다루는 주 컴포넌트는 $routeProvider, $route, $routeParams 및 ngView다.
- $routeProvider는 라우트를 정의하는 것이며, 주로 애플리케이션 모듈의 config 블록에서 수행한다.

- $route의 임무는 $location.path 속성을 모니터링해서 이미 정의된 라우트 중 일치하는 것을 찾아내는 것이다. 일단, 일치하는 라우트를 발견하면 $route는 ngView에 라우트 설정 객체를 넘겨 뷰를 설정한다.
- ngView는 라우트의 템플릿을 라우트하고 컨트롤러와 함께 템플릿을 컴파일한 후, resolve 속성에 정의된 의존성을 해석한다.
- URL 매개변수는 변수에 매핑되며, $routeParams 서비스를 통해 사용할 수 있다.

우리는 안젤로 애플리케이션에 대시보드 뷰, 사용자 뷰, 스토리보드 뷰 등 여러 뷰를 탐색하기 위한 다양한 라우트를 설정했다. 여기에 users 뷰에서 user 뷰로 전환할 때 userId 값을 전달하는 것과 같이 한 뷰에서 다른 뷰로 값을 전달하는 방법을 살펴보았다. 또한, 사용자가 로그인한 경우와 사용자 정보 및 스토리 목록을 user 뷰에 전달하기 위해 라우트의 resolve 속성을 설정하는 방법도 알아보았다. 마지막으로, $routeChangeStart와 $routeChangeSuccess 이벤트를 이용해 라우트를 전환할 때 로딩 중 애니메이션을 표시하는 방법을 알아보았다.

8

폼과 유효성 검사

이 장에서 학습할 내용

- AngularJS가 폼 요소를 확장하는 방식
- AngularJS를 이용해서 유효성 검사를 수행하는 방법
- 요소에 유효성 검사를 설정하는 방법
- 유효성 검사 오류 메시지를 표시하는 방법과 안젤로에서의 활용 방식

현 시점에서 안젤로는 완벽하게 동작하는 하나의 애플리케이션이 되었다. 그러나 추가로 구현해야 할 기능 하나가 아직 남아있다. 만일 사용자가 스토리를 등록할 때 필요한 정보를 모두입력하지 않았다면 어떻게 될까? 제목 입력 필드에 입력할 수 있는 텍스트의 길이에 제한을 두고 싶을 때는 어떻게 해야 할까? 이처럼 애플리케이션에 전달되는 데이터에 대해 확인을 해야할 뿐만 아니라 누락된 정보에 대해서는 사용자에게 즉각적인 피드백을 제공해야 한다. 바로이런 경우에 애플리케이션의 개발 과정에서 AngularJS 폼과 유효성 검사 기능이 중요한 역할을 하게 된다.

이번 장에서는 AngularJS가 어떻게 HTML 폼을 확장하여 폼 자체와 폼 내에 정의된 요소들을 $scope 객체에 바인딩하는지를 살펴본다. 그리고 이 관계를 통해 폼을 전송하는 기능을 활성화하거나 비활성화하게 된다. 그런 다음에는 개별 폼 요소에 대한 유효성 검사 로직을 설정하여 사용자에게 피드백을 제공하는 방법을 살펴본다.

8.1 AngularJS의 폼 유효성 검사

안젤로 같은 프로젝트에 유효성 검사를 추가할 때는 먼저 form 객체를 구성한 후 이 폼 내부에 input이나 기타 다른 폼 요소들을 추가하여 전체 폼을 구성하게 된다. 그런 후, 폼에 값이 입력되는 동안 폼의 실제 상태를 컨트롤러에 전달한다. 그리고 그 상태들을 토대로 뷰에 의미 있는 피드백 메시지를 보여준다. 그림 8.1을 살펴보자.

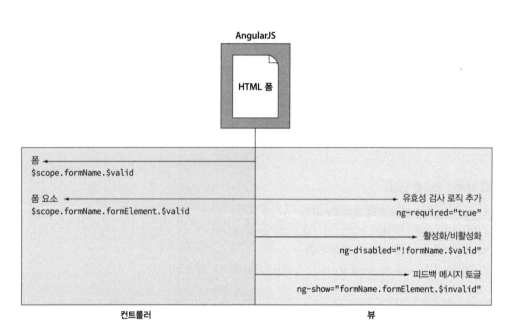

그림 8.1 AngularJS 유효성 검사

8.1.1 HTML 폼 요소 확장하기

AngularJS는 사용자 정의 HTML 요소를 구현할 때 엄청나게 강력한 기능을 제공하는데, 기존의 HTML 요소를 재정의하고 확장하는 능력 역시 뛰어나다. 폼 유효성 검사의 경우, AngularJS는 표준 HTML 폼 요소를 확장한 form 디렉티브를 제공하며 폼의 상태를 추적하기 위해 FormController 컨트롤러의 인스턴스를 생성한다.

안젤로 애플리케이션을 예로 들면, 폼에 유효성 검사 로직을 추가하기 위한 첫 번째 단계는 name 특성을 통해 이름을 지정하는 것이다. 우리가 사용하는 이름은 폼의 다양한 상태를 모니터링할 수 있도록 각 컨트롤러에 등록된다.

```
<!-- client/src/angello/storyboard/tmpl/storyboard.html -->
<form name="storyboard.detailsForm"></form>
```

폼 객체에는 몇 가지 상태가 미리 정의되어 있으며, 이 상태들을 통해 어떤 작업을 허용할 것
인지를 결정할 수 있다. 미리 정의된 상태는 다음과 같다.

- $pristine — 폼의 데이터가 수정되지 않았음을 표현하는 불리언 값
- $dirty — 폼의 데이터가 수정되었음을 표현하는 불리언 값
- $valid — 폼의 데이터가 유효한 상태임을 표현하는 불리언 값
- $invalid — 폼의 데이터가 유효하지 않은 상태임을 표현하는 불리언 값
- $error — 폼에 정의된 모든 유효성 검사 로직 및 각 로직의 유효성 여부를 저장한 객체
- $touched — 입력 컨트롤이 포커스를 잃었는지를 표현하는 불리언 값

안젤로 애플리케이션에서는 폼 내에 유효하지 않은 데이터가 존재할 때 새로운 스토리
의 생성을 중단해야 한다. 그렇게 하려면 다음과 같이 ng-disabled 디렉티브에 storyboard.
detailsForm.$valid 값을 바인딩하여 detailsForm 객체가 유효하지 않은 상태일 때 ng-disabled
디렉티브에 true 값이 설정되어 버튼이 비활성화되도록 하면 된다.

```
<!-- client/src/angello/storyboard/tmpl/storyboard.html -->
<div ng-if="storyboard.currentStory">
    <button class="btn btn-default" ng-click="storyboard.updateCancel()">
        취소
    </button>
    <button class="btn pull-right btn-default"
            ng-disabled="!storyboard.detailsForm.$valid"
            ng-click="storyboard.updateStory()">확인</button>
</div>
<div ng-if="!storyboard.currentStory">
    <button class="btn pull-right btn-default"
            ng-disabled="!storyboard.detailsForm.$valid"
            ng-click="storyboard.createStory()">새로 만들기</button>
</div>
```

폼이 유효하지 않은 상태인 경우에는 버튼을 비활성화하기 때문에 사용자는 폼이 유효한 상태
로 전환되기 전까지는 서버로 폼을 전송할 수 없게 된다.

8.1.2 유효성 검사 추가하기

이제 유효성 검사 로직을 추가해보자. 우선, ngMessages라는 작지만 강력한 서브 모듈을 이용하여 오류 메시지를 표시할 것이다. 늘 그랬듯이, boot.js 파일에 angular-messages.min.js 파일에 대한 참조를 추가하자.

```
// client/assets/js/boot.js
//...
{ file:'//cdnjs.cloudflare.com/ajax/libs/angular.js/1.3.3/angular-messages.min.js' },
//...
```

이제 애플리케이션 내에서 ngMessages 모듈을 사용할 수 있게 되었으므로 Angello.js 파일에 새로운 서브 모듈을 등록한다.

```
// client/src/angello/Angello.js
var myModule = angular.module('Angello',
    [
        //...
        'ngMessages',
        //...
    ]);
```

이제 ngMessages 모듈과 폼 객체를 사용할 수 있게 되었으므로 개별 폼 요소에 유효성 검사를 추가해보자. FormController 컨트롤러는 폼 객체를 사용 가능하게 만들어주는 것은 물론 formName.inputFieldName.property와 같은 형식으로 개별 폼 요소에 접근할 수 있도록 허용하고 있다.

첫 번째 예제로서 inputTitle 입력 요소를 검사해보자. ngMessages 디렉티브에 storyboard.detailsForm.inputTitle.$error 객체를 바인딩해서 해당 요소가 유효하지 않은지 여부를 판단할 수 있다.

```
<!-- client/src/angello/storyboard/tmpl/storyboard.html -->
<input class="form-control" type="text" id="inputTitle" name="inputTitle"
        placeholder="제목" ng-model="storyboard.editedStory.title">

<div class="alert alert-warning"
    ng-messages="storyboard.detailsForm.inputTitle.$error"
    ng-if="storyboard.showMessages('inputTitle')">
```

```
    <div ng-message="required">
        <small>반드시 입력해주세요!</small>
    </div>
</div>
```

이 코드는 크게 두 가지 부분을 눈여겨 보아야 한다. 첫 번째는 ng-messges 디렉티브를 선언한 div 요소에 alert과 alert-warning 클래스를 지정했다는 점이다. 그리고 디렉티브에 storyboard. detailsForm.inputTitle.$error 객체를 전달했다. 그런 후에 하위 div 요소를 선언하고 역시 ng-messages 디렉티브를 선언하고 나서 검사하고자 하는 유효성 로직의 이름을 지정했다. 이때 이 하위 div 요소에는 inputTitle 필드가 유효하지 않음을 표현하기 위해 원하는 HTML 마크업을 사용할 수 있다.

사실, 대부분의 폼은 로드되는 시점에 필드를 유효하지 않은 값으로 초기화한다. 그러면 필수 입력 검사 또는 최소 길이 검사 등을 위반하게 된다. 따라서 사용자가 어떤 정보를 입력하기 전에 미리 오류 메시지가 표시되는데, 사용자 입장에서는 그다지 좋지 않은 경험이다. 앞의 예제에서 storyboard.showMessages 메서드를 바인딩한 것은 바로 이런 이유 때문이다. 즉, ng-if="storyboard.showMessages('inputTitle')" 바인딩을 ngMessages 디렉티브와 함께 사용해서 사용자가 해당 필드를 빈 값으로 남겨둔 경우에만 AngularJS가 오류 메시지를 표시하도록 한 것이다.

```
// client/src/angello/storyboard/controllers/StoryboardController.js
angular.module('Angello.Storyboard')
    .controller('StoryboardCtrl',
        function($scope, $log, StoriesModel, UsersModel,
                    STORY_STATUSES, STORY_TYPES) {
            //...
            storyboard.showMessages = function (field) {
                return storyboard.detailsForm[field].$touched
                    && storyboard.detailsForm[field].$invalid;
                };
            //...
        });
```

storyboard.showMessages 메서드는 폼 필드를 매개변수로 전달받은 후에 이 필드의 특성값에 따라 true나 false를 리턴한다. 따라서 이 값을 쉽게 ng-if 디렉티브에 결합하여 사용할 수 있다. 그러나 HTML 특성에 하나 이상의 로직 구문을 추가하면 HTML 자체가 지저분해질 수 있다. 따라서 로직을 컨트롤러에 구현하여 HTML을 깔끔하게 유지하는 편이 더 낫다.

이제 detailsForm 폼의 상태를 모니터링하는 방법을 알게 되었으므로 이제 우리가 원하는 데이터가 서버에 전달될 수 있도록 개별 폼 요소에 유효성 검사 로직을 추가해보자.

ng-required

첫 번째로 적용해볼 유효성 검사 로직은 사용자가 필수 입력 필드에 값을 입력하지 않았을 경우 폼을 전송할 수 없도록 하기 위한 로직이다. 예를 들어, 모든 스토리는 반드시 제목을 가지고 있어야 한다(그림 8.2 참조).

그림 8.2　**필수 입력 필드에 대한 유효성 검사**

그러려면 입력 필드에 ng-required="true" 또는 간단히 required 특성을 지정하면 된다.

```html
<!-- client/src/angello/storyboard/tmpl/storyboard.html -->
<label class="control-label" for="inputTitle">*제목</label>
<input class="form-control" type="text" id="inputTitle" name="inputTitle"
       placeholder="제목" ng-model="storyboard.editedStory.title"
       ng-required="true">
```

위의 코드에서는 inputTitle 필드에 ng-required="true" 디렉티브를 지정했다. 이렇게 하면 필수 입력 유효성 검사가 적용되어 사용자가 이 입력 필드에 값을 입력하지 않은 경우 오류 메시지를 표시할 수 있다.

ng-minlength

또한, 사용자가 입력한 제목이 내용을 충분히 설명하지 못하는 경우에도 폼을 전송하지 못하도록 하고자 한다. 이 경우는 최소 길이 이상의 값을 입력하도록 강제할 수 있다(그림 8.3 참조).

그림 8.3　**최소 길이 입력 유효성 검사**

이때 ng-minlength 디렉티브를 통해 최소 길이를 지정할 수 있다.

```html
<!-- client/src/angello/storyboard/tmpl/storyboard.html -->
<label class="control-label" for="inputTitle">*제목</label>
<input class="form-control" type="text" id="inputTitle" name="inputTitle"
       placeholder="제목" ng-model="storyboard.editedStory.title"
```

```
            ng-required="true" ng-minlength="3">

<div class="alert alert-warning"
    ng-messages="storyboard.detailsForm.inputTitle.$error"
    ng-if="storyboard.showMessages('inputTitle')">

    <div ng-message="required">
        <small>반드시 입력해주세요!</small>
    </div>
    <div ng-message="minlength"> <small>제목이 너무 짧습니다!</small> </div>
</div>
```

예제에서는 최소 길이를 3으로 지정했다. 그런 후에 ng-messages 디렉티브가 적용된 div 요소 아래에 또 다른 하위 div 요소를 추가하고 ng-message 디렉티브를 지정했다. 이렇게 하면 또 다른 오류 메시지를 표시할 수 있게 된다.

사용자 정의 및 비동기 유효성 검사

간혹 AngularJS가 제공하는 것보다 복잡한 유효성 검사 로직이 필요할 수 있다. 이때는 사용자 정의 유효성 검사 디렉티브를 구현하면 되므로 크게 걱정할 필요는 없다. 단, 한 가지 차이점은 ngModel 모듈을 디렉티브에 추가해야 한다는 것뿐이다. 예를 들어, 사용자가 입력한 값이 정수인지 아닌지를 확인하고자 한다고 가정해보자. 이에 대해 AngularJS 문서에서 발췌한 예제를 살펴보자.

```
// Javascript
var INTEGER_REGEXP = /^\-?\d+$/;
app.directive('integer', function() {
    return {
        require: 'ngModel',
        link: function(scope, elm, attrs, ctrl) {
            ctrl.$validators.integer = function(modelValue, viewValue) {
                if (ctrl.$isEmpty(modelValue)) {
                    // 빈 모델을 유효한 것으로 처리한다.
                    return true;
                }

                if (INTEGER_REGEXP.test(viewValue)) {
                    // 유효한 값으로 처리한다.
                    return true;
                }
                // 유효하지 않은 값으로 처리한다.
                return false;
            };
        }
    };
});
```

```
// HTML
<input type="number" ng-model="size" name="size"
    min="0" max="10" integer />{{size}}<br />
<span ng-show="form.size.$error.integer">
➡  입력한 값이 정수가 아닙니다.</span>
<span ng-show="form.size.$error.min
➡  || form.size.$error.max">
    이 값은 반드시 0과 10 사이의 값이어야 합니다.</span>
```

비동기 유효성 검사는 유효성 검사 모듈을 ctrl.$asyncValidators 컬렉션에 추가하며, 값 대신 프로미스 객체를 리턴한다는 점을 제외하면 동일한 패턴으로 적용할 수 있다. 또한, <span ng-show="form.name.$pending.asyncValidation"> 비동기 유효성 검사를 진행하는 중입니다. </span>과 같이 로딩 중 메시지를 표시할 수도 있다. 사실, 오류를 표시하는 방법은 일반적인 유효성 검사 모듈을 이용하는 방법과 완전히 동일하다.

ng-maxlength

동시에 사용자가 제목을 너무 길게 입력해서 레이아웃상의 문제를 일으키는 일이 없도록 해야 한다(그림 8.4 참조).

ng-minlength의 반대 역할을 하는 디렉티브는 ng-maxlength이며, 지정된 필드에 입력할 수 있는 값의 최대 길이를 제한한다.

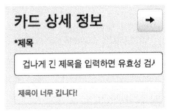

그림 8.4 **최대 길이 유효성 검사**

```
<!-- client/src/angello/storyboard/tmpl/storyboard.html -->
<label class="control-label" for="inputTitle">*제목</label>
<input class="form-control" type="text" id="inputTitle" name="inputTitle"
       placeholder="제목" ng-model="storyboard.editedStory.title"
       ng-required="true" ng-minlength="3" ng-maxlength="30">

<div class="alert alert-warning"
     ng-messages="storyboard.detailsForm.inputTitle.$error"
     ng-if="storyboard.showMessages('inputTitle')">

    <!-- ... -->
    <div ng-message="maxlength"> <small>제목이 너무 깁니다!</small> </div>
</div>
```

예제에서는 inputTitle 필드에 ng-maxlength="30"과 같이 디렉티브를 선언하여 30자 이상의 값을 입력할 수 없도록 설정했다. 그런 후, 앞의 예제와 마찬가지로 ng-message 디렉티브가 선언된 div 요소를 새로 추가하여 maxlength 유효성 검사의 오류 메시지를 표시하도록 했다.

8.1.3 유효성 검사와 CSS

지금까지 우리는 주로 사용자에게 보여줄 메시지를 표시하기 위해 detailsForm 객체의 상태에 따라 DOM 구조를 변경하는 방식을 채택해왔다. 하지만 AngularJS는 폼 요소의 상태에 해당하는 클래스 역시 지원하고 있다. 따라서 개발자가 직접 CSS를 정의하여 폼 요소의 시각적 특징들을 정의할 수 있다.

다음은 AngularJS가 지원하는 클래스들을 나열한 것이다.

- .ng-valid {}
- .ng-invalid {}
- .ng-pristine {}
- .ng-dirty {}

따라서 특정 요소가 유효하지 않은 상태인 경우에는 빨간색의 그림자를 적용하고 유효한 요소에는 녹색의 그림자를 적용하려고 한다면 아래와 같이 스타일을 정의할 수 있다.

```css
/* client/assets/css/angello.css */
form.ng-dirty input.ng-invalid {
    border: 1px solid #B02B2C;
}

form.ng-dirty input.ng-valid {
    border: 1px solid #6BBA70;
}
```

그러면 렌더링된 HTML 코드는 다음과 유사할 것이다.

```html
<!-- angello/storyboard/tmpl/storyboard.html -->
<input class="form-control ng-pristine ng-invalid ng-invalid-required
               ng-valid-minlength ng-valid-maxlength ng-touched"
      type="text" id="inputTitle" name="inputTitle"
      placeholder="제목" ng-model="storyboard.editedStory.title"
      ng-required="true" ng-minlength="3" ng-maxlength="30">
```

폼의 개별적인 상태를 표현하는 스타일들이 존재하므로 원하는 스타일을 명확하게 정의할 수 있다는 점을 기억하자.

8.1.4 폼 유효성 검사, $setPrisitine, 그리고 $setUntouched

폼과 유효성 검사는 마치 한 몸처럼 붙어다니는 개념들이라서 안젤로 애플리케이션을 통해 한 가지를 더 짚고 넘어가도록 하자. 사용자가 detailsForm에 정의된 입력 요소에 값을 입력해나가면 detailsForm 객체는 입력하는 시점의 요소의 상태를 파악하기 위해 지속적으로 업데이트된다. 사용자가 데이터의 입력을 마치고 나면 폼을 맨 처음, 아무도 손대지 않은 상태로 어떻게 되돌릴 수 있을까?

그러기 위해서는 $scope 변수의 폼 요소에 대해 $setPristine과 $setUntouched 메서드를 호출하면 된다.

```
// client/src/angello/storyboard/controllers/StoryboardController.js
storyboard.resetForm = function () {
    storyboard.currentStory = null;
    storyboard.editedStory = {};

    storyboard.detailsForm.$setPristine();
    storyboard.detailsForm.$setUntouched();
};
```

예제의 코드처럼 StoryboardCtrl 컨트롤러가 폼을 리셋(reset)하는 경우는 detailsForm 폼 요소를 맨 처음(pristine), 아무도 손대지 않은(untouched) 상태로 되돌려야 한다. 따라서 storyboard.detailsForm.$setPristine()과 storyboard.detailsForm.$setUntouched() 메서드를 각각 호출해주어야 한다.

8.2 테스트

폼을 테스트하는 방법은 스코프 내에서 HTML 템플릿을 가져와 컴파일해서 디렉티브를 테스트하는 것과 거의 비슷하다. HTTP 요청을 생성하지 않고도 템플릿을 로드하는 방법은 karma-ng-html2js-preprocessor 라이브러리를 설치하는 것이다. 이 라이브러리를 설치하는 방법은 부록 A에서 설명한다.

우선, 최상위 변수를 선언하고 Angello.Storyboard 모듈과 Angello.Templates 모듈을 로드해서 템플릿에 접근이 가능하도록 한다. 그런 다음, UsersModel 서비스와 StoriesModel 서비스의 all 메서드들에 대한 모의(mock) 메서드를 작성한다. 컨트롤러가 이 메서드들을 호출한 후에는

.then 메서드를 덧붙여 호출하기 때문에 이 메서드들은 반드시 프로미스 객체를 리턴해야 한다.

```
client/tests/specs/forms/StoryboardForm.spec.js
describe('Storyboard form', function() {
    var scope, ctrl;

    beforeEach(module('Angello.Storyboard'));
    beforeEach(module('Angello.Templates'));

    beforeEach(inject(function($q, $rootScope, $controller,
    ➥ $templateCache, $compile) {

        var UsersModel = {
            all: function() {
                var deferred = $q.defer();
                deferred.resolve({});
                return deferred.promise;
            }
        };

        var StoriesModel = {
            all: function() {
                var deferred = $q.defer();
                deferred.resolve({});
                return deferred.promise;
            }
        };
    }));
});
```

다음에 살펴볼 테스트 코드는 특별히 자세히 살펴보도록 하자. 먼저, $rootScope 객체를 생성하고 이 객체를 전역 스코프 객체에 대입한다. 그런 후, StoryboardCtrl 컨트롤러의 인스턴스를 생성하고 모의 의존 객체를 주입하고서 역시 전역 변수에 대입한다.

애플리케이션 내에서 controllerAs 문법을 이용해서 컨트롤러를 정의했기 때문에 테스트 코드 내에서 $scope 특성에 접근하려면 ctrl 키워드를 사용해야 한다. 그러나 우리가 로드한 템플릿에서는 컨트롤러를 storyboard라는 이름으로 참조하고 있다. 즉, 테스트 코드 내에서 storyboard라는 특성을 스코프 객체에 추가한 후에 ctrl 변수를 대입해서 템플릿과 스코프를 컴파일해야 해야 템플릿이 storyboard라는 이름의 객체에 접근할 수 있게 된다. 그렇지 않으면 storyboard.detailsVisible 변수가 정의되지 않은 것으로 해석되어 템플릿에서 폼이 나타나지 않아 결국 테스트 자체가 불가능하게 된다.

테스트 사전 준비를 위한 마지막 작업은 템플릿을 로드하고 AngularJS 요소를 생성한 후에 스코프와 함께 요소를 컴파일하고 다이제스트 주기를 실행하는 것이다.

```
client/tests/specs/forms/StoryboardForm.spec.js
describe('Storyboard form', function() {

    //...

    beforeEach(inject(function($q, $rootScope, $controller,
        $templateCache, $compile) {

        //...

        scope = $rootScope.$new();

        ctrl = $controller('StoryboardCtrl', {
            $scope: scope,
            STORY_STATUSES: {},
            STORY_TYPES: {},
            UsersModel: UsersModel,
            StoriesModel: StoriesModel
        });

        scope.storyboard = ctrl;

        var templateHtml =
            $templateCache.get('src/angello/storyboard/tmpl/storyboard.html');
        var formElem = angular.element(templateHtml);
        $compile(formElem)(scope);

        scope.$digest();
    }));
});
```

필요한 작업을 거의 다 마쳤고, 몇 가지를 확인하기 위한 테스트만 남았다. 먼저, 페이지가 처음 로드되었을 때는 폼이 유효하지 않은 상태이며 모든 입력 요소가 빈 값을 가지고 있는 것을 확인해야 한다. 그런 다음, 유효한 스토리를 생성하고 이것을 ctrl.editedStory 변수에 대입하고 다이제스트 주기를 실행하여 유효성 검사가 실행되도록 한다. 그리고서 폼이 유효한 상태가 되었는지를 확인하면 된다.

```
client/tests/specs/forms/StoryboardForm.spec.js
describe('Storyboard form', function() {
```

```
    //...

    it('should be invalid by default', function() {
        expect(ctrl.detailsForm.$invalid).toBeTruthy();
    });

    it('should be valid with populated fields', function() {
        ctrl.editedStory = {
            title: '제목',
            status: '할 일',
            type: '개선',
            reporter: '보고자',
            assignee: '담당자'
        };

        scope.$digest();

        expect(ctrl.detailsForm.$valid).toBeTruthy();
    });
});
```

ng-model-options 특성의 활용

기본적으로, AngularJS의 모델은 사용자가 입력값을 입력하는 즉시 수정되어 그 내용이 반영된다. AngularJS 1.3에서는 ng-model-options 특성을 폼 요소에 지정하여 이 동작을 변경할 수 있다. 예를 들어, 사용자가 폼 요소에서 입력을 마치고 다른 요소로 이동했을 때 모델을 수정하여 입력된 값을 반영하고자 한다면, ng-model-options="{updateOn:'blur'}" 특성을 해당 폼 요소에 적용하면 된다.

중첩된 폼

HTML은 근본적으로 폼의 중첩을 지원하지 않는다. 폼이 중첩된 경우, 적절한 오류 메시지를 올바른 시점에 보여주려면 AngularJS의 개별 폼 요소들을 ng-form 디렉티브로 둘러싸야 한다. 다음 예제를 살펴보자.

```
<!-- 가상의 시나리오 -->
<form name="myForm">
    <div ng-repeat="item in items"
    ➥ ng-class="{ 'has-error' : item.name.$invalid }">
        <ng-form name="itemNameForm"> <label>이름름</label>
            <input type="text" name="name"
            ➥ ng-model="item.name" required>
            <p ng-show="itemNameForm.name.$invalid">
            ➥ 이름을 입력하세요</p>
```

```
            </ng-form>
        </div>
    </form>
```

8.3 모범 사례

사용자 정의 오류 메시지를 표시할 때 ng-show/ng-hide 및 ng-if를 너무 남용하지 않도록 하자. 간혹 개발 입력 요소들을 필요한 경우에만 보여주기 위해 너무 많은 편법들을 도입하곤 하는데, 이러면 결국 AngularJS 디렉티브가 계속 반복적으로 실행된다. 특히, ng-if="this.long. condition && this.other.long.condition"처럼 여러 구문을 결합해서 사용하는 경우에는 더 문제가 된다. 경우에 따라서는 불가피하겠지만, 이런 로직은 컨트롤러에 작성해서 HTML을 깔끔하게(조금 전 보여준 코드를 ng-if="shouldShowField(fieldName)"과 같이) 유지하기를 권한다. 깔끔하고 명료한 코드의 가치는 아무리 강조해도 지나치지 않다!

8.4 요약

폼 유효성 검사는 단지 데이터 바인딩의 확장된 형태로서 FormController 컨트롤러가 노출하는 AngularJS 폼 디렉티브의 상태에 따라 사용자에게 적절한 피드백을 보여주는 기능이다. 지금까지 살펴봤듯이 사용법도 엄청나게 간단하다. 이번 장에서 살펴본 내용들을 간략히 요약해보자.

- 폼의 name 특성을 이용해서 컨트롤러에 폼 요소를 노출하는 방법에 대해 알아보았다.

- 폼 객체는 $valid, $invalid, $pristine과 $dirty, 그리고 $untouched 등 미리 정의된 상태를 가진다.

- 오류는 ngMessages 모듈을 이용하여 특정 요소에 유효성 검사 로직의 이름(ng-required, ng-minlength, ng-email 등)을 지정함으로써 간편하게 표시할 수 있다.

- AngularJS가 제공하는 스타일을 이용해서 폼의 상태를 표현하는 방법에 대해 학습했다.

- $setPristine과 $setUntouched 메서드를 호출하여 폼을 원래의 초기 상태로 되돌릴 수 있다.

카르마 설치하기

카르마(Karma)는 AngularJS 팀이 개발한 자바스크립트 테스트 실행기다. 중요한 것은 카르마는 테스팅 프레임워크가 아니라 테스트 실행기(test runner)라는 점이다. 즉, 어떤 테스팅 프레임워크(이 책의 경우에는 자스민(Jasmine)을 사용한다)와 어떤 브라우저를 사용해서 어떤 파일을 테스트할 것인지를 명시한다. 그리고 해당 파일을 테스트하기 위한 테스트 코드를 선택한 테스팅 프레임워크에 맞추어 작성하고서 카르마를 통해 실행하게 된다. 카르마는 자스민 외에도 모카(Mocha)나 QUnit 등의 테스팅 프레임워크를 지원하므로 독자들의 입맛에 따라 테스팅 프레임워크를 선택할 수 있다.

카르마에 대한 보다 자세한 내용은 카르마 공식 웹사이트(http://karma-runner.github.io/0.13/index.html)를 참고하기 바란다. 카르마는 Node.js 상에서 동작하며 Node.js의 패키지 관리 시스템인 NPM(Node Package Manager)를 통해 설치할 수 있다. 그러면 설치 과정을 살펴보기로 하자.

Node.js와 노드 패키지 매니저(NPM) 설치하기

Node.js는 구글의 V8 자바스크립트 엔진을 이용해 개발된 플랫폼으로, 자바스크립트를 이용한 가볍고 빠른 네트워크 프로그래밍을 목표로 개발되었다. Node.js는 자바스크립트를 이용한 웹 또는 네트워크 서버 프로그래밍뿐만 아니라 자바스크립트 개발 환경을 구성하기 위한 다양한 종류의 소프트웨어 컴포넌트들의 구현에도 폭넓게 활용되고 있다. 앞서 설명했듯이, 카르마는 Node.js 상에서 동작하므로 카르마를 실행하려면 Node.js를 먼저 설치해야 한다. 브라우저를 이용해 Node.js 공식 웹사이트(http://nodejs.org)를 방문하면 그림 A.1과 같은 화면을 보게 될 것이다.

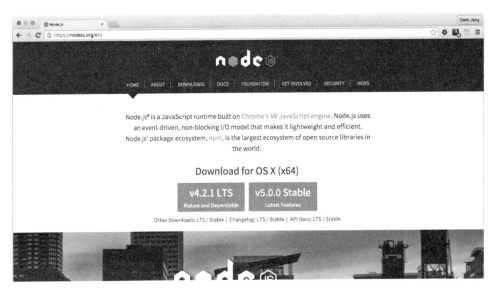

그림 A.1　Node.js 공식 웹사이트

Windows 환경에서 Node.js 설치하기

Node.js는 Windows용 인스톨러를 제공하므로 매우 손쉽게 설치할 수 있다. 먼저, 그림 A.1의 화면에서 두 개의 다운로드 버튼 중 원하는 버전의 다운로드 버튼을 클릭하자. 현재 v4.2.1 LTS 버전과 v5.0.0 두 가지 버전이 제공되는데, 여기서 LTS란 Long Term Support의 약자로, 말 그대로 장기간에 걸쳐 지원이 유지되는 버전을 말한다. 반면, v5.0.0 버전은 다음 버전이 출시되면 지원이 자동적으로 만료된다. 따라서 실제 서비스를 안정적으로 운영하고자 한다면 LTS 버전을, 개발 또는 학습을 위해 최신 버전의 기능을 필요로 하는 경우에는 최신 버전을 설치하면 된다. 이 부록에서는 v5.0.0 버전을 다운로드하기로 한다.

일단, v5.0.0의 다운로드 버튼을 클릭하면 사용 중인 시스템의 종류에 따라 node-v5.0.0-x64. msi 파일(64비트 운영체제) 또는 node-v5.0.0-x86.msi 파일(32비트 운영체제)이 다운로드된다. Windows 탐색기에서 이 파일을 더블클릭하면 다음 그림과 같이 인스톨러가 실행된다.

그림 A.2　Windows용 Node.js 인스톨러의 첫 화면

Next 버튼을 클릭한 후 그림 A.3 화면에서 체크 상자를 체크하여 사용권 계약에 동의하고 나서 Next 버튼을 클릭한다.

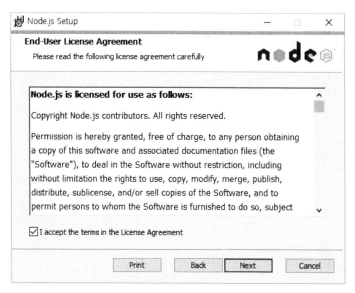

그림 A.3　사용권 계약 화면

그 다음 화면은 설치될 경로를 선택하는 화면이다. 굳이 설치 경로를 변경할 필요는 없으므로 그림 A.4 화면에서 그냥 Next 버튼을 클릭해서 다음 단계로 넘어가도록 하자.

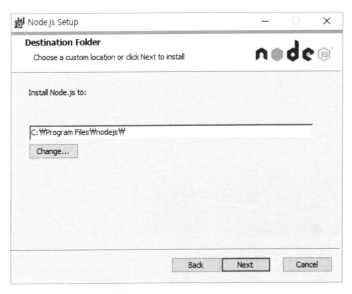

그림 A.4　설치 경로 선택 화면

다음 화면은 설치할 Node.js 컴포넌트를 선택하는 화면이다. 이 화면에서도 특별히 변경할 것은 없다. 다만, 두 번째 항목에서 알 수 있듯이 npm package manager 항목이 함께 설치된다.

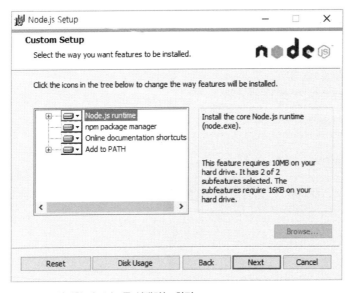

그림 A.5　설치할 컴포넌트를 선택하는 화면

이제 Node.js를 설치할 준비가 완료되었다. 그림 A.6 화면에서 Install 버튼을 클릭하면 그림 A.7과 같이 설치가 진행된다.

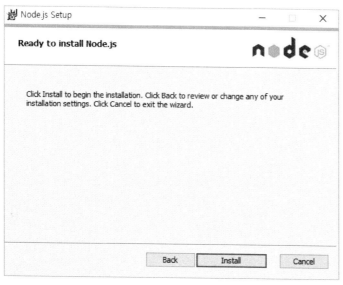

그림 A.6 설치 준비 완료 화면

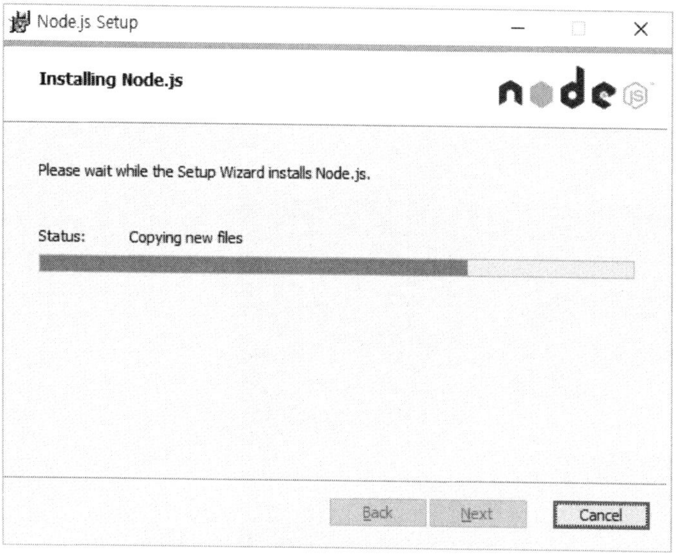

그림 A.7 Node.js를 설치 중인 모습

설치가 완료되면 그림 A.8과 같은 화면을 만나게 된다. Finish 버튼을 클릭하여 설치를 종료하자.

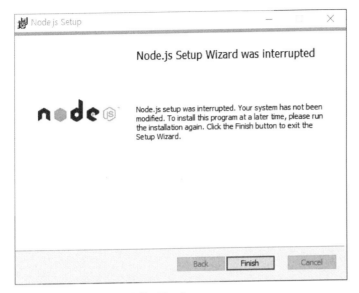

그림 A.8 **Node.js의 설치가 완료된 모습**

설치가 완료되면 Windows 키 + R 키를 누른 후 cmd를 입력하여 명령 프롬프트를 실행하고 나서 다음 명령을 실행해본다.

```
node --version
```

그림 A.9와 같이 Node.js의 버전 번호가 출력되면 정상적으로 설치가 완료된 것이다.

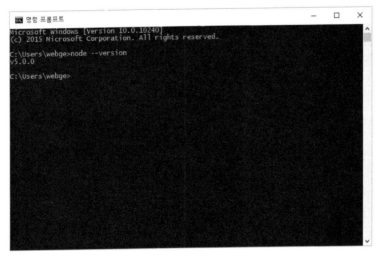

그림 A.9 **Node.js의 설치가 정상적으로 완료된 경우**

Mac OS X 환경에서 Node.js 설치하기

Node.js는 Windows용과 마찬가지로 OS X용 인스톨러 역시 지원하므로 맥 환경에서도 손쉽게 Node.js를 설치할 수 있다. 그림 A.1의 Node.js 공식 웹사이트에서 앞의 Windows 환경과 마찬가지로 v5.0.0 다운로드 버튼을 클릭하면 인스톨러 파일(node-v5.0.0.pkg 파일)이 다운로드된다. 이 파일을 실행하면 그림 A.10과 같이 인스톨러가 실행된다.

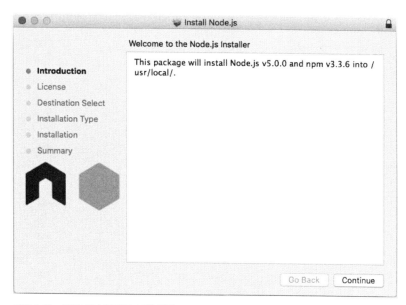

그림 A.10   맥용 인스톨러의 실행 화면

인스톨러 첫 화면에서 Continue 버튼을 클릭해서 다음 단계로 진행하면 그림 A.11과 같이 라이선스 동의 화면이 나타난다.

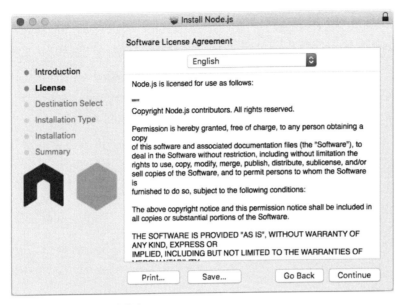

그림 A.11　라이선스 동의 화면

라이선스에 동의하기 위해 Continue 버튼을 클릭하면 그림 A.12와 같이 라이선스 동의를 확인하는 대화창이 나타난다.

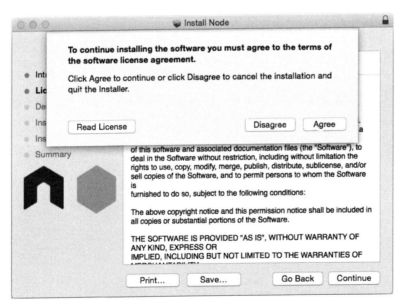

그림 A.12　라이선스 동의 여부를 묻는 대화 상자

대화 상자에서 Agree 버튼을 클릭하면 그림 A.13과 같이 설치 대상 사용자를 선택하는 화면

이 나타난다. Install for all users of this computer 옵션을 선택하고 Continue 버튼을 클릭하자.

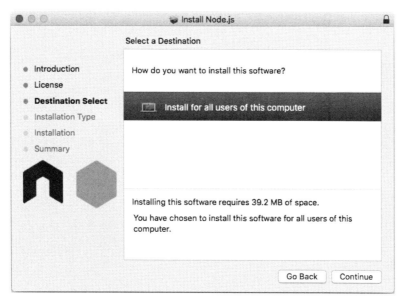

그림 A.13 설치 대상 확인 화면

다음 화면은 그림 A.14와 같이 설치 경로를 묻는 화면이다. 그냥 기본 경로를 사용하기로 하고
Install 버튼을 클릭하면 그림 A.15와 같이 설치가 진행된다.

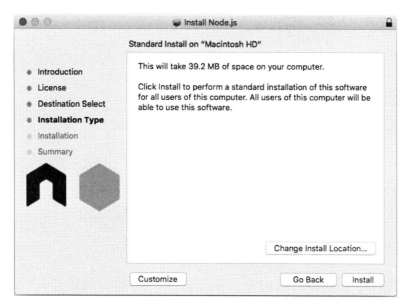

그림 A.14 설치 경로 확인 화면

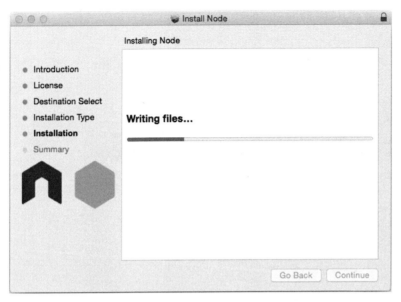

그림 A.15   설치가 진행 중인 모습

설치가 완료되면 그림 A.16과 같은 화면이 나타난다.

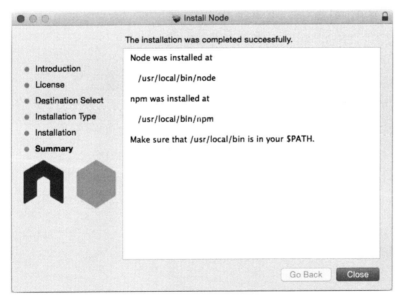

그림 A.16   설치 완료 화면

Close 버튼을 클릭하여 설치를 완료한 후, 터미널을 실행하고 다음 명령을 실행해본다.

```
node -version
```

그림 A.17과 같이 Node.js의 버전이 출력되면 설치가 정상적으로 완료된 것이다.

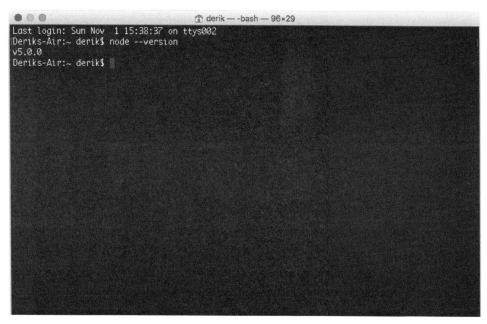

그림 A.17 Node.js의 설치가 정상적으로 완료된 경우

맥 OS X의 경우, Homebrew 또는 Macport 등의 패키지 관리자를 통해서도 Node.js를 설치할 수 있다. 터미널을 열고 각각 아래의 명령을 실행하면 된다.

Homebrew 패키지 관리자를 이용하는 경우

```
brew install node
```

Macport 패키지 관리자를 이용하는 경우

```
port install nodejs
```

리눅스에서 Node.js 설치하기

만일 데비안(Debian) 계열 리눅스(Debian, Ubuntu 등)에서는 Node.js 공식 PPA(Personal Package Archive)를 통해 손쉽게 Node.js를 설치할 수 있다. 터미널을 열고 아래의 명령을 차례대로 실행해보자.

```
curl -sL https://deb.nodesource.com/setup | sudo bash -
sudo apt-get update
sudo apt-get install nodejs
```

설치가 완료되면 아래 명령을 실행해서 설치가 정상적으로 완료되었는지 확인한다.

```
$ node --version
v0.12.7
```

기타 다른 리눅스 배포판을 이용한다면 Node.js 공식 Github 페이지(https://github.com/joyent/node/wiki/installing-Node.js-via-package-manager)를 참고해서 설치하도록 하자.

Git 설치하기

이제 소스 코드를 다운로드하기 위해 Git을 시스템에 설치해보자. Node.js와 마찬가지로 운영체제에 따라 설치 방법이 약간 다르므로 운영체제별로 설치 방법을 확인해보자.

Windows용 Git 설치하기

Git 공식 웹사이트(http://git-scm.com)를 방문하면 그림 A.18과 같은 화면을 볼 수 있다. 화면 오른쪽에 있는 Download for Windows 버튼을 클릭해서 인스톨러를 다운로드하여 실행하도록 하자.

그림 A.18 **Git 공식 웹사이트**

Git 인스톨러는 충분히 똑똑해서 매 단계마다 여러분의 시스템에 적합한 옵션을 자동으로 선택해준다. 따라서 설치를 시작하면 옵션을 변경하지 말고 Next 버튼을 계속 클릭해서 설치를 진행하면 된다.

Mac OS X에서 Git 설치하기

맥 OS X에서는 Windows용 설치와 마찬가지로 Git 공식 웹사이트를 방문해서 오른쪽에 보이는 Download for Mac 버튼을 클릭하면 맥용 인스톨러를 다운로드할수 있다. 인스톨러를 다운로드한 후, 다운로드된 파일을 더블클릭하여 설치를 시작하면 된다. 안타깝게도, 다운로드한 패키지 파일은 인증된 개발자가 배포한 패키지로 서명되어 있지 않기 때문에 OS X의 기본 설정에 의해 설치가 차단된다. 따라서 그림 A.19와 같이 [시스템 환경 설정] ➡ [보안 및 개인 정보] 화면에서 [다음에서 다운로드한 App 허용] 항목에서 [모든 곳]을 선택한 후 설치를 진행하면 된다.

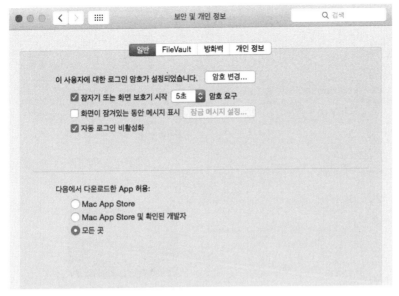

그림 A.19 맥 OS X의 보안 및 개인정보 설정 화면

맥용 인스톨러 역시 Windows용 인스톨러와 마찬가지로 특별히 옵션을 변경하지 말고 인스톨러가 권장하는 옵션대로 설치를 진행하자.

리눅스에서 Git 설치하기

데비안 계열의 리눅스를 사용한다면 터미널에서 아래의 명령을 실행해서 Git을 설치할 수 있다.

```
sudo apt-get install git
```

페도라(Fedora)나 레드햇 계열 리눅스라면 아래 명령을 사용하자.

```
yum install git
```

기타 리눅스 배포판에서의 설치 방법은 http://git-scm.com/download/linux를 참고하기 바란다.

카르마 패키지 설치하기

Node.js와 npm을 설치했다면 이제 karma-cli 라이브러리를 설치해야 한다. Windows에서는 관리자 권한으로 명령 프롬프트를 실행한 후 아래의 명령을 실행하자.

```
npm install -g karma-cli
```

맥이나 리눅스에서는 터미널을 열고 아래와 같이 실행하자.

```
sudo npm install -g karma-cli
```

위의 명령에서 -g 옵션은 karma-cli 라이브러리를 전역적으로 설치하는 옵션이다. 이렇게 특정 라이브러리를 전역적으로 설치하면 시스템의 어느 위치에서도 해당 라이브러리를 참조할 수 있다.

다음으로, 안젤로 소스 코드가 저장된 디렉터리로 이동한 후에 카르마를 설치하고 설정 파일에 저장하도록 한다.

```
npm install karma --save-dev
```

이제 필요한 플러그인을 설치하면 된다. 이 플러그인들은 여러분이 선택한 테스팅 프레임워크와 사용하는 브라우저를 위한 플러그인들이다. 이 책에서는 테스팅 프레임워크로 자스민을 이용하며, 브라우저로는 크롬(Chrome) 브라우저를 사용한다.

```
npm install karma-jasmine karma-chrome-launcher --save-dev
```

카르마 초기화하기

이제 필요한 모든 의존성을 설치했으므로 터미널에서 카르마의 설정을 초기화하기 위한 명령을 다음과 같이 실행한다.

```
karma init
```

이제는 여러분이 입력해야 할 내용을 그림으로 설명해보겠다. 그림 A.20과 A.21은 카르마가 설정 파일을 구성하는 데 도움을 주기 위해 상세 내용을 얻는 과정을 보여주고 있다.

처음 세 개의 질문은 아주 직관적이다. 우리는 자스민을 테스트 프레임워크로 사용하며, Require.js는 사용하지 않을 예정이다. 또한, 테스트 브라우저로는 크롬 브라우저를 사용한다. 다음으로, 카르마는 어떤 파일들을 로드할 것인지를 묻는다. 여기에는 모든 벤더 스크립트 파일들을 지정한다. 우리의 경우에는 AngularJS 코어 파일과 라우팅 파일, 그리고 애니메이션 파일 등을 지정하면 된다. 또한, AngularJS를 이용한 단위 테스트를 지원하기 위한 angular-mocks.js 파일도 지정한다.

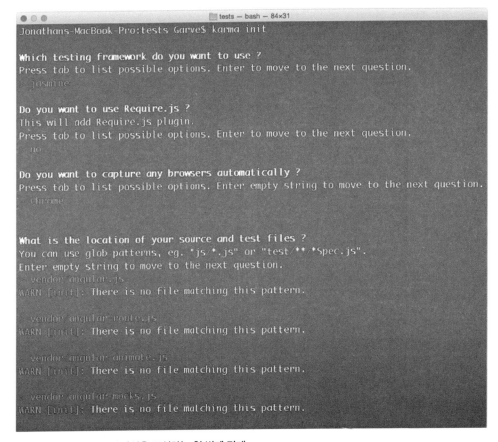

그림 A.20 karma.conf 파일을 구성하는 첫 번째 단계

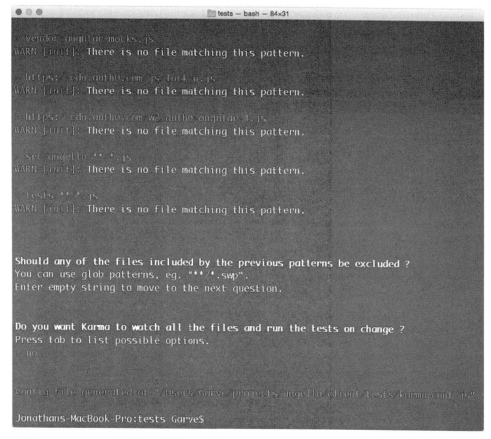

그림 A.21 karma.conf 파일을 구성하는 두 번째 단계

또한, 인증을 위해 필요한 몇 개의 파일도 추가로 로드하도록 지정한다. 그런 다음, src/angello 폴더 아래에 작성한 모든 자바스크립트 파일들을 지정하고 tests 폴더 아래에 테스트 코드를 작성한 자바스크립트 파일들도 로드하도록 지정한다. 테스트 주도 개발(TDD, Test Driven Development)을 위해서는 어떤 소스 파일이 변경될 때마다 자동으로 이를 감지하여 애플리케이션을 갱신하기 위한 것들이 필요할 것이다. 다만, 이 책에서는 이 부분에 대해서는 고려하지 않기로 한다.

다음의 코드는 최종적으로 생성된 karma.conf.js 파일이다. 여기서 basePath 속성은 직접 변경해주어야 한다는 점을 기억하자. 기본적으로, 이 속성은 빈 문자열을 갖게 되므로 이 값을 ../로 변경하여 카르마가 나머지 파일들을 올바르게 참조할 수 있도록 해주어야 한다.

```javascript
// client/tests/karma.conf.js
module.exports = function (config) {
    config.set({
        // 앞으로 사용하는 경로 패턴을 해석하기 위한 기본 경로 (files, exclude 항목 등)
        basePath: '../',

        // 사용할 테스팅 프레임워크
        // 사용 가능한 프레임워크 목록: https://npmjs.org/browse/keyword/karma-adapter
        frameworks: ['jasmine'],

        // 브라우저에 로드할 파일/패턴 목록
        files: [
            'vendor/angular.js',
            'vendor/angular-route.js',
            'vendor/angular-animate.js',
            'vendor/angular-mocks.js',
            'https://cdn.auth0.com/js/lock-6.js',
            'https://cdn.auth0.com/w2/auth0-angular-4.js',
            'src/angello/**/*.js',
            'tests/**/*.js'
        ],

        // 제외할 파일 목록
        exclude: [],

        // 브라우저에 파일을 제공하기 전에 사용할 전처리기
        // 사용 가능한 전처리기 목록: https://npmjs.org/browse/keyword/karma-preprocessor
        preprocessors: {},

        // 사용할 테스트 결과 보고서
        // 선택 가능한 값: 'dots', 'progress'
        // 사용 가능한 보고서 형식: https://npmjs.org/browse/keyword/karma-reporter
        reporters: ['progress'],

        // 웹 서버 포트
        port: 9876,

        // 결과 출력 시 색상 적용 여부 활성화/비활성화(보고서 및 로그)
        colors: true,

        // 로깅 수준
        // 사용 가능한 값 : config.LOG_DISABLE ||
        ➡ config.LOG_ERROR || config.LOG_WARN ||config.LOG_INFO || config.LOG_DEBUG
        logLevel: config.LOG_INFO,

        // 파일이 변경될 때 테스트를 다시 실행하기 위해 파일 모니터링을 활성화/비활성화
        autoWatch: false,

        // 테스트에 사용할 브라우저
        // 사용 가능한 브라우저: https://npmjs.org/browse/keyword/karma-launcher
        browsers: ['Chrome'],
```

```
        // 지속적 통합 모드
        // true를 지정하면 카르마가 브라우저를 캡처하여 테스트를 실행한 후 종료한다.
        singleRun: false
    });
};
```

카르마 활용하기

이제 남은 일은 client/tests 폴더에서 karma start --single-run 명령을 실행하거나 또는 그냥 karma start --single-run [karma.conf.js 파일의 경로] 명령을 실행해서 카르마를 시작하는 것 뿐이다. 또 다른 방법은 package.json 파일에 스크립트를 명시해서 npm이 자동으로 테스트를 실행하도록 구성할 수도 있다.

```
// package.json
{

    //...

    "scripts": {
        "test": "karma start --single-run
        ➥ --browsers Chrome client/tests/karma.conf.js"
    },

    //...
}
```

위 코드에서는 test 스크립트로 정의한 값은 카르마 명령으로 해석되어 실행된다. 따라서 프로젝트 내의 어느 위치에서든 npm test를 실행하면 카르마가 하나의 테스트를 실행하게 된다.

B

Node.js 서버 설정하기

안젤로를 직접 실행하는 방법에는 크게 두 가지가 있다. 하나는 Firebase를 이용하는 방법이고, 다른 하나는 Node.js를 이용하는 방법이다. 이번 부록에서는 Node.js를 설치하고 안젤로와 통합하는 방법을 살펴보고자 한다.

안젤로의 Node.js 백엔드 소스 코드 다운로드하기

먼저, 제이펍의 Git 저장소를 통해 안젤로 Node.js 백엔드의 소스 코드를 다운로드하도록 하자. Windows 환경에서는 Git-Bash 도구를, 맥이나 리눅스 환경에서는 터미널을 실행한 후 다음의 명령을 실행하자. 다음의 명령이 올바르게 실행되려면 Git이 설치되어 있어야 한다. Git을 설치하는 방법은 부록 A를 참고하기 바란다.

Windows 환경에서는 명령 프롬프트에서 아래 명령을 실행하자.

```
cd c:
mkdir projects
cd projects
git clone https://github.com/angularjs-in-action/angello-express-api
```

맥이나 리눅스 사용자라면 터미널에서 다음 명령을 실행하자.

```
mkdir ~/projects
cd ~/projects
git clone https://github.com/angularjs-in-action/angello-express-api.git
```

몽고DB 설치하기

다음으로는 몽고DB를 설치해보자. 사용하는 운영체제별로 설치 방법이 다르므로 각각의 운영
체제에 맞게 설치 방법을 알아보도록 하자.

Windows에서 몽고DB 설치하기

먼저, 몽고DB의 웹사이트(http://mongodb.org)로 이동하자. 그러면 다음 그림과 같이 페이지 상
단에 [Download MongoDB] 버튼을 볼 수 있을 것이다.

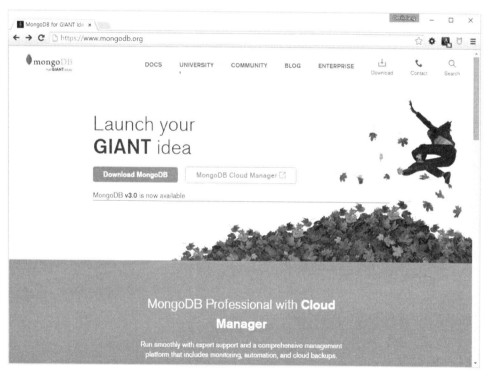

그림 B.1 몽고DB의 공식 웹사이트

다운로드 버튼을 클릭하면 다운로드 페이지로 이동하게 된다. 우선, 자신이 사용하는 Windows 운영체제에 따라 적절한 버전을 선택해야 한다. 아래 표를 참고하여 버전을 선택하자.

몽고DB 버전	운영체제 버전	특징
Windows 64-bit 2008 R2+	Windows 2008 R2 이상, Windows 7 이상	SSL 포함
Windows 64-bit 2008 R2+ legacy	Windows 2008 R2 이상, Windows 7 이상	SSL 포함되지 않음
Windows 64-bit legacy	Windows 2008 이하, Windows Vista 이하	SSL 포함되지 않음
Windows 32-bit	32비트 Windows	SSL 포함

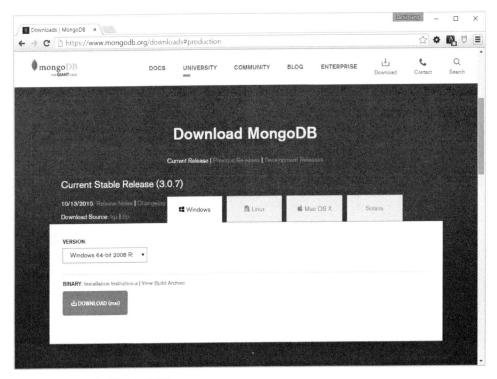

그림 B.2 몽고DB의 다운로드 페이지

대부분의 경우 Windows 64-bit 2008 R2+ 버전을 선택하면 무리가 없으리라 생각한다. 버전을 선택하고 Download (MSI) 버튼을 클릭하면 설치 파일이 다운로드된다. 다운로드된 설치 파일을 더블클릭하면 다음 그림과 같이 설치 화면이 나타난다.

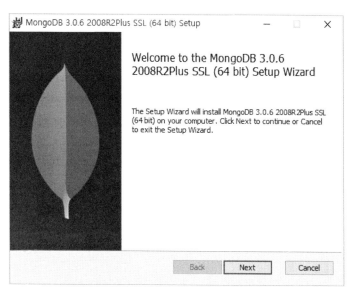

그림 B.3 몽고DB의 설치 초기 화면

첫 화면에서는 Next 버튼을 클릭해서 다음 화면으로 넘어가자. 다음 화면은 최종 사용자 사용권 동의 화면이다. 당연하겠지만, 체크 박스를 체크하고 Next 버튼을 클릭하면 된다.

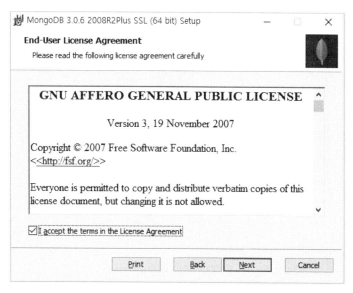

그림 B.4 몽고DB의 사용자 동의 화면

다음 화면은 설치 방식을 선택하는 화면이다. 다음 그림에서처럼 두 가지 방식 중 한 가지를 선택할 수 있다.

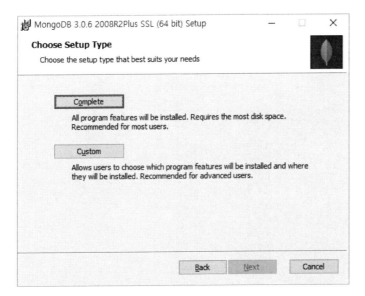

그림 B.5 설치 방식 선택 화면

Windows 버전의 몽고DB는 대부분 인스톨러가 알아서 설치해주므로 Complete 버튼을 클릭하여 전체 컴포넌트를 전체 설치 방식을 선택하자. 이상으로 설치 준비를 모두 마치면 다음처럼 설치 시작 화면이 나타난다. 이제 Install 버튼을 클릭하면 설치가 진행된다.

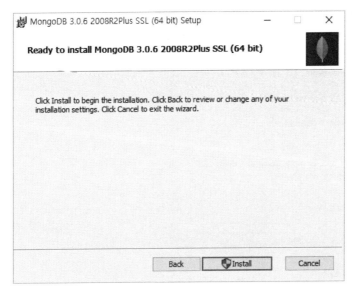

그림 B.6 설치 준비 완료 화면

몽고DB의 설치를 완료했다면 이제 몽고DB가 사용할 데이터 파일의 위치를 지정해주어야 한다. 그러려면 적절한 디렉터리를 선택 또는 생성한 후에 몽고DB의 mongod.exe 데몬을 이용해서 해당 경로를 지정해주면 된다. 우선, 명령 프롬프트를 실행한 후에 아래 명령을 차례대로 입력하자. 명령 프롬프트는 반드시 관리자 모드로 실행해야 한다.

```
cd c:\
md mongodb-data
cd mongodb-data
c:\Program Files\MongoDB\Server\3.0\bin\mongod.exe --dbpath c:\mongodb-data
```

위의 명령은 C 드라이브의 루트에 mongodb-data 디렉터리를 생성한 후, mongod.exe 파일을 통해 데이터 파일의 경로를 해당 디렉터리로 지정하는 명령이다.

이제 아래의 명령을 실행하면 몽고DB가 실행된다.

```
c:\Program Files\MongoDB\Server\3.0\bin\mongod.exe
```

맥 OS X에서 몽고DB 설치하기

맥 OS X의 경우는 패키지 관리자인 Homebrew를 통해 몽고DB를 설치할 수 있다. Homebrew를 아직 설치하지 않았다면 터미널에서 다음의 명령을 실행하자.

```
ruby -e "$(curl -fsSL
https://raw.githubusercontent.com/Homebrew/install/master/install)"
```

Homebrew가 설치되고 나면 다음의 명령을 실행해서 몽고DB를 설치하면 된다.

```
brew update
brew install mongodb --with-openssl
```

위의 명령은 Homebrew 패키지 목록을 업데이트한 후 몽고DB를 설치한다. 이때 OpenSSL을 이용한 SSL 지원 기능을 함께 설치하게 된다. SSL 지원이 필요하지 않다면 --with-openssl 스위치를 생략하면 된다.

몽고DB의 설치를 마쳤다면 몽고DB가 사용할 데이터 파일의 위치를 지정해주어야 한다. 다음의 명령을 실행하자.

```
mkdir ~/mongodb-data
```

그런 후 다음과 같이 몽고DB를 실행하면서 데이터 파일의 경로를 함께 지정해주면 된다.

```
mongod --dbpath ~/mongodb-data
```

Node.js 백엔드와 함께 안젤로 실행하기

몽고DB를 실행했다면 이제 앞서 다운로드한 안젤로의 Node.js 백엔드를 실행할 수 있다. 터미널을 실행하고 다음의 명령을 실행한다(Git과 Node.js를 모두 설치한 후에 실행해야 한다).

Windows 사용자의 경우

```
cd C:\projects\angello-express-api
npm install
node server.js
```

맥 또는 리눅스 사용자의 경우

```
cd ~/projects/angello-express-api
npm install
node server.js
```

위에서 npm install 명령은 package.json 파일에 나열된 의존성 라이브러리 목록을 파악하여 npm 패키지 서버로부터 필요한 라이브러리를 모두 다운로드하는 명령이다. 의존성 라이브러리의 설치가 완료되면 node server.js 명령을 통해 server.js 파일을 실행한다. 이 파일은 Node.js 백엔드 프로젝트의 주 실행 파일이다.

> **참고** localhost:4000에서 실행되는 코드는 안젤로 앱 자체가 아니라 데이터 영속성을 제공하기 위한 백엔드 API다. 안젤로 앱을 로컬에서 실행하는 방법은 부록 D를 참고하기 바란다.

C

Firebase 서버 설정하기

안젤로 앱에는 Firebase 서버와 관련된 내용이 이미 설정되어 있다. 그러나 여러분이 직접 Firebase 서비스에 계정을 생성해서 여러분만의 데이터를 직접 관리하기를 추천한다.

Firebase 계정 생성하기

Firebase의 계정을 생성하는 방법은 의외로 간단하다. 먼저, https://www.firebase.com/을 방문한 후 화면 오른쪽 상단에 있는 SIGN UP 버튼을 클릭하자. 그러면 다음의 그림과 같이 메일 주소와 비밀번호를 입력하는 화면이 나타난다. 여기에 본인의 메일 주소와 사용하고자 하는 비밀번호를 입력한 후 Create My Account 버튼을 클릭하면 간편하게 계정 생성을 마무리할 수 있다.

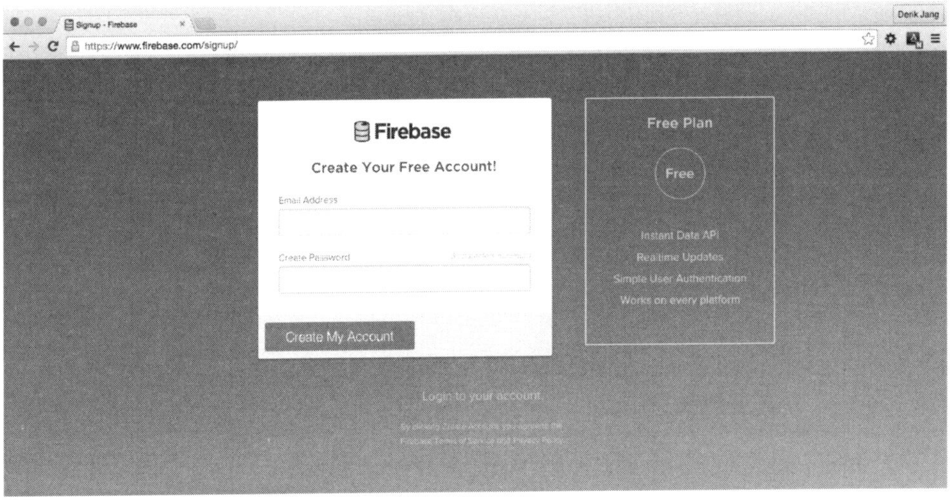

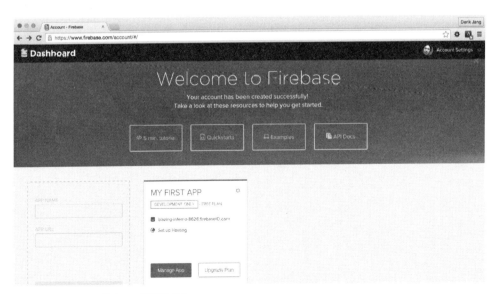

그림 C.1 Firebase의 계정 생성 화면

앱 관리하기

계정을 생성하고 나면 대시보드 화면으로 이동하게 된다. 다음 그림에서 알 수 있듯이, 기본
앱이 하나 생성되어 있는 모습을 볼 수 있을 것이다.

그림 C.2 Firebase 대시보드 화면의 모습

대시보드를 보면 미리 만들어진 앱의 주소가 blazing-inferno-8628.firebaseio.com으로 지정되어 있는 것을 볼 수 있다. 이 주소를 나중에 안젤로에 설정하면 안젤로와 이 Firebase 앱을 연결할 수 있다.

안젤로와 Firebase 통합하기

아직 안젤로 코드를 다운로드하지 않았다면 부록 D를 참고해서 코드를 다운로드하자.

코드를 다운로드했으면 소스 코드 내에서 EndpointConfigService.js 파일의 소스 코드를 다음과 같이 수정하자.

```
// angello/client/src/angello/app/services/EndpointConfigService.js

//.constant('CURRENT_BACKEND', 'node')
.constant('CURRENT_BACKEND', 'firebase')
.service('EndpointConfigService', function($rootScope, CURRENT_BACKEND) {
  var service = this,
    endpointMap = {
      firebase: { URI: 'https://my-first-angello.firebaseio.com/', root: 'clients/',
format: '.json' },
```

위의 코드에서 endpointMap 객체의 firebase 속성에서 URI 속성값(예제의 경우 https://my-first-angello.firebaseio.com/)을 앞의 Firebase 대시보드에서 확인한 주소로 변경하면, 독자 여러분의 Firebase 계정을 통해 안젤로의 데이터를 관리할 수 있다.

appendix

D

안젤로 앱 실행하기

이번 부록에서는 안젤로 앱의 소스 코드를 다운로드하여 앞에서 설정한 백엔드 시스템과 연동하여 실행해보자. 먼저, 제이펍의 Git 저장소를 통해 안젤로의 소스 코드를 다운로드하도록 하자. Windows 환경에서는 Git-Bash 도구를, 맥이나 리눅스 환경에서는 터미널을 실행한 후에 아래에 나오는 명령을 실행하자. 다음의 명령이 올바르게 실행되려면 Git이 설치되어 있어야 한다. Git을 설치하는 방법은 부록 A를 참고하기 바란다.

안젤로 소스 코드 다운로드하기

Windows 환경에서는 명령 프롬프트에서 다음 명령을 실행하자.

```
cd c:
mkdir projects
cd projects
git clone https://github.com/angularjs-in-action/angello
```

맥이나 리눅스 사용자라면 터미널에서 아래 명령을 실행하자.

```
mkdir ~/projects
cd ~/projects
git clone https://github.com/angularjs-in-action/angello.git
```

웹 서버 실행하기

이제 안젤로 앱을 호스팅할 웹 서버를 설치해야 한다. IIS나 아파치 혹은 Nginx 등 현재 사용 중인 웹 서버가 있다면 이를 활용해도 무방하지만, 만일 설치된 웹 서버가 없다면 Node.js를 기반으로 만들어진 간단한 웹 서버인 Serve를 사용할 수 있다.

```
npm install -g serve
cd projects/angello
serve client/
```

맥이나 리눅스 사용자는 -g 옵션을 이용해서 NPM 모듈을 전역적으로 설치할 때 권한 오류가 발생할 수 있다. 이때는 다음과 같이 sudo 명령을 통해 관리자 권한으로 실행하면 된다.

```
sudo npm install -g serve
```

위의 명령을 실행하면 NPM을 통해 Serve 모듈을 설치한 후 안젤로 소스 코드를 다운로드한 폴더로 이동하여 client 폴더의 콘텐츠를 호스팅하도록 실행하게 된다. Serve 모듈은 기본적으로 http://localhost:3000을 통해 지정된 경로를 호스팅한다. 따라서 이 주소를 브라우저에 입력하면 안젤로 앱이 실행된 화면을 볼 수 있을 것이다.

찾아보기